# Notting Hill Gate

Teacher's Manual 2

Für Klasse 6 an Gesamtschulen

Verlag Moritz Diesterweg

Frankfurt am Main

# Notting Hill Gate

Teacher's Manual 2
für Klasse 6 an Gesamtschulen

Herausgegeben von: Christoph Edelhoff
Erarbeitet von: Ulrike Reinecke, Elke Streckfuß,
unter Berücksichtigung von Ideen von Gisela Schultz-Steinbach

**Weitere Zusatzmaterialien zum Schülerbuch (3-425-10410-1)**
- Workbook zum Schülerbuch mit Multimedia Language Trainer
  (Best.-Nr. 3-425-10418-7)
- Kassette zum Schülerbuch (Best.-Nr. 3-425-10414-4), identischer Inhalt wie CD
- CD zum Schülerbuch (Best.-Nr. 3-425-10415-2), identischer Inhalt wie Kassette
- Folien (Best.-Nr. 3-425-10416-0)

RECYCLING
Gedruckt auf umweltfreundlichem Recycling-Papier (100% Altpapieranteile)

ISBN 3-425-10413-6

© 2000 Verlag Moritz Diesterweg GmbH & Co, Frankfurt am Main

Alle Rechte vorbehalten. Dieses Werk sowie einzelne Teile desselben sind urheberrechtlich geschützt.
Jede Verwertung in anderen als den gesetzlich zugelassenen Fällen ist ohne vorherige schriftliche Zustimmung des Verlages nicht zulässig.
Ausschließlich für die als Kopiervorlagen gekennzeichneten Seiten räumt der Verlag ein Vervielfältigungsrecht durch Fotokopie und Thermokopie ein, und zwar ausdrücklich nur für den jeweiligen Unterrichtsgebrauch.

Illustrationen: Ulf Marckwort, Kassel
Satz: Jesse Konzept & Text, Hannover
Umschlaggestaltung: Boros, Wuppertal
Druck: Zechner® Datenservice und Druck, Speger

# Inhaltsverzeichnis

Einleitung .................................................................. 5

**Unterrichtsvorschläge**

Introduction: *Back to Notting Hill Gate* ............................... 13
Theme 1   *After the holidays* ........................................... 15
           Teil A ............................................................ 15
           Teil B ............................................................ 22
           Teil C ............................................................ 30
Optional 1: *I can do magic* ............................................. 36
Theme 2   *Around London* .............................................. 38
           Teil A ............................................................ 38
           Teil B ............................................................ 45
           Teil C ............................................................ 51
Theme 3   *Dreams* ....................................................... 58
           Teil A ............................................................ 58
           Teil B ............................................................ 63
           Teil C ............................................................ 70
Optional 2: *Ghost Stories* .............................................. 75
Theme 4   *Celebrations* ................................................. 77
           Teil A ............................................................ 77
           Teil B ............................................................ 83
           Teil C ............................................................ 90
Theme 5   *Dos and don'ts* .............................................. 96
           Teil A ............................................................ 96
           Teil B ........................................................... 101
           Teil C ........................................................... 107
Optional 3: *Animal book* .............................................. 111
Theme 6   *Away we go* ................................................. 113
           Teil A ........................................................... 113
           Teil B ........................................................... 119
           Teil C ........................................................... 124

**Jahresplan** ............................................................. 127
**Copymasters 1-26**
**Work plan 27-28**
**Tests 1-6**

**Zeichenerklärung:**

 CD      Copymaster     S    Schüler/in/nen
                                                                                                           S1   erste/r Schüler/in
                                                                                                           L    Lehrer/in

 zusätzliche Differenzierung      Folie/Transparency     Differenzierung:
                                                                                                                                            leichte Aufgabe

 Rollenspiel      Portfolio      mittelschwere Aufgabe

 Spiel      Song/Chant      schwere Aufgabe

# Einleitung

**Notting Hill Gate** ist ein differenzierendes Lehrwerk, das zentrale Forderungen moderner Fremdsprachendidaktik und -methodik erfüllt:

- **Notting Hill Gate** stellt die fremdsprachliche Kommunikation in den Mittelpunkt. Das Werk orientiert sich an der Lebenswelt heutiger Schülerinnen und Schüler, deren Erfahrungen insbesondere durch multikulturelles Miteinander und internationalisierte Medien geprägt sind. Dabei bezieht es systematisch die Vorkenntnisse der Zielgruppe ein und lässt sie so aktiv den Lernprozess mitgestalten.
- Es ist unser Bestreben, den Schülerinnen und Schülern Anreize zum „Probehandeln" zu geben, dass heißt, sie auch durch praktisches Tun die Sprache in authentischen und für sie bedeutsamen Zusammenhängen anwenden und ausprobieren zu lassen. Kleinere und größere Projekte sind integrale Bestandteile von **Notting Hill Gate**. Hierbei kommt der Fähigkeit zu Transferleistungen eine besondere Bedeutung zu.
- Zudem werden die Lernenden kontinuierlich angehalten, ihre persönlichen Wahrnehmungen und Einstellungen zu artikulieren. So genannte *Me*-Texte – Berichte oder Erzählungen aus der Sicht eines Protagonisten – motivieren sie, sich schriftlich aus ihrer eigenen Perspektive zu äußern.
- **Notting Hill Gate** vermittelt authentischen Sprachgebrauch. Daher bietet das Werk vielfach mehr Sprachmaterial an, als die Schülerinnen und Schüler produktiv anwenden müssen. Sie sollen bestimmte lexikalische und grammatische Phänomene zunächst einmal nur verstehen und dann durch mehrfache Umwälzung internalisieren.
- Aufgrund dieses Ansatzes tritt die grammatische Progression hinter die thematische zurück. Die Erarbeitung von Strukturen hat dienende Funktion: Sie hilft, Inhalte zu verstehen und Redeabsichten zu realisieren.
- Im Sinne eines Spiralcurriculums kehren alle wichtigen Lerninhalte nach ihrer Einführung in späteren Kapiteln mehrmals wieder. Die Klasse übt sie demnach in unterschiedlichen Kontexten und dabei stets handlungsbezogen ein, was ihr das Einprägen von Regeln wesentlich erleichtert.
- Die Konzeption von **Notting Hill Gate** verwirklicht die Prinzipien des interkulturellen Lernens. Die Schülerinnen und Schüler erhalten unterschiedlichste Einblicke in den Alltag und die Traditionen eines europäischen Nachbarlandes, was sie zu Vergleichen mit ihrer eigenen Umwelt anregt und Verständnis für landestypische Besonderheiten entwickeln lässt.
- Angeregt durch die Vorschläge des Europarates zu einem *European Language Portfolio* wurde für **Notting Hill Gate** ein Portfolio-Konzept entwickelt, das autonomes Lernen unterstützt. Durch die Portfolio-Aufgaben, die in das Lehrwerk integriert sind, stellen jede Schülerin und jeder Schüler eigene Sammlungen von Arbeiten zusammen, die am Schuljahresende ihre individuellen Lernerfolge dokumentieren. Neben diesem Vorgang kommt der Selbsteinschätzung große Bedeutung zu. Im Arbeitsbuch (Workbook) finden sich Selbstbewertungsbögen, die so genannten Portfolio-Fragebögen, die den Lernern dabei helfen, ihre sprachlichen Fertigkeiten zu beurteilen.
- Nicht zuletzt soll der Umgang mit dem Lehrwerk Vergnügen bereiten. Eine Reihe witziger und teilweise skurriler Elemente tragen dazu bei.

### Die Konzeption von Notting Hill Gate

### Thematischer Aufbau

Jedes Kapitel behandelt ein bestimmtes Thema. Die A-, B- und C-Teile eines *Theme* beleuchten jeweils verschiedene Aspekte des Oberthemas. Beispielsweise geht es bei "*Dreams*" um Zukunftspläne, Helden und Freizeit. Die *Themes* folgen einer zyklischen Progression, d.h. Inhalte werden wieder aufgegriffen, erweitert und vertieft.

Jedes *Theme* schließt mit einer *detective page*, die auf spielerische Weise noch einmal Inhalte, Wortschatz und Strukturen des Kapitels wiederholt. Hier können Schülerinnen und Schüler individuell arbeiten. Am Ende jeder *detective page* steht eine Zusammenfassung der Lerninhalte, die auch die kritische Selbstreflexion der Lerner beim Ausfüllen des Portfolio-Fragebogens unterstützt.

### Schauplatz und Figuren

Die Handlung ist im nördlichen Zentrum Londons angesiedelt, und zwar im multikulturellen Stadtteil Notting Hill und im Vorort Hendon. In der zentralen *constellation of characters* sind weibliche und männliche Rollen ausgewogen verteilt und verschiedene ethnische Gruppen berücksichtigt. Die Figuren bewegen sich in einem soziokulturellen Kontext, der durch typische Phänomene moderner westlicher Gesellschaften gekennzeichnet ist. Thematisiert werden etwa das Vorherrschen der Kernfamilie, allein erziehende Elternteile, neue Berufsprofile sowie das veränderte Freizeit- und Medienverhalten.

### Schülerorientierte Aufgaben

Die konsequente Schülerorientierung wird in **Notting Hill Gate** durch die Themenauswahl, durch differenzierte und handlungsorientierte Übungen, Projekte, *Me*-Texte und das Portfolio erreicht. Die häufig wechselnden Sozialformen unterstützen interaktives und kommunikatives Fremdsprachenlernen. Die Arbeitsanweisungen für Partner- oder Gruppenarbeit sind oft durch Illustrationen oder Sprechblasen veranschaulicht. Neben Aufforderungen zur einfachen Reproduktion erhalten die Lerner Angebote zur Kommunikation, zu Aktivitäten und Projekten.

### Entwicklung der vier Fertigkeiten

Das Material von **Notting Hill Gate** entwickelt sukzessive alle vier Fertigkeiten: Hörverstehen, Sprechen, Lesen und Schreiben.
- Zu jedem Kapitel gibt es Hörverstehensaufgaben im Schülerbuch (Textbook) und im Arbeitsbuch (Workbook). Entsprechend der Progression des Buches erhöht sich kontinuierlich der Schwierigkeitsgrad der Auswertungsübungen zu den Hörtexten.
- Wichtigste produktive Fertigkeit in **Notting Hill Gate** ist das Sprechen. Texte und Übungen bieten zahlreiche Redeanlässe: Über vielfältige Textauswertungsformen hinaus gibt es immer wieder Anregungen zu Rollen- und anderen Spielen.
- Das Lesen dient vornehmlich der Informationsentnahme und fördert die Selbstständigkeit der Lerner. Das Werk arbeitet zunehmend auf die Techniken des *skimming* (globales Leseverstehen) und *scanning* (selektives Leseverstehen) hin.
- Die Schreibfertigkeit wird nach und nach auf verschiedene Arten ausgebaut. Vorbereitende Aufgaben leiten die Klasse beispielsweise dazu an, Wörter zu gruppieren, Wortfelder bzw. Assoziogramme zusammenzustellen und Stichwörter zu sammeln. Die Textproduktion umfasst eine Vielzahl von Textsorten: Unter anderem fertigen die Lerner Poster, Briefe, Texte in der Ich-Form, Charakterbeschreibungen und Reportagen an. Bei den Schreibübungen erhalten sie Hilfestellungen durch Beispiele oder sprachliche Vorgaben.

### Priorität des Wortschatzes gegenüber der Grammatik

Die Konzeption von **Notting Hill Gate** folgt einem lexikalischen Ansatz: Der Wortschatz wird situativ eingeführt und hat mehr Gewicht als die Grammatik. Themen generieren einen thematischen Wortschatz; viele Aufgaben vernetzen das neue Vokabular zu Wortfeldern. Gezielte Vorübungen zur Erschließung von Texten aktivieren lexikalisches Vorwissen.
Die Texte bieten Sprechanlässe über verschiedene Themen, d.h. Kommunikation steht hier im Vordergrund. Grammatische Phänomene werden zunächst nur lexikalisch wahrgenommen. Erst in einem zweiten Schritt erfolgt ihre Bewusstmachung. In einem dritten Schritt wird die Grammatik dann situativ eingebettet wiederholt und ergänzt. Der Grammatikanhang dient der Referenz.
In den Wortlisten wird zwischen dem Gesamtwortschatz und dem Lernwortschatz unterschieden. Letzterer erscheint hier fett gedruckt.

### Lern- und Arbeitstechniken

**Notting Hill Gate** vermittelt den Lernern grundlegende Lern- und Arbeitstechniken. Hierzu gehören die Sozialformen der Partner- und Gruppenarbeit, das Notieren, Sammeln und Ergänzen sprachlicher Elemente, der Umgang mit dem Wörterbuch und das Nutzen von Visualisierungshilfen. Tipps und Erläuterungen dazu finden sich im gesamten Übungsbereich sowie im Anhang.

## Besonderheiten des Werks

### Differenzierung

Das Differenzierungsangebot in **Notting Hill Gate** entspricht den Anforderungen der inneren wie der äußeren Differenzierung. Drei Piktogramme symbolisieren wertfrei die unterschiedlichen Schwierigkeitsgrade der Aufgaben:

☀︎           ☾           ★

hohes Niveau      mittleres Niveau      unteres Niveau

Die Schülerinnen und Schüler sehen sich mit allen drei Schwierigkeitsgraden konfrontiert. Sie werden also nicht automatisch auf ein bestimmtes Leistungsniveau festgelegt, sondern sollen ihr persönliches Leistungsprofil durch Probieren herausfinden. Die methodisch-didaktischen Hinweise in diesem Teacher's Manual zeigen Möglichkeiten zur Umsetzung dieses offenen Differenzierungsangebots auf.

Da die Heterogenität von Lerngruppen nicht nur in Leistungsunterschieden, sondern ebenso in unterschiedlichen Lernertypen begründet liegt, motiviert das Material visuell, auditiv und praktisch orientierte Lerner gleichermaßen. Bei den Aufgaben mit der Anweisung *"Choose an activity/exercise"* können die Schülerinnen und Schüler jeweils für sich entscheiden, was sie tun wollen.

### Das Portfolio-Konzept

Die Vorschläge des Europarats zu einem *European Language Portfolio* gaben den Anlass, ein Portfolio-Konzept in **Notting Hill Gate** zu integrieren, das sich im Englischunterricht leicht umsetzen lässt. Grundidee des Portfolios ist es, das autonome Lernen zu fördern. In **Notting Hill Gate** tragen zwei Aspekte entscheidend dazu bei:

#### 1. Individuelle Dokumentation der Lernfortschritte

Das Textbook enthält zahlreiche Aufgaben, deren Ergebnisse in das Portfolio eingehen können. Damit ist hier nichts anderes als eine Sammelmappe gemeint, in der die Lerner kreative Produkte, z. B. Zeichnungen und beschriftete Collagen, sowie auf Englisch verfasste Informationen über sich selbst abheften. Dies können unter anderem Texte über ihren Schulalltag oder Freizeitangebote in ihrer Heimatregion sowie *Me*-Texte sein. Das Sammeln solcher gelungenen Produkte kann ganz entscheidend die Motivation steigern und trägt zur Entwicklung und Pflege eines persönlichen Lernstils bei. Am Ende des Schuljahres lassen sich anhand des Portfolios Veränderungen in der Sprachkompetenz nachweisen: Jede Mappe dokumentiert individuelle Lernfortschritte.

Besonders wertvoll können die Portfolio-Mappen zu Beginn des siebten Schuljahres sein, wenn die ggf. neue Schule so Auskunft über die Lernerfolge, Themen und Sprachaktivitäten der ersten beiden Lernjahre erhält.

#### 2. Selbsteinschätzung der Lerner

Zur Lernerautonomie gehört das *self-assessment*, das heißt die Beantwortung der Fragen „Was habe ich gelernt?" und „Wie habe ich gelernt?". Gegenstand der Selbstbeurteilung sind die vier Fertigkeiten Hörverstehen, Sprechen, Schreiben und Lesen sowie das Vokabellernen. Im Worbook befinden sich Portfolio-Fragebögen, mit deren Hilfe die Lerner ihre persönlichen Stärken und Schwächen beim Fremdsprachenerwerb einschätzen können. Am Ende von *Theme 1-5* erfolgt eine Selbstbewertung zu einer Fertigkeit, die im jeweiligen *Theme* den Schwerpunkt bildet. Im Anschluss an *Theme* 6 findet die Gesamtbewertung statt.

### Einige Hinweise zur Umsetzung des Portfolio-Konzepts im Englischunterricht

Beim *English Portfolio* kann es sich um einen einfachen Schnellhefter, einen Ordner oder auch eine Sammelmappe handeln, wie sie für den Kunstunterricht üblich ist. Die Gestaltung der Mappe bleibt Lehrenden und Lernenden freigestellt. So ist es möglich, sie zu bekleben, zu bemalen oder mit einem Deckblatt zu versehen *(My English Portfolio; Name; School; Class)*. Selbstverständlich können die Schülerinnen und Schüler darin auch englischsprachige Produkte sammeln, die nicht direkt aus dem Unterricht hervorgehen (z. B. E-Mails und Mitbringsel aus dem Urlaub).

Das Portfolio stellt ein Angebot, aber keinen verpflichtenden Bestandteil des Lehr- bzw. Lernprozesses dar. Es ist absichtlich sehr offen angelegt, damit die Lerner tatsächlich die Möglichkeit haben, sich darin zu verwirklichen. Keinesfalls sollte die Sammelmappe der Leistungsmessung dienen, wenngleich ihre Inhalte durchaus mit Testinhalten kombinierbar sind.

Folgende Elemente eignen sich besonders für das Portfolio:

| | |
|---|---|
| Theme 1 | TB B11; C8 |
| Theme 2 | TB B9; C6 |
| Theme 3 | TB A7; B3; C9 |
| Opt. 2 | TB pp. 71-74 |
| Theme 4 | TB A5; B5 |
| Theme 5 | TB A6; C10 |
| Theme 6 | TB A8; B9; B10 |

### Me-Texte

Die so genannten *Me*-Texte in den einzelnen Kapiteln dienen den Schülerinnen und Schülern als Modell für eigene Texte, z. B. Statements, Berichte, Erzählungen und Gedichte. So bekommen sie im Lauf des Schuljahrs Gelegenheit, über ihre Ferien, ihre Zukunftsträume, ihr Lieblingsfest, ihr Fahrrad und ihr Hobby zu schreiben.

### Landeskunde

In der Rubrik „Land und Leute" erhalten die Lerner auf Deutsch kompakte Informationen über Großbritannien und werden fortwährend angeregt, Bezüge zu ihren eigenen Lebensgewohnheiten herzustellen. Darüber hinaus können sie in den Texten und Bildern natürlich auch eine Fülle von landeskundlichen Details entdecken und sich so mit der Zielkultur und dem konkreten Schauplatz vertraut machen. Geografische Details lassen sich den Karten von London (vordere Innenumschlagseite) und den Britischen Inseln (hintere Innenumschlagseite) entnehmen.

### Die Optionals

Das Werk hat drei fakultative Einheiten mit je vier Seiten: *"I can do magic"*, *"Ghost stories"* und *"Animal book"*. Sie enthalten Lesetexte, vermitteln Arbeitstechniken, fördern den kreativen Umgang mit der Fremdsprache und regen zu abwechslungsreichen Aktivitäten an. Die *Optionals* können unabhängig von der thematischen oder sprachlichen Progression des Lehrwerks eingesetzt werden. Der fakultative Wortschatz ist in der chronologischen Wörterliste erhalten.

### Die Werkteile von Notting Hill Gate

#### 1. Das Schülerbuch (Textbook —> TB)

#### 1.1 Aufbau
**Notting Hill Gate 2** besteht aus einer Einführung (*Introduction*), sechs Lerneinheiten *Themes*) mit je drei Unterkapiteln (A bis C), drei *Optionals* sowie dem Anhang. Keinesfalls verlangen alle Texte und Übungen nach gleich intensiver Bearbeitung. Vielmehr haben die Lehrenden die Freiheit, innerhalb der Kapitel auszuwählen. Je nach Leistungsprofil der Klasse kann die Lehrkraft vorausplanend die geeigneten Bausteine auswählen. Vorschläge finden sich in den Übersichten vor jedem Kapitelteil in diesem Teacher's Manual.

#### 1.2 Introduction
Zu Beginn des zweiten Lernjahrs wird in einer *warming up*-Phase mithilfe dieser Einstiegsseiten das Wissen aus dem ersten Lernjahr reaktiviert.

#### 1.3 Classroom phrases
Eine Liste nützlicher *classroom phrases* schließt sich direkt an den Textkorpus an. Die Kinder können hier nachschlagen, wie sie sich in bestimmten Situationen des Schulalltags am besten ausdrücken und was die Äußerungen der Lehrenden bedeuten.

# Einleitung

### 1.4 Language in focus (lif)
Dieser Teil führt die sprachlichen Mittel jedes *Theme* unter drei Aspekten auf: Redemittel *(Say it in English)*, Wortfelder *(Word fields)* und Grammatik *(Grammar)*. Übersichten, Visualisierungen, Kontrastierungen und kleinschrittige Erläuterungen machen *lif* anschaulich und schülernah.
Im Workbook, das die Lerner als Eigentum behalten, findet sich eine Zusammenfassung des gesamten Grammatik-Teils aus *lif*.

### 1.5 Das Glossary
Das kurze Glossar mit Erklärungen grammatischer Begriffe bietet den Lernenden eine Orientierungshilfe und kann bei der Einübung selbstständiger Arbeitstechniken einbezogen werden. Es ist nicht als besonderes Lernpensum gedacht.

### 1.6 Words
Das chronologisch angelegte Vokabular weist drei Spalten auf. Links stehen die englischen Wörter mit Lautschrift, wobei der Lernwortschatz fett gedruckt ist. In der Mitte finden sich die deutschen Entsprechungen. Die rechte Spalte weist zahlreiche Hilfen auf, z.B. Visualisierungen, Hinweise auf sprachliche Unregelmäßigkeiten und Beispielsätze. Auch hier gibt es immer wieder nützliche Tipps zum Vokabellernen.

### 1.7 Die Dictionaries
Der Anhang von **Notting Hill Gate 2** enthält zwei alphabetische Wortlisten, die den Lernwortschatz aus **Notting Hill Gate 1** sowie den gesamten Wortschatz aus **Notting Hill Gate 2** beinhalten. Im englisch-deutschen *dictionary* ist die Unterscheidung zwischen Lern- und Gesamtwortschatz wie im Vokabular typographisch gekennzeichnet. Im deutsch-englischen *dictionary* können die Lerner selbstständig nachschlagen, was sie versprachlichen möchten, und sich damit auf den versierten Umgang mit Wörterbüchern vorbereiten.

### 1.8 Names
Diese Liste enthält alle *proper nouns,* die im Lehrwerk vorkommen.

### 1.9 Irregular verbs
Auf den letzten beiden Seiten findet sich eine Liste aller unregelmäßigen Verben, die im Lehrwerk vorkommen.

## 2 Das Arbeitsbuch (Workbook —> WB)
Als integraler Bestandteil von **Notting Hill Gate** folgt das Workbook in seiner formalen Gliederung den *Themes* des Textbook und entspricht dessen didaktisch-methodischen Prinzipien. Es enthält weitere Hörtexte und ergänzt das Übungsangebot bei der Entwicklung der Schreibfertigkeit. Auch Partner- und die Gruppenarbeit werden hier geschult. Jedes *Theme* schließt mit einem Portfolio-Fragebogen (s. o.). Das Workbook eignet sich zum Einsatz in der Klasse genauso wie für häusliches Arbeiten.

## 3 Die Tonträger
Die Tonaufnahmen auf CD bzw. Kassette beinhalten Lesetexte, Hörverstehensaufgaben sowie Lieder, Chants und Raps (mit Playback). Sie sind integraler Bestandteil der *Themes*. Die von Muttersprachlern gesprochenen Texte vermitteln authentisches Englisch.

## 4 Die Folien
Die sechszehn *transparencies* bieten Möglichkeiten für alternative Unterrichtseinstiege, Erweiterungen, Visualisierungshilfen und Transferübungen. Hinweise zum Einsatz der Folien finden sich in diesem Teacher's Manual.

## 5 Das Lehrerhandbuch (Teacher's Manual —> TM)
**Notting Hill Gate** liefert durchstrukturiertes Lehrerbegleitmaterial, das sich aus (1) Übersichten und Unterrichtsvorschlägen mit Lösungen, (2) Kopiervorlagen *(Copymasters)* und (3) Lernerfolgskontrollen *(Tests)* zusammensetzt.

### 5.1 Übersichten und Unterrichtsvorschläge mit methodisch-didaktischen Hinweisen
Zur Unterstützung der Lehrkraft bei der Unterrichtsplanung geben Übersichten zu Beginn eines jeden Unterkapitels die „Pflicht" und die „Kür" bei der Behandlung der einzelnen

Lerneinheiten vor. Die grau unterlegte „Pflicht" zeigt die Bausteine von Texten und Übungen, die die Grundanforderungen darstellen. Sie sollten von allen Lernern bewältigt werden. Die „Pflicht" beinhaltet bereits differenzierende Übungen, die auch leistungsstärkere Lerner einbeziehen. Aus der Darstellung der „Kür" lässt sich erkennen, an welchen Stellen des Unterrichts alle weiteren Texte und Aufgaben zum Einsatz kommen können. TB steht für jeweils eine Einheit aus dem Textbook, WB bezeichnet eine Einheit aus dem Workbook. Differenzierende Übungen sind mit Symbolen gekennzeichnet (s.S. 7).

Im Anschluss an die Übersichten zeigen die ausführlichen Unterrichtsvorschläge mit didaktisch-methodischen Hinweisen Möglichkeiten der praktischen Umsetzung des Materials auf. Außerdem beinhalten sie Lösungen und Hörtexte, vertiefende landeskundliche Informationen, Vorschläge für Lernerfolgskontrollen sowie Anregungen für weitere Übungen und Spiele. Alle Methoden, Spiele und Bastelanleitungen werden bei der erstmaligen Erwähnung in unterlegten Boxen detailliert erklärt. Darüber hinaus erläutert der hier vorliegende Wegweiser die Verwendung der anderen Begleitmaterialien wie Tonaufnahmen und Folien.

### 5.2 Kopiervorlagen (Copymasters —> CM)
Der Einsatz der *Copymasters* wird in den methodisch-didaktischen Hinweisen beschrieben.

### 5.3 Vorschläge für Lernerfolgskontrollen
Die Tests zu den einzelnen *Themes* beinhalten den Stoff, der eine solide Grundlage für sprachliche Handlungskompetenz darstellt. Sie bestehen aus Aufgaben, die a) kurzzeitige Lernziele überprüfen, b) auf bereits erworbenes Wissen zurückgreifen und Zuwachs ermitteln und c) solchen, die frei gestalteten Charakter haben. In der Regel beginnt jeder Test mit einer Hörverstehens-Aufgabe. Die Lehrkraft liest diese vor und kann durch langsames Sprechen und Wiederholungen erreichen, dass alle Kinder auf die Lösungen kommen. Anschließend folgen Lese-, Schreib- und einfache Wortschatzübungen.
Die Tests bieten Lernenden wie Unterrichtenden eine Gelegenheit, das Leistungsniveau der verschiedenen Fertigkeiten festzustellen. In **Notting Hill Gate 2** werden pro *Theme* drei Testvorschläge für die unterschiedlichen Leistungsniveaus angeboten. Aus diesem Angebot lassen sich Tests auch so zusammenstellen, dass sie dem Leistungsprofil der jeweiligen Lerngruppe gerecht werden.
In schwächeren Lerngruppen sollten zwischen den hier angebotenen Überprüfungen weitere kleinschrittige Kurztests stattfinden, die weniger Frustrationen bei den Schülerinnen und Schülern auslösen und häufig sogar motivierend wirken.
Zu jeder Lernerfolgskontrolle gibt es ein Deckblatt mit dem Text der Hörverstehens-Aufgabe, den Lösungen und einer Sammlung von Vorschlägen für weitere Aufgaben, die sich für differenzierende Überprüfungen oder Kurztests eignen.
Auf Bewertungsvorgaben wurde bewusst verzichtet, damit die Unterrichtenden ihre persönlichen Einschätzungen und die jeweilige Klassensituation berücksichtigen können.

### Englisch als Unterrichtssprache

Prinzipiell sollte man die bereits im ersten Lernjahr angestrebte Einsprachigkeit im Unterricht konsequent weiterführen. Das gilt auch bei anfänglichen Verständigungsschwierigkeiten. Es ist durchaus möglich, alle Handlungen von der ersten Stunde an mit einfachen, gleich bleibenden Kommentaren zu versprachlichen. So verschmelzen allmählich Aussprache, Intonation und Bedeutung der fremden Sprache zu einem verfügbaren Ganzen. Gestik und Mimik helfen der Lehrkraft bei schwierigen Arbeitsanweisungen oder Spielregeln. Es empfiehlt sich, spontane Äußerungen der Kinder zu akzeptieren und auf Englisch zu beantworten, denn hier bietet sich die Gelegenheit, die passenden Redemittel einzuüben und situationsgerecht wiederholen zu lassen.

### Notting Hill Gate im offenen Unterricht

Aufgrund seiner offenen Struktur eignet sich **Notting Hill Gate** besonders für offene Formen des Unterrichts wie (Wochen-)Planarbeit und Freiarbeit. Dabei kann die Auswahl der Teile eines *Theme* bis zu einem gewissen Grad den Lernern überlassen bleiben. Wie viele Vorgaben und Hilfestellungen hier notwendig sind, hängt davon ab, welche Erfahrungen die Klasse mit eigenverantwortlichen Lern- und Arbeitsformen hat.

Das übersichtliche Verweissystem trägt entscheidend dazu bei, den selbstständigen Umgang mit dem Buch zu schulen. Die Referenzteile, also *Language in focus, Glossary, Words* und *Dictionaries,* sind auf *self-access* hin angelegt. Zudem bieten zahlreiche Lerntipps in der Randspalte und im Vokabelanhang den Schülerinnen und Schülern Unterstützung und Anregungen. Ein erster Schritt zur Vermittlung von *study skills* ist getan, wenn die Lehrkraft konsequent zur Arbeit mit vorhandenen Hilfsmitteln anleitet, sodass sie grundsätzlich keine Vokabelfragen mehr beantworten muss. Die *Copymasters 27-28* stellen zusammen einen Auftragsbogen *(work plan)* zur Planarbeit dar, den die Lehrenden den jeweiligen Erfordernissen entsprechend abändern können.

Für eine weitgehende Selbstkontrolle benötigen die Schülerinnen und Schüler für alle geschlossenen Aufgabenstellungen ein Lösungsblatt. Die Lehrkraft kann beispielsweise die entsprechende Seite im Arbeitsbuch korrekt ausfüllen und kopieren. Darüber hinaus ist es möglich, den Lernern die Bewertung der selbst korrigierten Aufgaben zu überlassen, etwa indem man vorgibt, wie viele richtige Lösungen in einer Übung welcher Einstufung entsprechen. Statt Ziffern oder Notenskalen lassen sich hier Zeichen für in der Klasse entwickelte Einschätzungen wie etwa „Aufgabe gelöst", „Aufgabe noch nicht gelöst" und „Aufgabe ansatzweise gelöst" verwenden.

## Die Figuren

### Vera Gulbenkian (12)
Vera und ihre Eltern sind in den Sommerferien von Hendon nach Notting Hill gezogen. Sie ist nun in einer Klasse mit ihrer besten Freundin Gillian an der *Holland Park School*. Veras Vater ist arbeitslos und versorgt den Haushalt, ihre Mutter ist berufstätig. Vera sammelt Stofftiere und Bücher und hört gern Musik. Beste Freunde: Gillian, Charlie und David.

### David Williams (12)
Seine Eltern besitzen einen Supermarkt in der Brent Street in Hendon, in dem David oft aushilft. Er hat einen Hund, der Kenny heißt. David ist ein Träumer, der Tarzan-Comics mag. Er geht einmal in der Woche zum Reiten. Sein Pferd heißt Johnny. Gillian ist seine Cousine. Beste Freunde: Vera und Charlie.

### Gillian Collins (12)
Sie lebt bei ihrer Mutter, die geschieden ist, im Blenheim Crescent, Notting Hill. Gillian hat eine Katze namens Butterfly. Sie geht in die *Holland Park School*. Mit Freunden einkaufen zu gehen gehört zu ihren liebsten Freizeitbeschäftigungen. Gillian ist Davids Cousine. Beste Freunde: Vera, Susan und Karim.

### Susan Johnson (12)
Susan lebt mit ihren Eltern, ihrer jüngeren Schwester Rita und ihrem Bruder Jack im Ladbroke Square in Notting Hill. Ihre Familie hat einige Haustiere: einen Hund, einen Hamster und einen Goldfisch. Susan findet Pop- und Rockmusik toll. Wie Gillian geht sie zur *Holland Park School*. Beste Freunde: Gillian und Karim.

### Karim Khan (12)
Karim kommt aus Bombay (Mumbai), Indien. Er lebt mit seiner Familie in einer Wohnung über dem elterlichen Geschäft in St. Stephen's Gardens, in Notting Hill. Karim geht auch zur *Holland Park School*. Seine Lieblingsfächer sind P. E. (Sport) und Mathematik. In seiner Freizeit spielt er Gitarre, hört Musik oder vergnügt sich mit Computerspielen. Beste Freunde: Susan und Gillian.

### Charlie Macintosh (12)
Charlies Familie kommt von den West Indies, und zwar aus Barbados. Jetzt lebt sie in Hendon. Sharon ist seine jüngere, Josephine (Jo) seine ältere Schwester. Charlie ist ein Tagträumer. Er spielt gern Fußball und ist ein großer Fan von Arsenal. Charlie ist Präsident des Goldfish Club in der *Hendon School* und schreibt Artikel für die Zeitschrift *Our Goldfish*. Beste Freunde: David und Vera.

### Das Umfeld

Das Geschehen in **Notting Hill Gate** spielt sich vor allem in zwei Stadtteilen ab, die durch starke Gegensätze gekennzeichnet sind und sich von daher in vielen Hinsichten auch ergänzen: Hendon und Notting Hill.

Hendon ist ein für englische Ballungsgebiete typischer Vorort im Norden Londons, der kleinstädtischen Charakter hat. Durch die gute Verkehrsanbindung zum Stadtzentrum entstanden neben Wohngebieten mit Reihenhäusern, kleinen Geschäften, einer *High Street* und Grünanlagen viele Neubausiedlungen mit funktionaler Architektur und großen Einkaufszentren. Die Darstellung dieses Schauplatzes regt deutsche Schülerinnen und Schüler oftmals zu Vergleichen mit ihrem eigenen Lebensumfeld an.

Ganz anders *Notting Hill*: ein Mikrokosmos der gesamten englischsprachigen Welt. Hier wohnen in einem Umkreis von zwei Kilometern um die U-Bahnstation *Notting Hill Gate* herum mehrere hunderttausend Menschen, natürlich alteingesessene Londoner, ebenso wie Einwanderer von den Britischen Inseln (vor allem aus Irland), den Westindischen Inseln und der ganzen Welt, hinzu kommen zahlreiche Touristen und Besucher.

Die *Royalty* wohnt im *Kensington Palace*. *Kensington Palace Gardens* gilt als das Botschaftsviertel, reiche Intellektuelle wohnen *on the hill* zwischen *Holland Park* und *Kensington Church Street*. Einwanderer aus der Karibik wie auch viele Iren haben sich um die *Westbourne Park Road* niedergelassen, australische und neuseeländische Bewohner leben bevorzugt in den *bedsitters* um *Holland Park* herum, Iraner in den Mietswohnungen südlich von *Kensington High Street*.

Mitten durch dieses Gebiet verläuft die Grenze zwischen der *City of Westminster* und der *Royal Borough of Kensington and Chelsea*. Hier gibt es alle möglichen Gebäude und Institutionen: die eleganten Kaufhäuser der *Kensington High Street* und die asiatischen Geschäfte von *Queensway*, das *Queen Elizabeth College* als Teil der Universität und die Gesamtschule am *Holland Park*, eine Jugendherberge, das *Commonwealth Institute*, die russische Botschaft, den Straßenmarkt von *Portobello Road* und viele mehr.

Am besten lässt sich das Gebiet zu Fuß von der U-Bahnstation *Notting Hill Gate* aus erschließen.

**Das Internet**
Unter **www.diesterweg.de** finden sich Hinweise zu aktuellen Websites, die sich für den Einsatz im Unterricht eignen. So lassen sich mithilfe eines neuen Mediums Inhalte des Lehrwerks vertiefen und erweitern.

**Weitere Materialien**
Lesebegeisterte Schülerinnen und Schüler finden in der Diesterweg-Reihe ***first readers*** spannendes Lesefutter, mit dem sie ihr Sprachwissen vertiefen können. Der aktuelle Fremdsprachenkatalog ist bei den Schulbuchzentren oder direkt beim Verlag erhältlich.

# Introduction: Back to Notting Hill Gate

- Über Lehrwerksfiguren und Ereignisse sprechen

**Back to Notting Hill Gate**　　　　　　　　　　　　Sprechen
**Mögliche Einstiege:**
S können ihr Wissen aus dem ersten Lernjahr reaktivieren.

- L zieht für das *hangman-game* zwölf Striche nebeneinander an die Tafel, S nennen Buchstaben, das Lösungswort ergibt "Notting Hill Gate". Nach dem *mind map*-Verfahren sammeln S nun alle Wörter, die ihnen zu diesem Stichwort einfallen. Impuls: *What do you think of when you hear "Notting Hill Gate"?*

- L kopiert und verteilt die einzelnen Passbilder der Lehrwerksfiguren an die S. Jede/r S beschreibt nun ihre/seine Person möglichst genau ohne den Namen zu nennen. Die anderen erraten, um welche Figur es sich handelt.

- Erst im Anschluss lesen die S die Steckbriefe auf den S. 10/11 und ergänzen mithilfe dieser Angaben und der Illustrationen die Porträts der Lehrwerksfiguren.　　*TB, S. 10/11*

> **Erweiterungen:**
> - S lesen die Steckbriefe auf S. 10/11 still. Anschließend wird die Klasse in zwei Teams aufgeteilt. Die *Tigers* beginnen, ein S liest die Stichworte eines Steckbriefs vor, nun müssen die *Lions* bei geschlossenen Büchern versuchen, möglichst viele vollständige Sätze zu der Person zu sagen. Für jeden richtigen erhalten sie einen Punkt. Da dies eine Aufgabe für alle Mitglieder des Teams ist, sind auch alle gefordert. *Memory champion* wird das Team mit den meisten Punkten (Lernziele: genaues Zuhören; Sätze formulieren).
> - Folie 16 aus **Notting Hill Gate 1** gibt ebenfalls viele Sprechanlässe zu den Charakteren und Situationen des ersten Bands.　　*Projektor*
> - S schreiben zu einer Person ihrer Wahl einen Steckbrief, kleben ein Bild dazu oder malen ein eigenes.

- Ausgehend von den Bildern können die Wortfelder *breakfast, birthday, jobs at home, hobbies, pets* wettkampfmäßig reaktiviert werden. Die Klasse wird in Gruppen eingeteilt. Auf das Kommando "*ready, steady, go*" schreiben die S Vokabeln des vom L genannten Wortfeldes auf ein großes Blatt Papier. Die Gruppe mit den meisten Wörtern ist *word champion*.　　*DIN A3 Blätter, Stifte*

- Das in **Notting Hill Gate 1** erlangte Wissen kann auch mithilfe eines Quiz in spielerischer Form reaktiviert werden. Entweder befragen sich zwei Schülergruppen gegenseitig oder der L stellt abwechselnd Fragen an zwei Teams, z.B:

　1. What is the name of David and Charlie's school?
　2. What is the colour of Charlie's school scarf?
　3. Who was Henrietta?
　4. Can Susan keep Henrietta? Why? Why not?
　5. Name six animals you can keep at home.
　6. Where do you keep a goldfish?
　7. Name the months of the year, the days of the week.
　8. When is your birthday?
　9. What was David's birthday present?
　10. Name five nice birthday presents.
　11. What do English people eat for a big breakfast?
　12. What can you buy at a supermarket? Name ten things.
　13. What can you eat at a snack bar?
　14. What did Vera's father make every Friday?
　15. Who killed Dr. Goldman?

**After the holidays**                         **Sprechen**            TB, S. 12
Hinweis: Die Vergangenheitsform wurde bislang nur lexikalisch benutzt; auch hier sollte das *simple past* nur imitativ im Vorgriff auf das Grammatikpensum von *Theme 1* benutzt werden.

- Als Einstieg zeigt die Lehrkraft ein möglichst großes Urlaubsfoto, auf dem sie bei einer Aktivität in den Ferien zu sehen ist. Die S werden während der Lehrererzählung immer wieder mit einbezogen:       *großes Urlaubsfoto*
  L: *Look, this is a photo of my holidays. I was in Italy. Where were you, Susanne?*
  L flüstert den Anfang der Antwort zu: *I was in ...*
  L: *Where did you go, Peter?*
  Peter: *I was in ...*
  Auf einer Weltkarte sollten die jeweiligen Länder bzw Orte gezeigt werden.
  L: *Look, you can see me and my son on the beach. We are playing ball. We played ball every day. Did you play ball with your sister, Fabian?*     *Weltkarte*
  Fabian: *Yes.*
  L ergänzt: *Yes, you did.*
  L: *The weather was nice. It was sunny and warm. Was the weather nice in your holidays, Carsten?*
  S: *Yes, it was.*
  L: *We stayed in a nice hotel. Did you stay in a hotel, Petra? usw.*

- S betrachten das Bild auf S. 12. Stilllesen der Sprechblasen. L heftet die Fragekarten an die Tafel, die S ordnen die entsprechenden Antwortkarten zu.     TB, S. 12

- S spielen die Minidialoge nach.

- L stellt Detailfragen zum Bild:
  L: *Where was the boy in the red sweatshirt? What do you think?*
  S1: *I think he was in London.*
  L: *What about the girl in the pink T-shirt?*
  S2: *I think she was in Paris.*

- **WB A1 My workbook**            **Schreiben**
  S schreiben ihre persönlichen Daten auf.       WB, S. 3

- **WB A2 Holidays**                **Schreiben/Sprechen**
  a) S schreiben die Vokabeln zum Wortfeld *holidays* um den Seestern herum.    WB, S. 3

  b) S ordnen die Wörter nach den Oberbegriffen: *weather, sports, free time, holiday places.*

---

Erweiterungen:
- Für den Fall, dass die Teile B und C von *Theme 6* **Notting Hill Gate 1** im vorausgegangenen Schuljahr nicht mehr bearbeitet werden konnten, bietet der Lesetext *On the farm* (*Copymaster 3*) eine Möglichkeit, den Lernwortschatz dieser beiden Teile nachzuarbeiten. *Copymaster 4* bietet weitere Aufgaben zum Text sowie einen Vokabelteil. Die fettgedruckten Vokabeln bilden den Lernwortschatz, die mager gedruckten Wörter dienen nur der Texterklärung. Die Vokabeltipps im Vokabelanhang von **Notting Hill Gate 2** geben vielfältige Anregungen zum Lernen von neuen Wörtern.
  Lösungen: 1. *night – day; wrong – right; give – take; loud – quiet; evening – morning; open – close; win – lose; ugly – beautiful;*
  2. *pink – think; mice – prize; arm – farm; how – cow; snail – tail; fun – sun; high – sky; fast – last; free – tree; boys – noise; road – goat;*
  3. *was; stayed; decided; happened; was; opened; was; pushed; was.*

- Mit dem Song *Old Mac Donald had a farm* lässt sich das Thema Tiere auf dem Bauernhof auch musikalisch vertiefen.     *Hopalong, Diesterweg, S. 35*

# After the Holidays Teil A

| Medium | Nummer | Seite | Titel | Fertigkeit | Zusatzinfo |
|---|---|---|---|---|---|
| TB CD | A1 | 14 | Postcards from … | Hören/Lesen | *simple past: was/were; regular forms* |
| TB | A2 | 15 | After the holidays | Schreiben | Textauswertung |
| TB copy 2 | lif 3 | 134 | Die einfache Vergangenheit; *was/were* regelmäßige Verben | | |
| WB ☆☾☼ | A3 | 4 | Where were they? | Sprechen/Schreiben | Textverständnis; *was/were*-Fragen; regelmäßige Verben im *simple past* |
| WB | A4 | 5 | Words | Schreiben | *simple past: was/were; regular forms* |
| TB | A3 | 15 | Three lists | Sprechen/Schreiben | Vergleich der Zeiten (lif 1-3) |
| TB CD | A4 | 16 | Brighton Summer Festival | Hören/Schreiben | Hörverstehen auf CD |
| TB | A5 | 16 | The competition | Hören/Schreiben | Textauswertung |
| WB | A5 | 5 | Interviews at the beach | Schreiben | *present progressive* (lif 2) |
| TB | A6 | 17 | Holiday pictures | Sprechen | *present progressive* (lif 2) |
| WB | A6 | 6 | All kinds of weather | Schreiben | Wortschatz: *weather* |
| WB | A7 | 6 | YOUR dream holiday | Malen/Schreiben | Kreatives Schreiben |
| TB | L&L 1 | 17 | Die Britischen Inseln | | Zusatzinfo |

Die grau unterlegten Felder stellen das Pflichtpensum dar, die weißen die Kür.

# Theme 1: After the holidays

**Teil A:** • Über den vergangenen Urlaub reden
     (Reiseziel, Wetter, Aktivitäten)

**TB A1   Postcards from ...**          **Hören/Lesen**          TB, S. 14
S erfahren, was die Lehrwerksfiguren in den Ferien gemacht haben.
- L erteilt einen Hörauftrag: *Listen to the CD carefully and find out where Karim, David, Susan and Charlie were in their holidays.* Die Namen der Kinder werden als visuelle Hilfe an die Tafel geschrieben: Karim / David / Susan / Charlie.      Tafel

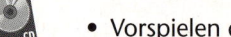

- Vorspielen der CD bei geschlossenem Buch.

- S nennen die Urlaubsorte der Figuren, L notiert an der Tafel.
  L: *What did the children do in their holidays?*
  Wiederholtes Vorspielen der CD, S lesen mit.

- Lesen mit verteilten Rollen (*Read-and-look-up*-Methode).

- Bereits an dieser Stelle kann der Land und Leute Text herangezogen werden (s. auch   TB, S. 17
  Zusatzinformationen im TM S. 21).

- **TB A2   After the holidays**          **Schreiben/Sprechen**          TB, S. 15
**a)** S wenden den neuen Wortschatz an und verwenden die neue Struktur des *simple past* imitativ. Sie fertigen nach der Vorlage im Buch ein *grid* an und beantworten die Fragen, indem sie den Text *Postcards from ...* intensiv lesen und die vorgegebenen Stichworte in die Tabelle eintragen.
Lösung:

|  | David | Charlie | Susan | Karim |
|---|---|---|---|---|
| Where? | Wales | at a pony camp | at home | India |
| What? | walked in the mountains | looked after ponies, cleaned stables | visited a lot of friends | stayed with uncle |

S fügen zwei weitere Zeilen an:
1. *What was the weather like?*
2. *Was it fun?*

**b)** S schreiben mithilfe der Tabelle über ein oder mehrere Ferienerlebnisse der Lehrwerksfiguren.
Mögliche Lösung:
*David was in Wales. He walked in the mountains.*
*Charlie was at a pony camp. He looked after the ponies and cleaned the stables.*
*Susan stayed at home. She visited a lot of friends.*
*Karim was in India. He stayed with his uncle.*

> **Note-taking:** Das Ausfüllen der Tabelle ist eine Vorbereitung auf die Technik des *note-taking*, die sowohl das Leseverstehen (*reading comprehension*) als auch das Hörverstehen (*listening comprehension*) fördert. Das Zusammentragen von Informationen aus einem Lese- bzw. Hörtext setzt ein sehr intensives Lesen bzw. Zuhören voraus und schult zugleich das Lese- bzw. Hörverstehen. Neben diesem rezeptiven Aspekt enthält diese Technik auch einen produktiven Aspekt, wenn die S die gefundenen *keywords* in die Tabelle eintragen und anschließend einen zusammenhängenden Text schreiben. Die von den S erarbeiten *notes* können natürlich auch mündlich z.B. in Form eines Berichts weitergegeben werden. So üben die S freies Sprechen anhand von Notizen.

Teil A

**Lif 3  Die einfache Vergangenheit (Simple past)**  TB, S. 134f.
- Lesen und Besprechen der Vergangenheitsbildung von regelmäßigen Verben sowie den Formen *was/were*.

- Zur Bewusstmachung, Übung und Festigung des *simple past* legt L eine Folie (*Copymaster 2* auf Folie kopiert) mit dem folgenden Diagramm auf den Tageslichtprojektor:  *Folie, Pojektor*

**What did you do in your holidays?**

- In die einzelnen Segmente werden die folgenden Verben eingetragen: *is/are – watch – walk – play – have – stay – talk – visit*. Mithilfe des Diagramms erzählt L über einen Tag aus seinen Ferien und schreibt die entsprechende Verbform im *simple past* neben das Diagramm. Erst im zweiten Durchgang bezieht L die S in die Erzählung mit ein: *Did I visit the zoo?* S: *No, you visited a museum.* L bestärkt die Schülerantwort durch Wiederholung, um die Bildung und Aussprache der Struktur zu verdeutlichen.

- S erhalten eine Kopie eines Diagramms, in die nur die Grundformen der Verben eingetragen sind. Nach dem „Diktat" des L unterstreichen die S das Verb entsprechend farbig.  *bunte Stifte*
  L: *Let's look at my son's holidays now. He was in Paris. Underline/colour that verb in blue. He stayed with his uncle. Underline that in yellow. Every morning he walked into town, visited some friends, and talked to them. Underline these verbs in green. Sometimes he played with his uncle's dog. This verb should be in pink. Or he watched TV. Underline that verb in black, please. He had a great time in Paris with his uncle. Underline/colour the last verb in red.*  *Folie + farbige*
  Ein S erhält eine Folie mit dem Diagramm, die im Anschluss an das „Diktat" als Kontrolle  *Folienstifte*
  dient.

- Partnerarbeit: S erzählen die Geschichte über den Sohn mithilfe des Diagramms und schreiben die entsprechenden Verbformen im *simple past* neben die Grundform.

**WB A3  Where were they?**   Sprechen/Schreiben   WB, S. 4

- Üben der *Where was/were* – Fragestrukturen mithilfe des *sentence switchboard*. Die S beantworten die Fragen anhand von TB A1.
  Lösungen:
  *Where was Susan? She stayed at home.*
  *Where was Charlie? He was at the pony camp.*
  *Where were Karim and his family? They were in Bombay, India.*
  *Where were David and his parents? They were in Wales.*

- In Partnerarbeit stellen sich die S gegenseitig Fragen und notieren die Antworten stichwortartig. Anschließend schreiben sie mithilfe der Notizen über ihre/n Partner/in und lesen sich die Texte dann gegenseitig vor.

- S füllen die Lücken mit *was/were* und den regelmäßigen Verbformen aus.
  Lösungen: *were; stayed; was; played; watched; was; danced; walked; looked; was; had.*

**WB A4   Words**                           **Schreiben**                              WB, S. 5
- S suchen aus der Wörterschlange die passende Vergangenheitsform heraus.
  Lösungen: 1. I was; 2. he was; 3. we played; 4. they lived; 5. you had; 6. I stayed; 7. we were;
  8. she visited; 9. he looked; 10. they were; 11. I cleaned; 12. it was; 13. we watched; 14. he
  had; 15. I walked; 16. we worked.

> Erweiterung:
> S fertigen in Partnerarbeit Triminospiele im *simple past* an und tauschen diese dann mit anderen aus.

**TB A3   Three lists**                     **Lesen/Schreiben**                        TB, S. 15

S lernen die Unterscheidung der Verbformen im *simple present, simple past und present progressive*.

- S lesen die Erläuterungen in lif 1-3 und beschreiben mit eigenen Worten die Unterschiede in der Anwendung der Zeiten.   TB, S. 133f.

- L schreibt die drei Beispielsätze und die Sätze des Textes auf Satzstreifen. S lesen den Text laut vor. L heftet die Beispielsätze an die Tafel; mehrere S ordnen die restlichen Sätze den drei Beispielen zu.   *Satzstreifen Magnete*
  Lösungen:
  **Simple present:**
  It is a very exciting city.
  You see a lot of Welsh signs in Wales.
  Karim's postcard is from India.
  **Simple past:**
  We had a great time.
  We walked in the mountains.
  I stayed at home.
  I looked after the ponies and cleaned the stables.
  **Present progressive:**
  What are you doing?
  We are looking at holiday postcards.
  We are talking about our holidays.

- S übertragen die Zeitentabelle in ihr Heft und ergänzen weitere Sätze.

> Erweiterung:
> Als Hilfe für den visuellen Lernertyp wird in Gruppenarbeit arbeitsteilig je ein Poster zu den drei Zeiten erstellt. Die Gestaltung bleibt den S überlassen. Die schönsten drei *remember poster* werden in der Klasse als ständiger Aushang aufgehängt.
>
> | Das Simple Present – Die einfache Vergangenheit | Das Present Progressive – Die Verlaufsform der Gegenwart | Das Simple Past – Die einfache Vergangenheit |
> |---|---|---|
> | • Gewohnheiten und Tatsachen, • regelmäßig vorkommende Ereignisse *(always, every day, often, sometimes, never)*  *he, she it, -s must fit!* | • Ereignisse und Handlungen, die gerade stattfinden *(now, at the moment)*  Go away! I **am** listen**ing** to music at the moment. Why are you reading the book now? He is busy, he **is doing** his homework now. What are you thinking about? | • Ereignisse und Handlungen, die vergangen sind *(yesterday, last week, two days ago)*  Yesterday I stayed at home. They play**ed** football yesterday. She work**ed** in the garden two hours ago. They **were** in Italy last month. |

- S legen ein Regelheft/Mappe oder eine Kartenbox für Grammatikregeln an.   *Mappe, Kartenbox*

Teil A

**TB A4   Brighton Summer Festival**    Hören/Schreiben    TB, S. 16
Bildgelenkte Hörverstehensübung für die drei Leistungsebenen
Hinweis: Die Fragen in TB A5 können nur beantwortet werden, wenn alle drei differenzierten Aufgaben gelöst wurden.

- Vorspielen der CD bei geöffnetem Buch.
  Der Hörtext lautet:
  Reporter: And now BREAKAWAY, Radio Junior Europe's holiday news – where to go, what to see – I'm Jane Appletree talking to you from beautiful Brighton. It's a warm and sunny day here. Just perfect for the Brighton Summer Festival.
  There's a lot happening here in Brighton today.
  Behind me, there is a children's theatre. You can come and watch the play 'The cat with the hat' at 3 o'clock.
  A band is playing rock music. Perhaps you can hear them? They're called 'The Sunny Boys.' What else? There is a volleyball competition all day. Come and watch the final at 6 o'clock.
  Yes, there are a lot of people having a great time here. Children are playing games. A great family day out.
  I've got Tom and Emma here with me. Now you've got a very important job. What are you doing?
  Tom: We're collecting the answers to the Brighton Festival Competition.
  Reporter: I see. Now tell me about the competition.
  Emma: Well, you just have to answer three questions and ten lucky people can win a trip in a hot-air balloon.
  Reporter: And where can I get a competition card?
  Tom: Well, Mr Graham's the balloon pilot. He's throwing the cards out of the balloon. Look, there's some!
  Reporter: Oh, yes. Competition cards are coming out of the sky! So, just answer the three questions and find out who the winners are at half past five. That's right, isn't it?
  Emma: Yeah, five thirty.
  Reporter: So there are a lot of things happening in Brighton today: competitions, music, food and drink. And tonight, a beach disco from 7pm. So, why don't you come to Brighton and join the fun.
  That's all from me now. Back to the studio for the news …

- S erzählen mithilfe des Bildes im Buch, was sie erfahren haben.

- S bilden aus dem *sentence switchboard* Sätze.
  Lösungen:
  Jane Appletree is reporting from Brighton.
  Emma and Tom are collecting the answers to the competition.
  A band is playing music.
  Mr Graham is throwing competition cards out of the balloon.
  A lot of people are having a great time.
  Children are playing games.

- S beantworten Fragen zum Text.
  Lösungen:
  It is warm and sunny.
  The band is playing rock music.
  The band is called 'The Sunny Boys'.
  Tom and Emma are talking to the reporter.
  Ten people can win the competition.

- S hören die CD erneut und beantworten die Fragen.
  Lösungen:
  At 3pm you can watch the play 'The cat with the hat'.
  At 6pm you can watch the final of the volleyball competition.
  At 5.30pm you can find out (who) the winners of the Brighton Summer Festival Competition (are).
  At 7pm a beach disco starts.

| TB A5 | The competition | Hören/Schreiben | TB, S. 16 |

- S tragen in der Klasse die Antworten zu den Fragen des Preisausschreibens zusammen. Dabei ist jeweils ein Beitrag aus einer differenzierten Aufgabe gefragt.
  Lösungen:
  1. Mr Graham; 2. 'The Sunny Boys'; 3. at 5.30pm

| WB A5 | Interviews at the beach | Schreiben | WB, S. 5 |

S üben und festigen das *present progressive*.

- S wenden das *present progressive* mit den vorgegebenen Verben an.
  Lösungen: 1. No, sorry. We're busy. We're watching the volleyball match! /2. No, sorry. I'm busy. I'm looking for my dog! /3. No, sorry. I'm busy. I'm working! /4. No, sorry. I'm busy. My mum is waiting (for me)!

| TB A6 | Holiday pictures | Sprechen/Schreiben | TB, S. 17 |

Vertiefende Übung zum *present progressive*
- S bilden Sätze mithilfe der Bilder und der Verben.
  Lösungen:
  On the first photo the boy is reading a magazine.
  On the second photo the girl is riding a pony.
  On the third photo the girls are eating ice-cream.
  On the fourth photo the boy is riding a bike.

- S schreiben die Sätze auf.

> Erweiterung:
> S kleben eigene Fotos auf ein DIN A4 Blatt und schreiben einige Sätze dazu: *Here I'm swimming in the North Sea. The weather was nice, so we went to the beach every day. And here I'm playing with my brother ...*

Ferienfotos, Klebstoff, Papier

| WB A6 | All kinds of weather | Schreiben | WB, S. 6 |

S wenden das Wortfeld *weather* an.
- S bilden anhand der Bilder Sätze zum Wetter.
  Lösungen:
  Last Monday it was cloudy and cool.
  Last Tuesday it was rainy and cold.
  Last Wednesday it was windy and warm.
  Last Thursday it was sunny and hot.
  Last Friday ...

| WB A7 | YOUR dream holiday | Schreiben/Sprechen | WB, S. 6 |

S können hier kreativ mit Sprache umgehen.
- S malen ein Bild ihrer Traumferien und schreiben einen Postkartentext dazu. Die Texte werden ausgetauscht und vorgelesen, der Schreiber muss erraten werden. *Nonsense sentences* sollten erlaubt sein.

- Alternativ zur Arbeit im Workbook können die S auch Blankokarten gestalten, die anschließend auf einer Leine in der Klasse aufgehängt werden.

> Erweiterung:
> S fertigen in Partner- oder Gruppenarbeit eine große Bildcollage zu ihren Traumferien an, schreiben einen Text dazu, der gemeinschaftlich vorgetragen wird. Besonders gelungene Bildcollagen sollten ausgehängt werden.

Papier, Reisekataloge, Klebstoff, Stifte

Teil A

**Land und Leute 1: Die Britischen Inseln**
Lesen des Texts und Betrachten der Karte

TB, S. 17,
Innenum-
schlag hinten

> **Zusatzinformation**
> Die Hauptstadt von *Wales* heißt Cardiff. In *Wales* wird viel und gerne gesungen und musiziert. Berühmt sind sommerliche Volksfeste wie die *Eiseddfods* [aɪˈsteð‚vɒds], auf denen nach altem Brauch Volkstänze, Folkloremusik und walisische Literatur vorgestellt und vorgeführt werden. *Wales* ist mit seiner Gebirgslandschaft als Feriengebiet besonders beliebt, aber es gibt dort auch einige Industriegebiete. Als Sportart ist Rugby den Walisern wichtiger als Fußball. Schottlands Hauptstadt ist Edingburgh. Im Sommer finden in vielen Gegenden Schottlands die *Highland Games* statt. Sie bestehen aus traditionellen musikalischen, tänzerischen und sportlichen Wettkämpfen, wie z.B. dem Tauziehen (*tug-of-war*) oder dem Baumstammwerfen (*tossing the caber*).
> Die *Isle of Man* ist eine geschichtsträchtige Insel. Mitte des 18. Jahrhunderts war die Insel Zentrum für Schmuggelware, sodass sich die britische Regierung gezwungen sah, die Insel von den Schotten zu kaufen und ein Gesetz zu erlassen, das Schmuggeln bei Strafe untersagte. Damit verloren die Bewohner der Insel ihre Haupteinnahmequelle. Heute leben sie von der landwirtschaftlichen Produktion und vor allem vom Tourismus. Das alljährliche Motorradrennen (*TT race*) um die *tourist trophy* erfreut sich großer Beliebtheit.
> *Jersey* ist die größte und südlichste der britischen Kanal-Inseln. Die Normannen waren die Vorfahren der heutigen Bewohner. Während des Zweiten Weltkrieges war *Jersey* als einzige der britischen Inseln fünf Jahre lang von den Deutschen besetzt. Noch heute erinnert das *German Underground Hospital* an die Besetzung.
> Die *Shetland Islands* sind eine Ansammlung von circa 100 Inseln, von denen nur etwa 20 bewohnt sind. Trotz der nördlichen Lage ist das Klima durch einen Ausläufer des Golfstroms relativ mild. Erst die Entdeckung von Ölvorkommen in der Nordsee konnte die Abwanderung der Bewohner stoppen, die bis dahin mit Fischfang und Wollprodukten ihren Lebensunterhalt bestreiten mussten.

## 22 After the Holidays — Teil B

| Medium | Nummer | Seite | Titel | Fertigkeit | Zusatzinfo |
|---|---|---|---|---|---|
| TB | B1 | 18 | At a pony camp | Sprechen | Aktivierung von Vorwissen |
| TB CD Folie 1 | B2 | 18 | The last day of the pony camp | Hören/Lesen | Lesetext |
| TB | B3 | 19 | Pony and rider | Lesen/Schreiben | Textverständnis |
| TB | B4 | 19 | The race | Lesen/Sprechen | *simple past: regular and irregular forms* (lif 3) |
| TB | lif 3 b) | 135 | Unregelmäßige Verben | | |
| TB | B5 | 19 | Pony Camp News | Sprechen/Schreiben | *simple past: regular and irregular forms* (lif 3) |
| WB | B1 | 7 | A verb quiz | Schreiben | Liste mit unregelmäßigen Verben, TB S. 215-216 |
| WB ★☾☀ | B2 | 8 | The race | (freies) Schreiben | *simple past: regular and irregular forms* (lif 3) |
| TB CD Folie 2 ☀ | B6 | 20 | An incredible story | Hören/Lesen | Lesetext |
| TB copy 6 | B7 | 21 | Susan's diary | Lesen/Sprechen/Schreiben | *questions and short answers* (lif 4, 5) |
| TB | lif 4 | 135 | Die Verneinung der Vergangenheit | | |
| TB | lif 5 | 136 | Fragen und Kurzantworten | | |
| TB CD | B8 | 21 | Last Friday | Hören/Schreiben | Hörverstehen auf CD |
| WB | B3 | 9 | A family calendar | Lesen/Schreiben | *questions and short answers* (lif 4, 5) |
| WB | B4 | 9 | Odd one out | Lesen | *simple past: regular and irregular forms* |
| TB | B9 | 22 | Who went where? | Sprechen/Schreiben | *Negation of the simple past* (lif 3, 4) |
| WB ★☾☀ | B5 | 10 | Did or didn't? | Schreiben | *Questions with did; simple past* (lif 4) |
| TB | lif 6 | 136 | Fragen mit Fragewort | | |
| TB copy 7 Folie 3 | B10 | 22 | YOUR holidays | Sprechen/Schreiben | Interview |
| WB | B6 | 11 | Questions | Schreiben | Fragen mit Fragewort (lif 6) |
| TB Portfolio ☀ | B11 | 23 | MY holidays | Lesen/Schreiben | kreatives Schreiben (*Me*-Text) Rollenspiel (Interview) |
| WB | B7 | 11 | Summer poems | Schreiben | kreativer Umgang mit Sprache |

Die grau unterlegten Felder stellen das Pflichtpensum dar, die weißen die Kür.

Teil B

**Teil B:** • Über ein Ereignis berichten
• Jemanden loben

**TB B1   At a pony camp**         **Sprechen**         TB, S. 18

Vorbereitend auf den Lesetext (*pre-reading activity*) aktivieren die S Vokabular zum Thema *pony camp*.
• S bilden mit den vorgegebenen Verben Sätze und bauen dabei eine Schülerkette auf:
S1: *At a pony camp you can ride ponies. What about you, Saskia?*
S2: *At a pony camp you can ride on ponies and you can go to parties.*
Der Fantasie der S ist hier freier Raum gegeben. Sollte ein/e S bei der Wiederholung der Sätze Schwierigkeiten haben, helfen die anderen.

**TB B2   The last day of the pony camp**         **Hören/Lesen**         TB, S. 18

• S äußern sich spontan zu den Bildern, L ergänzt evtl. unbekanntes Vokabular oder lässt S im *German-English dictionary* im Anhang nachschlagen:
*commentator – scared – jump – race – leave – finishing line – cross*

• Die S bringen die Bilder anhand ihrer Vermutungen in die richtige Reihenfolge.

• Vorspielen der CD bei geöffneten Büchern, da der Text verwirrend viele Namen von Pferden und Reitern enthält. L erteilt einen Hörauftrag, damit das genaue Zuhören geübt wird.
L: *Who is the winner?* Tafelanschrieb: WINNER?         Tafel

• Zweites Vorspielen der CD mit zwei Hörauftragen.
L: *Who is leaving the race? Who is falling off?*
Tafelanschrieb: LEAVING RACE?     FALLING?
S üben den Text ein bis zur „Reporterreife", sie nehmen ihre Textproduktion auf Kassette auf.         Kassettenrekorder

> **Arbeit mit dem Kassettenrekorder:** Kassettenaufnahmen der S können dazu beitragen, die Leseleistung zu objektivieren, da sich L die Aufnahmen mehrfach anhören kann. Aussprache und Intonation können genauer und gezielter korrigiert werden als bei einem vorgelesenen bzw. vorgetragenen Text, da die S grundsätzlich nicht zur Fehlerkorrektur unterbrochen werden sollten. Besonders gelungene Aufnahmen werden der Klasse vorgespielt, immer verbunden mit Hörauftragen, um die S zum genauen Zuhören anzuhalten und die Konzentration bei längeren bzw. mehreren Textbeiträgen aufrecht zu erhalten. Die Hörauftrage sollten sowohl den Bereich der Fehlerkorrektur als auch den des Vergleichs beinhalten: *Listen carefully, which words are not correct? Which group was better? Why?*
> Im Anschluss können die S ihre Aufnahmen mit den Korrekturhilfen wiederholen. Jede/r S sollte für folgende Übungen des Lehrwerks – wie Interviews, Dialoge und Rollenspiele – eine eigene Kassette für weitere Aufnahmen haben, die dem Portfolio beigefügt wird.

**TB B3   Pony and rider**         **Lesen/Schreiben**         TB, S. 19

Die Übung schult das Leseverstehen.
• S malen die Kappen der Reiter und fünf Pferdeköpfe daneben. Sie lesen den Text nochmals genau, um die Namen der Reiter und der dazugehörenden Pferde herauszufinden.
Lösungen: *Patsy Mullroy/Flame – Rhonda Smith/Lionheart – Annie Dixon/Sugar Boy – Wally Simpson/Prince – Paul Conroy/Dark Crystal*.

**TB B4   The race**         **Lesen/Sprechen**         TB, S.19

a) S überprüfen durch intensives Lesen und Vergleichen der Sätze ihr Textverständnis. S lesen die Sätze einzeln vor und entscheiden, ob sie richtig oder falsch sind. Die unregelmäßigen Verbformen werden hier nur lexikalisch verwendet. Falsche Aussagen müssen korrigiert werden. Z.B.: *There were six ponies in the race. That's wrong, there were five ponies in the race.*
Lösungen: *1. That's right; 2. That's wrong (five); 3. That's wrong (Sugar Boy); 4. That's wrong (Sugar Boy); 5. That's right; 6. That's right; 7. That's right; 8. I don't know; 9. That's wrong (One); 10. That's right; 11. I don't know; 12. That's wrong (last year's race).*

**b)** Festigung der regelmäßigen Vergangenheitsform: S schreiben die zusammengehörenden Verbpaare aus den Sätzen auf.
Lösung: *1. enjoy – enjoyed; 4. stop – stopped; 7. jump – jumped; 9. cross – crossed.*

**c)** S nennen die zusammengehörenden Verbpaare, schreiben sie auf unter *Irregular verbs*. Anschließend wird nur eine Verbform genannt, die andere muss dazu gefunden werden.
Lösungen: *have – had; be – was/were; ride – rode; win – won; come – came; leave – left; fall – fell; begin – began.*
S finden folgende unregelmäßige Verbformen in a): *2. were; 3. rode; 5. fell; 6. began; 8. was; 10. was; 11. had; 12. won.*

### Lif 3b)   Unregelmäßige Verben (Irregular Verbs)   TB, S. 135
Lesen und Besprechen der Ausführungen zu den unregelmäßigen Verben. L übt mit den S   TB, S. 215f.
das Nachschlagen der *irregular verbs* in der Liste auf Seite 215-216.
- Auch hier kann mithilfe des Kreisdiagramms ein „Farbendiktat" zur Festigung der unregelmäßigen Verben durchgeführt werden (s.S. 17).

> **Erweiterungen:**
> - Zu einem aufgerufenen Buchstaben wird ein Verbpaar genannt: z.B. *'B': begin – began*.
> - S erstellen in Partnerarbeit ein *Memory*-Spiel: Auf einzelne Kärtchen wird jeweils eine Form des Verbs geschrieben: z.B. 1. Karte *go*, 2. Karte *went*, wobei auch die regelmäßigen Verben vorkommen. Alle Karten werden verdeckt auf dem Tisch verteilt. Die S decken abwechselnd jeweils zwei Karten auf; wird ein Verbpaar aufgedeckt, darf der/die aufdeckende S es behalten. Das Kartenspiel sollte ständig ergänzt werden. Folgende Spielvarianten sind möglich: Durch schnelles Klopfen kann ein S den/die Partner/in unterbrechen und die zweite Karte aufdecken, um ihm/ihr ein Verbpaar wegzuschnappen. Desweiteren erhält das Spiel einen höheren Schwierigkeitsgrad, wenn zu jedem Verbpaar ein Satz gebildet wird.
> - Sehtest-Spiel: Jede/r S erhält ein DIN A4 Blatt, auf das er/sie in großer Schrift den Infinitiv eines unregelmäßigen Verbs schreibt, darunter die *simple past*-Form in kleiner Schrift. Die S stellen sich in einer Linie an der Rückwand des Klassenzimmers auf, während L oder ein S vorn nacheinander die Zettel hochhält. Ein S liest den Infinitiv vor; weiß er/sie die Vergangenheitsform nicht, muss er/sie so weit vorrücken, bis er/sie diese

### TB B5   Pony Camp News                    Sprechen/Schreiben    TB, S. 19
Einsetzen der Vergangenheitsformen in den Lückentext
- S füllen den Text mit den Verbformen im *simple past* aus und lesen ihn vor.
Lösungen: *finished; began; came; fell; stopped; scared; jumped; left; turned; was; won.*

### WB B1   A verb quiz                      Schreiben             WB, S. 7
**a)** S schreiben die Vergangenheitsformen auf.
Lösungen: *jumped; flew; did; made; saw; enjoyed; met; went; bought; had; rode; was; took; were; thought; found; stayed; played; walked; gave; spent; said; told; sat; came; began.*

**b)** S umrahmen die Vergangenheitsformen und überprüfen so ihre Angaben unter a).
Lösung: *And the winner is Patsy on Flame.*

### WB B2   The race                         (freies) Schreiben    WB, S. 8
Anwendung des *simple past, regular and irregular forms*
- S schreiben Sätze mithilfe des *sentence switchboard*.
Lösungen: *Flame crossed the finishing line./Prince and Dark Crystal jumped the hedge./Lionheart stopped in front of a mouse./Sugar Boy turned round./Rhonda fell off./Annie rode Sugar Boy./Wally and Paul left the race./Patsy and Flame won with no problem.*

- S füllen den Lückentext mithilfe der Liste auf S. 215-216 aus. (Die Formen von *be* könnten   TB, S. 215f.
für manche S eine Schwierigkeit bedeuten.)
Lösungen: *happened; were; stopped; was; threw; was; were; jumped; left; was; felt; turned.*

Teil B          ■ 25

- Freies Schreiben: S schreiben die Geschichte aus der Sicht des Siegerpferdes Flame.

> **Erweiterungen:**
> - In Anlehnung an das Spiel 'Kofferpacken' wird das Spiel *Yesterday* mit Sätzen im *simple past* gespielt: Ein S beginnt: *Yesterday I bought a ball.* Der/die zweite wiederholt den Satz und fügt einen neuen mit einem Verb aus der Liste an: *Yesterday I bought a ball and I went to the cinema.* Auch hier scheidet kein S aus, denn es darf geholfen werden.
> - Bingo: S unterteilen ein Blatt in neun Felder und tragen ihre eigne Auswahl von regelmäßigen und unregelmäßigen Verben im *simple past* ein. Während L (oder S) nacheinander Verben aufruft, kreuzen S diese Verben auf ihrem Bingofeld an, sofern sie vorhanden sind. Bei drei Kreuzen in einer Reihe rufen sie "Bingo!".

**TB B6    An incredible story**              **Hören/Lesen**              *TB, S. 20*
Hören/Lesen eines narrativen Textes (Der Wortschatz wird später nicht vorausgesetzt, s. Einleitung.)

> **Lesetexte:** Im Vordergrund des Umgangs mit Lesetexten steht das *reading for fun*, um eine fachbezogene Motivation zu erreichen. Weitere Lernziele sind im selbstständigen Erlesen eines längeren Textes, im Trainieren von Textentschlüsselungstechniken und in der Festigung des Vokabulars zu sehen. In einem weiteren Schritt wird das kreative Schreiben angebahnt. Beim Hör- wie auch beim Leseverstehen unterscheidet man drei Phasen:
> 1. *pre-reading/listening activities*, mit denen das Interesse für die Geschichte geweckt wird;
> 2. *whilst-reading/listening activities*, die die Aufmerksamkeit auf den Inhalt der Geschichte lenken;
> 3. *post-reading/listening activities*, die einen handlungsorientierten Umgang mit dem Text ermöglichen.

- Phase 1: L legt die Folie 2 als Bildimpuls auf. Die S äußern sich spontan, stellen Vermutungen über die Personen, den Ort und über einen möglichen Inhalt der Geschichte an:
  L: *What do you think the story is about?*
  Auch das Wetter und dabei die Vokabeln *fog* und *foggy* sollten ins Gespräch gebracht werden.

- Phase 2: Vorspielen der CD bei geschlossenen Büchern bis: *Then suddenly, a big black dog came out of the fog. Now they were really scared.*
  Die S erhalten drei Höraufträge:
  1. *Who are the characters in the story?*
  2. *Where were they?*
  3. *What was the weather like?*
  Die Fragen werden als Stichworte an der Tafel notiert (*characters – place – weather*).

- Nach Beantwortung der drei Fragen vermuten die S, wie die Geschichte ausgehen könnte. Impuls: *There was a big black dog. What happened next? What do you think?*      *Tafel*

- Vorspielen des Restes der Geschichte bei geöffnetem Buch, S lesen mit. S erhalten Leseaufträge:   1. *Who is Mrs Jones?*
              2. *Who is Gerret?*
              3. *Who was Mr Perrin?*
  Tafel: *Mrs Jones – Gerret – Mr Perrin*
                                                                                              *Tafel*
- Vorspielen der Geschichte als Ganzes, die S lesen leise mit.

- Phase 3: S bearbeiten eine oder mehrere der folgenden Aufgaben allein oder mit dem/der Partner/in:
  – *Draw two or three pictures for the story and write down what happened.*
  – *You are David's dog Kenny. Tell his story. You can draw a picture of Kenny and the black dog.*
  – *Find another ending to the story.*

- S präsentieren die Ergebnisse vor der Klasse; die Geschichten werden im Klassenraum ausgehängt.

**TB B7  Susan's diary**  Lesen/Sprechen/Schreiben  TB, S. 21

Susan schreibt in ihrem Tagebuch über ihre Ferienerlebnisse. Dabei berichtet sie von einem schönen und einem langweiligen Tag. Den S sind solche Erlebnisse und Stimmungen sicherlich vertraut. Der Text regt zum Nachdenken an und evtl. auch dazu, von eigenen Erfahrungen zu berichten.

- S lesen die Tagebucheintragungen still. Sie „entdecken" die Verneinung im *simple past* und finden heraus, wie die Verneinung im Englischen gebildet wird.

Lernstärkere S erstellen zunächst das Tafelbild (s.u.) und erörtern dann mithilfe von lif 4 die Grammatik.

**Lif 4  Die Verneinung der Vergangenheit**  TB, S. 135

- S vergleichen ihre Erkenntnisse mit den Erläuterungen.
  Zur Festigung der Struktur gibt L ein Beispiel vor: *Yesterday I didn't do a lot of things: I didn't read the newspaper. I didn't clean my room. I didn't call my friend ... What about you, Nico? What didn't you do yesterday?*

- S lesen die Tagebucheintragungen mit allgemeinem Leseauftrag:
  L: *Was Wednesday a good day or a bad day? What about Thursday?*
  L bereitet das Tafelbild vor: S sagen, was gut und was schlecht war.  Tafel

|  | **Wednesday** |  | **Thursday** |  |
| --- | --- | --- | --- | --- |
|  | good | bad | good | bad |
|  | We watched a play. | I didn't get a big part. | I went to Regent's Park. | I didn't have enough money. |
|  | We acted a play. | I didn't know the words. |  | I didn't say hello. |
|  | I was good. |  |  | Why didn't she ask me to go? |
|  | We sang old songs. |  |  |  |

- Anschließend unterstreichen S die Verneinung mit farbiger Kreide an der Tafel.  bunte Kreide

**Lif 5  Fragen und Kurzantworten**  TB, S. 136
- L erläutert die Grammatik, indem er/sie die S über den vorherigen Tag befragt:
  *Did you read a book? Did you play computer games? Was the weather nice? Was it snowy?*
  Die möglichen Kurzantworten werden an die Tafel geheftet.
- Lesen der Erläuterungen in lif 5.

Die S beantworten die Fragen zu *Susan's diary* (in Partnerarbeit) und üben die verneinten Kurzantworten.
Lösungen: *1. Yes, she did; 2. No, she didn't; 3. No, she didn't; 4. Yes, she did; 5. No, she didn't; 6. No, it wasn't; 7. Yes, it was; 8. Yes, it was; 9. No, it wasn't.*

> Erweiterung:
> S fertigen eine Tabelle wie oben über zwei Tage in ihrer Woche an. Anschließend berichten sie einem/einer Partner/in darüber.

**TB B8  Last Friday**  Hören/Schreiben  TB, S. 21
S üben die Verneinung im *simple past*.
**a)** S übertragen die Tabelle wie im Buch vorgeschlagen in ihr Heft. Vorspielen der CD. S kreuzen *yes* oder *no* an.

Teil B ■27

Der Hörtext lautet:
*Listen to Susan and her mother.*
Susan: *Hello Mum. Did you have a good day?*
Mum: *Yes, thank you Susan. It was a lovely day out. Did you do all the jobs I asked you to do?*
Susan: *Well, I took Rita to the playcentre at 9 o'clock. And then I tidied my room. Look, you can see the floor now.*
Mum: *Very good. That looks much better! Now, did you phone Gran?*
Susan: *Oh no, I didn't! I was so busy in my room. I forgot!*
Mum: *Oh, Susan! – Well, did you remember to feed the goldfish?*
Susan: *It's Rita's goldfish.*
Mum: *Susan, I asked you to feed it. Did you?*
Susan: *Yes, yes, I fed the stupid goldfish.*
Mum: *Susan! Well, what's for dinner tonight? You did go shopping, didn't you?*
Susan: *Well, er. I wanted to go, but then Jack was, er, busy, so, er, no we didn't go shopping. It was Jack's fault!*
Mum: *Oh, no. Then we've got no food to eat …*

**b)** Die S bearbeiten die differenzierten Aufgaben.
- L stellt die Fragen im *simple past*, S antworten mit Kurzantwort.
  L: *Did Susan take Rita to the playcentre? Did she tidy her room? etc.*
  Lösungen:
  yes: take Rita to playcentre; tidy room; feed goldfish.
  no: call Gran; shopping with Jack (look at shopping list).
  *Susan took Rita to the playcentre./She tidied her room./She fed the goldfish./Susan didn't call Gran./She didn't go shopping with Jack.*

- S bereiten die Übung schriftlich vor und tragen dann den Dialog mit einem/einer Partner/in vor. Lösung:
  *Mother: Did you take Rita to the playcentre?*
  *Susan: Yes, I did.*
  *Mother: Did you tidy your room?*
  *Susan: Yes, I did.*
  *Mother: Did you call Gran?*
  *Susan: No, I didn't.*
  *Mother: Did you feed the goldfish?*
  *Susan: Yes, I did.*
  *Mother: Did you go shopping?*
  *Susan: No, I didn't.*

- S schreiben wenigstens fünf Sätze über ihren vorherigen Tag.
  Beispiellösung: *I tidied my room but I didn't go shopping. I took my sister/brother to the playcentre but I didn't do my homework. I watched television but I didn't call my grandmother (Gran). I fed my dog but I didn't play with him. I went for a walk in the park but I didn't ask my friend to go with me.*

  Die Sätze können als Vorlage für einen Dialog mit dem/der Partner/in dienen.
  S1: *I tidied my room yesterday but I didn't do my homework. I forgot.*
  S2: *Really? Well, I did my homework but I didn't help my mother. I had too much homework.*

**WB B3   A family calendar**  Lesen/Schreiben  WB, S. 9
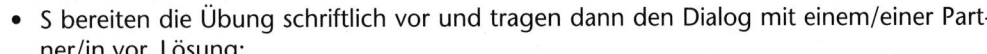
Festigung der Vergangenheitsformen in Antworten und Kurzantworten.
- S beantworten die Fragen mithilfe der vorgegebenen Notizen.
  Lösungen:
  *Yes, it was. It was (her birthday) last Monday.*
  *No, it wasn't.*
  *No, she didn't. Jo cooked the family dinner on Wednesday.*
  *No, he didn't. He had too much homework (to do).*
  *No, she didn't. Her mum bought the present.*
  *Yes, he did. It started at 4pm/four o'clock.*

*No, he didn't. Jo went babysitting on Friday.*
*Yes, they did.*
*No, she didn't.*

### WB B4  Odd one out                Lesen                         WB, S. 9
- S streichen aus der Reihe der Verben das unpassende Wort heraus.
  Lösungen: *1. want; 2. new; 3. fed; 4. bored; 5. loud; 6. market.*

> Erweiterungen:
> - Beim Vergleichen der Ergebnisse begründen leistungsstärkere S ihre Entscheidungen:
>   *I think 'want' is the odd one out, because it is the simple present form.*
> - S denken sich eigene *odd one out* Reihen aus und befragen die Klasse.

### TB B9  Who went were?             Sprechen/Schreiben             TB, S. 22
Anwenden der Verneinung im *simple past*. Achtung: Hier wird Detailwissen aus dem Lesetext von S. 14 vorausgesetzt. Schwächere S könnten mit dieser Aufgabe überfordert sein.
Lösungen: *1. David didn't fly to Spain and he didn't go to Manchester. He went to Wales./ 2. Susan didn't visit her cousins and she didn't play video games. She went to a drama workshop./3. Karim didn't stay at home and he didn't ride to Brighton on his bike. He stayed in Bombay./4. Charlie didn't spend a week in Scotland and he didn't visit his uncle and aunt. He went to a pony camp.*

> Erweiterung:
> Wettspiel: Die Klasse wird in zwei Teams aufgeteilt. Die *Tigers* bilden einen Satz in *simple past*; die *Lions* müssen diesen Satz verneinen, um einen Punkt zu erhalten. Nach ca. zehn Sätzen wird gewechselt.

### WB B5  Did or didn't              Sprechen/Schreiben             WB, S. 10
Festigungsübungen zur Vergangenheitsform

- S kreuzen die entsprechende Kurzantwort an. Ehe sie über ihre Ferien schreiben, sollte die Übung mündlich vorbereitet werden, um die verneinte Form im *simple past* zu sichern:
  *I didn't stay at home.*

- S beschreiben, was David gestern morgen geschafft hat und was er nicht mehr erledigen konnte.
  Mögliche Lösungen: *David cleaned his teeth./He didn't clean his shoes./He didn't comb his hair./He didn't take his books./He took his lunch./He washed his face.*

- S schreiben über die vergangene Woche im *simple past*.

### Lif 6  Fragen mit Fragewort                                     TB, S. 136
S lesen die Erklärungen zur Fragebildung still. Da ihnen das Phänomen der Fragebildung mit Fragewort von anderen Zeiten bekannt ist, bereitet es ihnen keine Schwierigkeiten.

### TB B10  YOUR holidays             Sprechen/Schreiben             TB, S. 22
Partnerinterviews zum Thema Ferien; Anwenden der Arbeitstechnik *note-taking* (s. TM S. 16).

- L bereitet lernschwächere S auf das Interview vor, indem er sie nach ihrem Ferienort, der Dauer des Urlaubs und ihren Aktivitäten dort befragt. Die verwendeten Fragestrukturen werden auf Kärtchen geschrieben und an die Tafel geheftet. Anschließend übernehmen S die Rolle des Fragenden unter Benutzung der Kärtchen, das Buch gibt Hilfen für die möglichen Antworten.                                                     *Kärtchen*

Teil B

- S bereiten das Interview schriftlich vor, indem sie die Fragen an ihre/n Partner/in in ihrem Heft sammeln und Platz für die Antworten des Partners/der Partnerin lassen. Die Vorgaben im Buch bilden nur ein Modell, dass die S nach eigenen Interessen abwandeln können.

- S berichten über die Ferien des Partners/der Partnerin anhand ihrer Notizen.

> **Erweiterungen:**
> - Kettenkartenspiel: Jede/r S erhält eine Karte, auf der eine Frage im *simple past* mit oder ohne Fragewort sowie eine Antwort steht, die aber nicht zu der Frage passt. Die Fragen und Anworten sind eindeutig aufeinander abgestimmt, sodass nur jeweils ein Kartenpaar zusammenpasst. Das Spiel beginnt mit der Karte Nr. 1 (die anderen Karten sind nicht nummeriert) und ein/e S liest die Frage vor. Nun gilt es für alle genau aufzupassen, wann sie antworten müssen. Die Betreffenden lesen anschließend die nächste Frage vor. Beispiel: Karte 1: *Mum didn't like the food./Where did you go on holiday?* Karte 2: *We went to Wales. Did you play ball?* Auf der „letzten" Karte steht die Frage zur Antwort auf Karte Nr. 1. So schließt sich der Kreis.
>
>
>
> - Die Bildergeschichte der Folie 3 erzählt von einem Montag, an dem fast alles schief ging. S versprachlichen die Bilder in der Vergangenheit. Für leistungsschwächere S ergänzt die Lehrkraft vorab Wortmaterial zu den einzelnen Bildern. Um die Fragestellung im *simple past* zu festigen, stellt die Lehrkraft Wh- und Ja/Nein-Fragen zu der Geschichte. Leistungsstärkere S können anschließend eine Fantasiegeschichte aus der Sicht des Papageien über seinen Ausflug schreiben.

**WB B6  Questions**  Schreiben  *WB. S. 11*
Üben der Fragestrukturen
- S vervollständigen die Fragen.
  Lösungen:
  *Where did you go on holiday?*
  *How long did you stay?*
  *Where did you stay?*
  *What did you do?*
  *What was the weather like?*

**TB B11  MY holidays**  Schreiben/Lesen  *TB, S. 23*

- a) Als vorbereitende Übung zum Verfassen des eigenen *Me*-Texts fertigen S zunächst eine *mind map* (Copymaster 7) zum Wortfeld *My holidays* nach Buchvorlage.

- b) Alle S lesen die beiden Texte und schreiben nach dieser Vorlage einen eigenen *Me*-Text für ihr Portfolio. Sie illustrieren ihre Texte mit Fotos oder eigenen Zeichnungen. Die Ergebnisse werden ausgestellt.

- Zusatzaufgabe für schnelle S; S erarbeiten schriftlich ein Interview mit einem/r Partner/in über einen besonderen Tag (Geburtstag, Party, Wochenende, …). Fragen und Antworten werden bis zur „Reporterreife" geübt und vorgetragen. Auch diese Übung können die S auf ihre Portfolio-Kassette sprechen.

*Kassettenrekorder*

**WB B7  Summer poems**  Lesen/Schreiben  *WB, S. 11*
S gehen kreativ mit Sprache um.
- S suchen sich ein Gedicht aus, lesen es mehrfach still, bis sie es auswendig aufsagen können.
- S schreiben ihr Lieblingsgedicht ab und illustrieren es.
- S schreiben ein Gedicht mithilfe des Sprachgerüstes, illustrieren es und tragen es vor.
- Alle Gedichte werden in einem *Book of poems* gesammelt (s. Tipp).

## After the holidays — Teil C

| Medium | Nummer | Seite | Titel | Fertigkeit | Zusatzinfo |
|---|---|---|---|---|---|
| TB | C1 | 24 | Back to school | Sprechen/Schreiben | Wortschatz: *school, mindmapping* |
| WB | C1 | 12 | Back to school | Lesen | Wortschatz: *classroom phrases* |
| TB | C2 | 24 | Holland Park School | Lesen/Sprechen/Schreiben | sinnentnehmendes Lesen |
| TB Folie 4 | C3 | 25 | An interview | Sprechen | Englische Uhrzeiten |
| WB | C2 | 12 | On Mondays | Schreiben | Englische Uhrzeiten |
| WB ★☾☀ | C3 | 13f. | School days | Schreiben | Verfassen eines Textes; Lautschulung |
| TB CD | C4 | 25 | The school chant | Sprechen | *chant* |
| TB | C5 | 26 | Vera's new school | Lesen | Lesetext |
| WB | C4 | 14 | Lisa's letter | Schreiben | Einen Brief adressieren |
| WB | C5 | 15 | Vera's new school | Lesen | Leseraster |
| TB | C6 | 27 | The new science room | Sprechen | Wortschatz: *classroom objects*; Ortsangaben, Präpositionen |
| WB | C6 | 15 | Where are they? | Lesen | Präpositionen |
| TB ★☀ | C7 | 27 | Victor's portrait | Schreiben | Personenbeschreibung |
| WB | C7 | 16 | Vera and Victor | Hören | Hörverstehen auf CD |
| TB Portfolio | C8 | 27 | YOUR portrait | Schreiben | Personenbeschreibung |

Die grau unterlegten Felder stellen das Pflichtpensum dar, die weißen die Kür.

Teil C

**Teil C:**
- Über den Schultag sprechen
- Die Uhrzeit nennen
- Klassenzimmer beschreiben
- Jemanden beschreiben

**TB C1   Back to school**   Sprechen/Schreiben   *TB, S. 24*

a) Als Einstieg in den Themenbereich Schule reaktivieren die S ihren Wortschatz aus dem letzten Lernjahr, indem sie eine *mind map* erstellen. Wird in Gruppen gearbeitet, sollte die Zusammensetzung möglichst heterogen sein, da so die leistungsschwächeren S Unterstützung finden.

> Diff.
- Leistungsschwache S können durch Realien, die im Klassenraum vorhanden sind, motiviert werden. Weitere Impulse können durch *flashcards*, die die Buchstaben in verdrehter Reihenfolge zeigen, gegeben werden *(kobo = book, cienpl = pencil, ... )*.   *Flashcards*

b) Die S vergleichen ihre *mind maps* in Partnerarbeit und ergänzen jeweils neue Wörter.

- Alternative: Die Auswertung erfolgt in Form eines Wettspiels. Die Gruppe, die die meisten unterschiedlichen Begriffe nennt, erhält die höchste Punktzahl.

**WB C1   Back to school**   Lesen   *WB, S. 12*
Reaktivierung von Redemitteln für den Englischunterricht mithilfe der *classroom phrases* im Anhang (s. Tipp).   *TB, S. 129f.*

a) S verbinden die zusammengehörigen Sprechblasen durch Linien.
Lösungen: *Do you need help with the exercise? Yes, please. I don't understand this./What's the English word for "aufregend"? That's easy. It's exciting./Can you write the English word for "Pause" on the blackboard? Sorry, I don't know how to spell the word./Are you new in this class? Yes, I am. I went to school in Hamburg before.*

> Diff.
Leistungsstarke S können sicherlich weitere Minidialoge ergänzen. Dazu gibt L Impulse in Form von Stichwörtern *(window, book, homework, late, ...)*.

**TB C2   Holland Park School**   Lesen/Sprechen/Schreiben   *TB, S. 24*
Aus dem Broschürentext erfahren die S, welche Besonderheiten und Einrichtungen es an der *Holland Park School* gibt. Sie lesen den Text still.

a) S ergänzen die neuen Wörter in ihrer *mind map* aus TB C1.

b) In Anlehnung an die Vorlage im Buch fertigen die S eine Broschüre für ihre Schule an. Dies kann auch in Form einer Wandzeitung geschehen. Unter der Überschrift *Welcome to our school* werden die Beiträge der S gesammelt und durch Fotos und Zeichnungen ergänzt.   *Tonkarton, Klebstoff, Fotos*

> Diff.
Schwächere S können in Gruppenarbeit kleine Themenbereiche bearbeiten wie z.B. Pause, Sport, Arbeitsgemeinschaften, Verhalten, usw.

---

Zusatzinformationen (siehe TM 1, S. 21): **Holland Park School**
Zu Beginn eines Schuljahres erhalten die S der *Holland Park School* ein Handbuch, das wichtige Informationen für ihre Jahrgangsstufe enthält: von Ferienterminen, Hinweisen auf geplante Schulprojekte, Ansprechpartnern bei fachlichen oder vertraulichen Fragen, Beschreibungen der einzelnen Fächerinhalte bis hin zu Regeln der Schule und zum Sozialverhalten. Folgender Auszug aus der Schulordnung zeigt, welche Regeln es gibt und wie beispielsweise Wohlverhalten belohnt und Fehlverhalten sanktioniert wird: **Code of behaviour:** *[...] 2. Holland Park School is a multi-racial society and will not tolerate racist remarks or racially insulting behaviour. 3. The use of obscene or abusive language to anyone is not acceptable. [...] Chewing gum is not allowed in school. [...]* **Rewards:** *[...] 5. Punctuality Certificates are awarded to students with outstanding records of punctuality. [...]* **Sanctions:** *Fighting: an exclusion from school is always the sanction for fighting. [...]*

Teil C

Den Eltern gibt das *handbook* Hinweise auf Neuerungen und Veränderungen, die im kommenden Schuljahr auf die S zukommen. Es ermutigt sie außerdem, eigene Ideen ins Schulleben einzubringen und in verschiedenen Ausschüssen mitzuarbeiten. Da englische Schulen weitgehend autonom sind, gibt es viele Veranstaltungen, die dazu dienen, den Schuletat aufzubessern. Dazu gehören Flohmärkte, Schulfeste, Ausstellungen.

**TB C3   An interview**                    **Sprechen**                    *TB, S. 25*
Wiederholung der Uhrzeit (Viertel-, halbe Stunden)

- Schwächere S wiederholen die Uhrzeiten zunächst mithilfe des Uhrmodells von Folie 4. L kann dabei Impulse geben: *When do you get up? When do you start school on Mondays? When do you have lunch?*

- S wenden in Partnerarbeit die vorgegebenen Fragen bezüglich ihres Schulalltags an und beantworten sie so gut wie möglich. Dabei gesellt L sich zu den Paaren und hilft.

- S nehmen Interviews auf Kassette oder Video auf. Dabei ist es möglich, dass ein/e Reporter/in eine/n Gesprächspartner/in hat, eine Gruppe befragt oder S auf dem Schulhof anspricht.

*Kassetten- bzw. Videorekorder*

**WB C2   On Mondays**                    **Schreiben**                    *WB, S. 12*
Die S erstellen einen individuellen Zeitplan. Dabei müssen ihre schriftlichen und eingezeichneten Zeitangaben übereinstimmen. Die Kontrolle erfolgt mündlich, indem ein S oder L Fragen stellt und die S antworten. Z.B.: *When do you get up on Mondays? I get up at half past six.*

> Erweiterung:
> Zusätzliche Übungsmöglichkeiten lassen sich durch Domino-, Memory- oder Bingospiele schaffen.

**WB C3   School days**                    **Schreiben**                    *WB, S. 13f.*

- Die S schreiben über ihren Schulalltag.

- Die S setzen die Bildimpulse in Sprache um.
  Lösungen: *Murat likes Mondays because he has got P.E. and computer technology. He doesn't like Tuesdays because he has got English and French. He likes Wednesdays because he has got art. He doesn't like Thursdays because he has got geography. He likes Fridays because he has got maths and music. He likes Saturdays because he hasn't got school.*

- Zuordnen von Wörtern mit gleichen Lauten.
  Lösungen: [uː] *school, food, room, soon;* [ʊ] *book, good, look, foot;* [ɑː] *car, class, art, past* [ʌ] *but, must, fun, bus.*

**TB C4   The school chant**                    **Sprechen**                    *TB, S. 25*
Der *chant* bietet eine auflockernde Zusammenfassung des Wortschatzes *At school* und schildert das Durcheinander an manch einem Montag, wenn nach einem langen Wochenende die Schulsachen wieder alle beisammen sein müssen.
Die S hören den Text zunächst nur von der CD. Anschließend sprechen sie den *chant* – evtl. als Wechselgesang – zum Playback; dabei ist das Lesen des Texts im Buch sicherlich hilfreich.

**TB C5   Vera's new school**                    **Lesen**                    *TB, S. 26*
Sinnentnehmendes Lesen

- S lesen den Einleitungstext und den Brief, den Vera und Gillian heimlich in der Chemiestunde geschrieben haben, still und versuchen dabei die Bedeutung unbekannter Wörter aus dem Kontext zu erschließen. In dem Brief erfahren sie etwas über Victor, Veras Urlaubsbekanntschaft.

Teil C

- Eine Überprüfung des Leseverstehens kann von den S gegenseitig vorgenommen werden, indem sie sich gezielte Fragen stellen. (Schwächere S brauchen Frageimpulse durch L.) Z.B.: *Where are Vera and Gillian? In the science room./Where did Vera meet Victor? In Brighton./What colour is Victor's hair? Black./Where does he live? In Norwich./What's the name of his school? Cathedral School./What sports does he like? Badminton.*

- Alternative: S schreiben *right/wrong statements* für eine/n Partner/in und bearbeiten diese dann gegenseitig. Beispiel: *That's right: Vera is sitting next to Gillian./Victor is back at school. That's wrong: It's Vera's first day at school. (second)/Vera met Victor three weeks ago. (two)/Victor sent a cassette. (photo)/ Victor is Vera's boyfriend. (isn't)*

- Aufmerksamen S fällt auf, dass die englische Anschrift anders geschrieben wird als die deutsche. L weist auf die Unterschiede hin. Es sollte die englische Schreibweise von sieben und eins beachtet werden.

> **Zusatzinformationen:**
> Bei **britischen Adressen** steht die Hausnummer vor der Straße, die Postleitzahl (*postcode*) hinter dem Ort. Die Straßenbezeichnungen werden oft abgekürtzt, z.B. *Rd* für *Road*. Weitere Abkürzungen für Straßenbezeichnungen: *Av./Ave.* = Avenue, *Cl.* = Close (Hof), *Cr./Crs./Cres.* = Crescent (Bogen, Weg), *Dr./Dri.* = Drive (Einfahrt), *Gro.* = Grove (Hain), *Gs./Gds./Gdns.* = Gardens (Gärten), *La.* = Lane (Sträßchen, Weg), *Pl.* = Place (Platz), *Sq.* = Square (Platz).

**WB C4 Lisa's letter**     Schreiben     *WB, S. 14*
S beschriften den Umschlag. Sie orientieren sich dabei an dem Brief im TB (s. Tipp).
Lösung: *Charlie Macintosh*
        *38 Sherwood Rd*
        *London*
        *NW4 2HP*
        *Great Britain*

**WB C5 Vera's new school**     Lesen     *WB, S. 15*
S „finden" den Text im Leseraster, indem sie die einzelnen Wörter durch Pfeile verbinden. Dies erfordert eine hohe Konzentration, da sie die richtige Satzstellung beachten müssen.
Lösung: *This is Vera's second day at her new school. It is quarter to eleven and Vera is sitting next to her friend Gillian in the science lesson. She is telling Gillian about a boy she met in Brighton in the summer holidays. She has got a letter from Victor.*

**TB C6 The new science room**     Sprechen     *TB, S. 27*
Reaktivierung des bekannten und Übung des neuen Wortschatzes
a) Die S stellen fest, welche der aufgeführten Gegenstände in *Vera's science room* (TB C5) zu sehen sind.
Lösungen: *I can see/There is/are pupils, pens, a teacher, a ruler, a door, two sinks, a bunsen burner, magazines.*

b) Die vorhandenen Gegenstände werden unter Verwendung von Präpositionen lokalisiert.
Mögliche Lösungen: *The door is at the back of the room. The pupils are in the middle of the room/sitting on the chairs. A pen is on the table at the back. A ruler is on the desk on the left. A teacher is in the room/behind Vera and Gillian. A map is on the left. The sinks and the water are on the left. A bunsen burner is on Gillian's table.*

c) Als Transfer wird beschrieben, was sich wo im eigenen Klassenraum befindet. Dabei sollte auf die korrekte Anwendung von Singular und Plural geachtet werden.

> **Erweiterung:**
> Frage und Antwortspiel *Where is it?* Ein S sucht sich einen Gegenstand im Klassenraum aus, der von den anderen S durch Fragen erraten werden muss. Dabei darf nur mit *yes* oder *no* geantwortet werden. *Is it next to the door? Is it in the middle of the room?* etc.

**WB C6  Where are they?**  Lesen  WB, S. 15
Die S lesen die Angaben zum Sitzplan und tragen die Namen ein.
Lösungen:
*And where is Jenny? Jenny sits in the middle.*

| John | Kevin | Alex |
| Helen | Jenny | Patsy |
| Oliver | Jessica | Tim |

**TB C7  Victor's portrait**  Schreiben  TB, S. 27
Reaktivierung von Adjektiven zur Personenbeschreibung

- S ordnen Satzteile und erhalten so ein Porträt von Victor.
  Lösungen: *Victor is from Norwich./He goes to Cathedral School./He has got short black hair./He is friendly and good-looking./Vera met Victor on holiday in Brighton.*

- Anhand der Leitfragen entnehmen S dem Brief von TB C5 Informationen und beschreiben Victor.
  Mögliche Lösungen: *Victor is from Norwich. He is good-looking. He goes to Cathedral School and his hobby is badminton. He is in the badminton team at his school.*

- In Gruppenarbeit verfassen S einen Liebes- oder Fanbrief an eine berühmte Persönlichkeit (z.B. an einen Popstar) – hier ist Einfallsreichtum gefragt! Gegebenenfalls können die Gruppen ihre Fantasieprodukte austauschen und gegenseitig beantworten.

**WB C7  Vera and Victor**  Hören  WB, S. 16
Je nach Leistungsniveau der Klasse wird der Hörverstehenstext ein- oder zweimal vorgespielt. Die S kreuzen die richtige Lösung an.
Der Hörtext lautet:

Susan: Hello Vera! Gillian told me you've got a boyfriend now.
Vera: No, Victor is just a boy I met on the beach in Brighton.
Susan: Really? Is he good-looking? Where's he from?
Vera: He's very cute and he's from Norwich. Hey, you'll never guess what his father is.
Susan: Not the Bishop of Norwich?
Vera: No, silly. He's a quizmaster. He's on TV quite often.
Susan Wow! What's the name of the programme?
Vera: It's called "Tell me more". Do you know it?
Susan: Yes, of course I do. Now, tell me more about Victor.
Vera: Well, he goes to Cathedral School in Norwich, which is a boys' school. He's in year 10.
Susan: Boys only, hey? You must be the first girl he's ever met.
Vera: He likes playing badminton. We played it on the beach.
Susan: How romantic. What other hobbies has he got – stamp-collecting?
Vera: No, no, he likes reading and he collects model cars. And he has got a lovely dog. His name is Humphrey.
Susan: Oh, you know, can't you ask him …

Lösungen: *on the beach/Norwich/a quizmaster/a boys' school/year 10/badminton/reading and collecting model cars/dog.*

**TB C8  YOUR portrait**  Schreiben  TB, S. 27
Als Transferleistung beschreiben die S nun eine andere Person (eine/n Freund/in, ein Familienmitglied, eine/n bekannte/n Sportler/in, …). Das mit Zeichnungen und/oder Fotos versehene Blatt wird ins Portfolio geheftet.

Teil C

**TB Theme 1   detective page**     Schreiben/Sprechen     TB, S. 28

Diese Übungen sind zur Wiederholung und Festigung des Pensums gedacht. Die *detective pages* sind so konzipiert, dass die Lernenden eigenständig damit arbeiten können (s. Einleitung).

1) Die S finden die *simple past* Formen zu den vorgegebenen Verben. Falls nötig können sie die Liste der unregelmäßigen Verben im Anhang zu Hilfe nehmen.
   Lösungen: *leave – left; come – came; make – made; go – went; begin – began; sing – sang; ride – rode; win – won; feel – felt; be – was/were; have – had.*

2) Wortschatzübung, Hinführung zur einsprachigen Worterkärung
   a) Die S arbeiten mündlich mit einem/er Partner/in oder schriftlich allein.
   Lösungen: *It is hard and black. You can write on it. – It's a blackboard.*
   *They know a lot of things and they give you homework. – They're teachers.*
   *It is small but long and it has got numbers on it. – It's a ruler.*
   *It tells you which subject you have got every week. – It's a timetable.*

   b) In Partnerarbeit werden mündlich weitere einsprachige Begriffserklärungen formuliert.

3) Die S erinnern sich an viele Einzelheiten zu den Lehrwerksfiguren, die sie seit ihrer ersten Englischstunde kennen und nennen diese.
   Mögliche Lösungen: *Gillian lives in Notting Hill. She is 12 years old. Gillian is David's cousin. She has got a cat called Butterfly. She goes to Holland Park School. She loves to go shopping and likes music. Her favourite pop group is called 'The Magic Boys'.*
   *Karim lives in Notting Hill with his parents. He is 12 years old. His family is from Bombay, India. His parents have got an Indian shop in Parkway. He writes letters to his cousin Anwar in Bombay. He goes to William Ellis School. His hobbies are/He likes sports, music and computer games. He plays the guitar.*
   *Susan lives in Notting Hill. She is 12 years old. She goes to Holland Park School. She has got a sister and a brother. Their names are Rita and Jack. Susan likes pop music and animals.*

4) Die S berichtigen die falschen Angaben im Text.
   Lösungen: *He's from Norwich. He goes to Cathedral School. He has got short, black hair. He is good-looking and friendly. Vera met Victor on holiday in Brighton.*

5) Die S schreiben ganze Sätze und nennen die individuelle Uhrzeit unter Verwendung von *am* und *pm*.
   Mögliche Lösungen: *I get up at 7am. I have breakfast at 7.30am. I leave the house at 8am. I have a break at school at 10am. I have lunch at 1pm. I do my homework from 4pm to 6pm. I watch TV at 6pm. I go to bed at 9pm.*

**Selbsteinschätzung**                                                                    WB, S. 16

Zum Abschluss von *Theme 1* füllen die S den Portfolio-Fragebogen „Sprechen" im Workbook aus. Wie hier wird nach jedem *Theme* eine Fertigkeit abgefragt. Erst nach *Theme 6* folgt ein Gesamtfragebogen, der dann kopiert auch ins Portfolio geheftet wird. In den Fragebögen dokumentieren die S ihr individuelles Lernergebnis und bewerten selbst ihren Lernerfolg (s. Einleitung). L erläutert noch einmal kurz den Zweck des Verfahrens und hilft gegebenenfalls bei der Beantwortung.

# Optional 1: I can do magic

Zauberei fasziniert Menschen aller Altersstufen gleichermaßen. Das *Optional 1: I can do magic* eignet sich aufgrund der starken Handlungsorientierung (*making, doing, acting*) für Projektarbeit. Lesen, kreativer Umgang mit Sprache und zahlreiche Aktivitäten stehen im Vordergrund dieser fakultativen Lerneinheit. Sie bietet lernschwächeren S durch die zahlreichen *activities* Gelegenheit, Motivation aufzutanken, während lernstärkere S abstraktere Aufgaben erledigen und ihre Fertigkeiten ausbauen. Zum Abschluss der Projektarbeit gibt es eine große Zaubervorstellung.

### 1. Charlie's new neighbour — Hören/Lesen — *TB, S. 29f.*

Der Lesetext auf CD dient als Einstieg in die Thematik. Hier steht das *reading for fun* (s. TM S. 25) im Vordergrund.

- Zunächst kann das Vorwissen der S in einer *pre-reading/listening*-Übung aktiviert werden. L: *Imagine you've got a new neighbour. What do you want to know about her or him?*

- Die S hören die Geschichte von der CD und betrachten dabei die Illustrationen im TB auf S. 29. Details wie der Zauberstab und das weiße Kaninchen im Zylinder geben deutliche *clues*, die ein globales Verstehen der Geschichte ermöglichen.

- L stoppt die Geschichte von Charlies neuem Nachbarn am Ende von S. 29, damit die S ihre Vermutungen über den Inhalt des grauen Koffers äußern können.

- Nachdem die S die gesamte Geschichte von der CD gehört haben, können inhaltliche Details mithilfe von Verständnisfragen geklärt werden: *What is the new neighbour's name? – It's Christopho. What is his job? – He's a magician. What's the colour of his hair? – It's black. What does he need a cage for? – He needs it for his rabbit. What colour is the rabbit? – It's white. What's in the case? – There is a snake. What's the snake's name? – It's Percy.*

- Anschließend lesen die S den Text mit dem Arbeitsauftrag: *Find all the magic words in the story.* Die S erschließen die Bedeutung der Wörter entweder aus dem Kontext oder mithilfe der Wörterliste im Anhang.

### 2. Magic words — Schreiben

Übung zum Textverständnis

- Die S erstellen anhand der Illustrationen eine Checkliste mit Zauberutensilien. Dabei nehmen sie ggf. ihre zum Lesetext erstellte Wortliste zu Hilfe. — *TB, S. 30*
Lösungen: *cage; flute; card games/playing cards/pack of cards; rope; wand; black hat; rabbit; case; snake.*

- Die S füllen die Lücken in Christophos Brief, der mit Zaubertinte geschrieben wurde.
Lösungen: *flat; neighbours; Vera; things; questions; cage; black hat; warm; case; music; flute; came; Christopho.*

- Hier wird der Umgang mit Lautschrift geübt. Die S können die bekannten Buchstaben lesen und ergänzen durch Probieren die fehlenden Laute. Zum „Entschlüsseln" der Lautschrift können sie auch das Alphabet im TB auf S. 151 zu Hilfe nehmen. Lösungen: *magic, case, rope, wand, rabbit, secret, strange, music, snake, mysterious, magician.* — *TB, S. 155*

### 3. A magician — Basteln/Hören/Sprechen — *TB, S. 31 Bastelutensilien, Stoff, etc.*

Der Einleitungstext dient zur Hinführung zu handlungsorientiertem Arbeiten.
a) Mithilfe von Bildern wird vermittelt, wie man Kleidung und Ausrüstung eines Zauberers selbst herstellt. Die Zauberausrüstung kann auch fachübergreifend im Kunst- bzw. Werkunterricht angefertigt werden. Die Umsetzung der folgenden Übungen ist in einem entsprechenden Outfit umso wirkungsvoller.

Optional 1                                                                                    ■ 37

b) Der Musterdialog zeigt anschaulich, dass es beim Vorführen eines Zaubertricks vor allem darauf ankommt, das Publikum durch Reden abzulenken.
- S hören den Dialog von der CD. Anschließend analysieren sie die Vorgehensweise des Zauberers. L: *What does the magician do?*
S: *He talks a lot so the audience doesn't see what he is doing.*
- S lesen die Tipps des Zauberers. Anschließend üben sie den Dialog in Partnerarbeit ein. Sie können sich natürlich auch eigene Dialoge und Ablenkungsstrategien überlegen.

### 4. Tricks                                Lesen                               TB, S. 32
Übung zum Leseverstehen
- S erarbeiten in heterogenen Lerngruppen die Zauberanleitungen. Sie können sich bei Verständnisfragen gegenseitig unterstützen und Unklarheiten durch Ausprobieren der Tricks klären.
- Anschließend entscheiden sich die S für ein Zauberkunststück und üben dieses ein. Dabei sollten sie *Christopho's magic tips* beherzigen. Um ihren Trick auch vorführen zu können, müssen sich die S einen Begleittext überlegen, der die Zuschauer von den Aktivitäten ihrer Hände ablenkt.
- Weitere Zaubertricks, die S selbst beisteuern, werden geübt, versprachlicht und der Klasse vorgeführt.

### 5. Spells                          Lesen/Schreiben/Sprechen                  TB, S. 32
Übung zum kreativen Schreiben
Der Höhepunkt der Zaubervorstellung sollte durch einen gut betont vorgetragenen Zauberspruch ankündigt werden.
- Die S lesen die Zaubersprüche und ergänzen weitere Beispiele von TB S. 30/31. Anschließend versuchen sie, eigene Zaubersprüche zu verfassen. Dazu ist es hilfreich eine Liste mit Reimwörtern zu erstellen.

> Erweiterungen:
> - Für leistungsschwächere S kann L Wortmaterial in einer *matching exercise* vorgeben. Mögliche Reime: *What do you think? – You need magic ink./You need paper clips – and some magic tips./I count to three – There's nothing to see./An empty hat – just look at that./I count to six – Make magic tricks./Abracadabra, where's my cat? – Look here, it's in my hat./Magic spells are on this page – now there's a rabbit in the cage.*
> - Jede/r S gestaltet ein DIN A4 Blatt mit einem Zauberspruch. Die Blätter werden zu einem *spell book* zusammengefasst (s. Tipp TB, S. 32).

- Die S lernen mindestens einen Spruch auswendig und tragen ihn vor.
- Zum Abschluss wird eine *Magic Show* in der Klasse veranstaltet. Kinder, die sich die Rolle eines Zauberers nicht zutrauen, können als Zauberassistenten mitwirken oder eine Nummer ansagen.

> Erweiterung:
> Die „englischen" Zauberer können bei Elternabenden oder Schulfesten auftreten.

# 2  Around London — Teil A

| Medium | Nummer | Seite | Titel | Fertigkeit | Zusatzinfo |
|---|---|---|---|---|---|
| TB | A1 | 34 | Tigers | Sprechen | Aktivierung von Vorwissen |
| TB CD Folie 5 | A2 | 34 | Catch the tiger! | Hören/Lesen | Redemittel (TB S. 133) |
| WB | A1 | 17 | Who knows? | Schreiben | Wortarten sortieren |
| WB | A2 | 17 | Present progressive | Schreiben | present progressive (lif 2) |
| TB | A3 | 35 | What's happening? | Sprechen/Schreiben | Textauswertung |
| WB ★☾ ☀ | A3 | 18 | Call the hotline | Schreiben/Sprechen  Schreiben | Fragen im present progressive  simple past |
| TB Folie 6 | A4 | 35 | The animals' holidays | Sprechen | simple present and present progressive (lif 7) |
| TB | lif 7 | 138 | Einfache Vergangenheit oder Verlaufsform? | | |
| WB | A4 | 19 | Usually and now | Schreiben | simple present and present progressive (lif 7) |
| TB | A5 | 36 | The tiger's walk | Sprechen | present progressive |
| TB | A6 | 37 | The tiger's holiday | Sprechen | simple present and present progressive (lif 7) |
| TB CD | A7 | 37 | The tiger's story | Hören/Lesen | simple past |
| WB | A5 | 20 | Lion king | Schreiben | simple past |
| WB | A6 | 20 | Why? | Lesen/Schreiben | Why/Because-Strukturen |
| TB ★☀ | A8 | 38 | A story | Lesen/Sprechen/ Schreiben | Sortieren von Texten bzw. Verfassen eines Texts |
| TB | A9 | 38 | The tiger's adventure | Sprechen | Fragen im simple past (lif 5) |
| TB | A10 | 38 | The gorilla and the elephant | Lesen/Schreiben | Sortieren von Texten |
| TB CD | A11 | 39 | Animal fun | Lesen/Singen | verschiedene Textsorten |
| WB | A7 | 20 | YOUR animal poem | Schreiben | kreativer Umgang mit Sprache |
| WB | A8 | 21 | Another tiger story | Lesen/Schreiben | Limerick ordnen |

Die grau unterlegten Felder stellen das Pflichtpensum dar, die weißen die Kür.

Teil A | 39

# Theme 2: Around London

Teil A: • Tiere beschreiben
• Angst/Erleichterung ausdrücken
• Von Erlebnissen berichten

**TB A1   Tigers**  Sprechen/Schreiben  *TB, S. 34*

Reaktivierung des Wortfeldes *animals* und beschreibender Adjektive

- L fordert S auf, ein Tier zu nennen. Impuls: *Name one animal.*
  S: *Hedgehog.*

- S bilden Sätze zu dem genannten Tier:
  *A hedgehog is small. It lives in a park. It's a wild animal ...*

- L schreibt währenddessen die genannten Adjektive in eine Tabelle an die Tafel. Anschließend werden die S aufgefordert, Tiere zu nennen, auf die diese Adjektive passen. L gibt ein Beispiel vor: *A horse is big and it is beautiful. It is fast. But is it a wild animal?* Zwei S stehen an der Tafel und füllen die Tabelle aus. Sie ergänzen weitere Adjektive.   *Tafel*

| animal | small | wild | big | beautiful | fast | ... |
|---|---|---|---|---|---|---|
| hedgehog | ✔ | ✔ | – | – | – | |
| horse | – | – | ✔ | ✔ | ✔ | |

- S öffnen das Buch und bilden mithilfe des Wortmaterials Sätze über den Tiger; unbekannte Vokabeln schlagen sie in der Wortliste nach. Die Tabelle wird um die neuen Adjektive erweitert (*dangerous, strong, clever*).

- S bilden Sätze über den Tiger. Mögliche Lösungen:
  *Tigers live in Asia and Africa./Tigers are dangerous./Tigers are big and strong./Tigers have got yellow and black fur./They are beautiful./Tigers are usually hungry./They have got strong teeth./Tigers are fast and clever./Tigers sometimes live in the zoo./They sometimes live in a cage.*

> Erweiterungen:
> - S fertigen in Gruppenarbeit ein *tiger poster* an, das jederzeit durch neue Sätze oder Wörter ergänzt werden kann.   *Poster*
> - S schreiben einen Text über *tigers* für ihr Portfolio.

**TB A2   Catch the tiger!**  Hören/Sprechen/Lesen  *TB, S. 34*

- L knüpft an die Aussagen zum Tiger an: *What is a tiger like?* und malt die im Lesetext thematisierte Situation aus. Impuls: *Imagine a tiger in your street. How do you feel? (I'm not happy – I'm very scared).* Mithilfe der Illustrationen der Folie 5 reaktiven die S bekanntes Vokabular, um Gefühle auszudrücken. Sie versprachlichen anhand der Illustrationen verschiedene Empfindungen (*feeling happy, bored, excited, angry, hot, cold, ...*).

- S erhalten Höraufträge: *1. Why is Gillian afraid? 2. Where is the tiger?* L notiert die Fragen an der Tafel.   *Tafel*

- Vorspielen der CD bei geschlossenen Büchern, anschließend beantworten die S die Fragen und äußern sich zur Geschichte.

- Wiederholtes Vorspielen der CD, S lesen mit. Auftrag zum Leseverstehen: *What's the German word for 'frightened' and for 'Oh, thank goodness'?*

> Erweiterung:
> L hält verschiedene Bilder aus Zeitschriften bereit, die eine eindeutige Reaktion der Angst oder der Erleichterung auslösen, um diese Gefühlsausdrücke sprachlich zu vertiefen. Die Redemittel, die zum Kommentieren der Bilder benutzt werden, sollten zusammengestellt werden, z.B. *That's terrible. Oh, that's lovely. What a fantastic day! The people in the photo are happy. They are enjoying a meal./They are having fun/a good time. Are they OK? No, they don't look happy.* etc.   *Bilder aus Zeitschriften*

- Rollenlesen: L leitet S an, den Text möglichst dramatisch vorzulesen. Die S bringen die Gefühle der Angst und der Erleichterung durch Intonation zum Ausdruck.

**WB A1  Who knows?**  Schreiben/Lesen  WB, S. 17

S ordnen die Wörter nach Wortarten. (Hinweis: Einige Wörter können sowohl den *nouns* als auch den *verbs* zugeordnet werden, z.B.: visit, catch, walk, sleep, look.)
Lösungen:
*adjectives:* yellow, clever, sleepy, friendly, frightened, dangerous, strong, happy, quick, interesting.
*nouns:* home, cage, street, meal, zoo, news, noise, keeper, Africa, stripes.
*verbs:* hear, visit, look, eat, catch, listen, close, go, walk, sleep.

**WB A2  Present progressive**  Schreiben/Lesen  WB, S. 17

*Revision exercise* zum *present progressive*
- S schreiben die entsprechende *present progressive*-Form zum vorgegebenen Verb. Mithilfe von lif 2 können sie die Rechtschreibung überprüfen. Lösungen:
are running; is raining; are lying; are jumping; are enjoying; are trying; is stopping; is riding; am speaking; is swimming; is coming; am sitting; are writing; is crying.

**TB A3  What's happening?**  Sprechen/Schreiben  TB, S. 35

Übung zur Festigung des *present progressive*
- S bilden Sätze im *present progressive* mithilfe der vorgegebenen Wörter (zuerst mündlich, dann schriftlich).
Lösungen:
1. Gillian's mother is visiting friends./2. Gillian is listening to the radio./3. The newsreader is talking about a tiger from London Zoo./4. The police are looking for the tiger./5. Perhaps the tiger is walking outside Gillian's house./6. Perhaps the tiger is sleeping in Kensington Gardens./7. Now the police are trying to catch the tiger.

**WB A3  Call the hotline**  Sprechen/Schreiben  WB, S. 18

Übung zum *present progressive*
- S schreiben in Partnerarbeit einen Dialog mithilfe des *sentence switchboard* und spielen ihn vor.

Übung zum *present progressive* mit Fragewörtern
a) S schreiben die Fragen zu den vorgegebenen Antworten.
Lösungen:
1. Can you hear me, John?
   I can see the tiger! It is running now.  Oh good. But where is it running?
2. Wait a minute. Now it is drinking.  What is it drinking?
3. And now it is swimming.  Where is it swimming?
4. It's coming out of the water. Now it is walking.  Where is it walking?
5. Wait – now it is eating.  What is it eating?
6. Oh, now it is sleeping.  Where is it sleeping?
7. In Kensington Gardens, of course!

b) S spielen den Dialog vor.

Übung zum *simple past*
- S füllen die Lücken im *simple past*.
Lösung: ran; walked; went; was; called; was; were; called; found; was; caught; brought.

> **Hinweis:** Im Verlauf von *Theme 2* wird den Lesern der Tiger so vertraut, dass statt des neutralen Personalpronomens *it* auch ein affektives *he* verwendet werden kann. Die Klasse kann dem Tiger natürlich auch einen Namen geben.

Teil A

**TB A4  The animals' holidays**  Sprechen/Lesen    TB, S. 35
Gegenüberstellung der Zeitformen *simple present* und *present progressive* mit den entsprechenden Signalwörtern.

- L zeigt die Folie 6 und erzählt zu dem jeweiligen Tier eine kurze Geschichte:
  *Charlie has got a goldfish. He likes it very much. He often speaks with his goldfish. Usually his goldfish swims in a bowl* (L schreibt *usually* an die Gedankenblase), *but at the moment it is swimming in the sea* (L schreibt *at the moment*). *Look, the goldfish is happy. It's on holiday.*

- In der zweiten Runde stellt L Fragen zu den einzelnen Bildern:
  *Where does Charlie's goldfish usually swim?*
  S: *In a bowl.*
  L ergänzt: *Yes, it usually swims in a bowl. And at the moment?*
  S: *At he moment it is swimming in the sea.*
  L verbindet beide Sätze, indem er/sie *but* zwischen die beiden Signalwörter schreibt.
  S wiederholen den Satz. Lösungen:
  1. *The goldfish usually swims in its bowl but at the moment it is swimming in the sea.*
  2. *The chimpanzee sometimes eats in its cage but now it is eating in a snack bar.*
  3. *The dog usually sleeps outside in the garden but now it is sleeping in the bedroom.*
  4. *The rabbit often stays in the fields but now it's going on holiday.*
  5. *The tiger usually stays in its cage but at the moment it is walking in the streets of London.*

- S schreiben die Sätze in ihr Heft und kennzeichnen die Signalwörter farbig.


**Lif 7  Einfache Gegenwart oder Verlaufsform?**    TB, S. 138

- Stilles Lesen und gemeinsames Besprechen der Grammatikerklärungen.

- S malen lustige Bilder wie in TB A4 zu Tieren ihrer Wahl und versprachlichen diese. Anschließend fertigen sie daraus ein Merkposter mit den Signalwörtern an.    *bunte Stifte*


**WB A4  Usually and now**  Schreiben    WB, S. 19
Gegenüberstellung von *simple present* und *present progressive*; S lernen einige Sehenswürdigkeiten Londons kennen.

- S setzen die Verben in der entsprechenden Zeitform ein.
  Lösungen: *gets up; is lying; feeds; is looking after; makes; is bringing; cooks; is doing; does; is watching; stay; are looking.*


**TB A5  The tiger's walk**  Sprechen/Schreiben    TB, S. 36
Anwendungs- und Festigungsübung zum *present progressive*

- S beschreiben mithilfe der Karte und der Bilder den Weg des Tigers durch London.
  Lösungen: 1. *The tiger is running away from the zoo./2. It is swimming in the dirty canal./ 3. The tiger is running after people in the park./4. It is trying to buy a ticket for Madame Tussaud's./5. The tiger is eating a tourist's sandwich./6. It is looking at the shops./7. The tiger is sleeping in Kensington Gardens.*

> Zusatzinformation: **London Zoo** wurde 1827 gegründet und war einer der ersten Zoos, in dem exotische Tiere lebten. Bekannt wurde der Zoo auch als Forschungszentrum für artgerechte Tierhaltung. Ungefähr 12.000 Tiere sind hier zu sehen, viele davon gehören zu bedrohten Tierarten. Von den vielen verschiedenen Häusern und Gehegen sind einige besonders zu erwähnen, wie z.B. Großbritanniens größtes Aquarium mit Haien und Piranhas, der *Penguin Pool*, der besonders zu Fütterungszeiten interessant ist, und die Welt des Mondlichts, wo bei Spezialbeleuchtung nachtaktive Tiere zu beobachten sind. Zu den Attraktionen für junge Zoobesucher gehört sicherlich *The Ambika Paul Children's Zoo*, wo gezähmte Tiere aus aller Welt bewundert werden können. Im *Touch Paddock* können Tiere gestreichelt und im Amphitheater *Animals in Action* bewundert werden. Auch Geburtstagsparties werden vom Zoo organisiert. Wer den Zoo finanziell unterstützen will, kann dies durch Beteiligung an einer Adoption eines Tieres tun. Die Einnahmen aus diesen Patenschaften werden für Futter, Gesundheitsfürsorge und Unterkunft des adoptierten Tieres verwendet.

- Leistungsstärkere S schlüpfen in die Rolle eines Reporters und berichten mithilfe der Bilder und der Stichworte über den entflohenen Tiger. L spielt die Rolle des Reporters kurz an: *Listen, ladies and gentlemen, here's Peter Smith from the BBC. I'm here at London Zoo in my car. The tiger is just running out of the zoo. Let's follow the tiger. It's at the Grand Union Canal now. Oh no, it's swimming in the dirty canal ...*
  S bereiten die Reportage in Partnerarbeit vor. Sie spielen die Reportage vor oder nehmen sie auf Kassette auf.

  *Kassettenrekorder*

### TB A6   The tiger's holiday   Sprechen/Schreiben   *TB, S. 37*
Vertiefende Übung zum Gebrauch des *simple present* und *present progressive*
- S bilden mithilfe der Vorgaben und der Bilder aus TB A5 Sätze über den Tiger.
  Lösungen:
  1. The tiger usually stays in its cage but now it is running away from the zoo.
  2. The tiger usually swims in the zoo but now it is swimming in the dirty canal.
  3. The tiger usually looks at visitors in the zoo but now it is running after people in the park.
  4. The tiger usually walks around in its cage but now it is walking in the streets of London.
  5. The tiger usually eats meat but now it is eating a tourist's sandwich.
  6. The tiger usually sleeps after a meal but now it is looking at the shops.
  7. The tiger usually sleeps in its cage but now it is sleeping in Kensington Gardens.

> Erweiterung: Bei diesem Wettspiel sagen die *Lions* den Anfang des Satzes und die *Tigers* müssen ihn richtig beenden, um Punkte zu erhalten. Nach fünf Minuten wird gewechselt.

### TB A7   The tiger's story   Hören/Lesen/Sprechen   *TB, S. 37*
Perspektivwechsel: Der Tiger ist in den Zoo zurückgekehrt und erzählt nun rückblickend von seinen Erlebnissen.
- L schreibt die Überschrift *The tiger's story* an die Tafel und spielt die CD bei geschlossenen Büchern mit dem Hörauftrag: *Who is talking?* vor.   *Tafel*

- Wiederholtes Vorspielen der CD, Überprüfen des Textverständnisses mit *right/wrong statements*:
  1. The lion tells the story./2. It felt bored, so it ran away./3. The keeper saw the tiger and followed it./4. The tiger liked to swim in the canal./5. It was frightened in the park because there were so many people./6. The tiger kissed Princess Diana at Madame Tussaud's./7. Then the tiger ate a tourist./8. At last it danced in Kensington Gardens.

- Mithilfe des Lückentexts von *Copymaster 8* wiederholen die S das *simple past*, indem sie die richtigen Verbformen einsetzen. In die leeren Sprechblasen der anderen Tiere schreiben die S, was diese bei der Erzählung des Tigers denken und empfinden.
  Anweisung: *What do the other animals think, feel or say, when the tiger tells its story?*
  Mögliche Lösungen: Monkey: *"What a story!"* Crocodile: *"I love tourists!"* Elephant: *"Oh, thank goodness, the tiger is back!"* etc.

### WB A5   Lion king   Schreiben/Lesen   *WB, S. 20*
*Revision exercise* zum *simple past* als Erzählzeit
- S setzen die Verben im *simple past* in die Lücken und lesen anschließend den Text vor.
  Lösungen: *came; lived; was; was; had; ran; caught; went; swam; felt; slept; played; talked.*

### WB A6   Why?   Schreiben/Lesen   *WB, S. 20*
*Revision exercise* zur Frage-Antwortstruktur *Why/Because*
- S lesen den Text TB A7 erneut und beantworten die Fragen im *simple past*.
  Lösungen:
  1. Because it felt bored.
  2. Because the water was dirty.
  3. Because it wanted to see all the famous people.
  4. Because it was very hungry.
  5. Because it felt tired.

Teil A

| | | | |
|---|---|---|---|
| | **TB A8   A story** | **Schreiben/Lesen** | TB, S. 38 |

- S schreiben die Sätze in der richtigen Reihenfolge auf und lesen die Geschichte vor.
  Lösung:
  (A) The tiger felt bored after its meal this afternoon.
  (D) It opened the door of the cage and ran away from the zoo.
  (V) First the tiger went swimming in the canal.
  (E) After that it walked to a park.
  (N) Then the tiger went to Madame Tussaud's.
  (T) It wanted to see all the famous people.
  (U) Suddenly it was hungry so it ate a tourist's sandwich.
  (R) Then it walked around and looked at the shops.
  (E) After that it felt really tired so it slept in Kensington Gardens.
  (S) There the police caught the tiger and took it back to the zoo.

  *The letters spell the word 'adventures'.*

- S schlüpfen in die Rolle des Elefanten und schreiben seine Abenteuergeschichte zu Ende. Die S können entweder ihrer Fantasie freien Lauf lassen oder sich an der Karte aus TB A5 orientieren. Die Karte sollte dann auch beim Vorlesen der Elefantengeschichte benutzt werden, damit die Klasse den Weg des Elefanten mitverfolgen kann.

**TB A9   The tiger's adventure**          **Schreiben/Sprechen**          TB, S. 38

Übung und Festigung der Fragebildung im *simple past*

- In Partnerarbeit stellen sich S gegenseitig Fragen zu der Geschichte des Tigers. Wenn nötig können sie in lif 5 noch einmal die Erklärungen zu Fragen und Kurzantworten im *simple past* nachlesen.

**TB A10   The gorilla and the elephant**          **Schreiben/Lesen**          TB, S. 38

S schreiben die Geschichte in der richtigen Reihenfolge auf, finden eine passende Überschrift und lesen die Geschichte vor.

1. A gorilla went for a walk in the jungle.
7. He met a parrot and asked it, "Who is the king of the jungle?"
3. "Oh, you are," said the parrot.
4. Then the gorilla met a zebra and asked, "Who is the king of the jungle?"
8. And the zebra answered, "Oh, you are, of course."
6. At last the gorilla met an elephant and asked it the question, too.
5. The elephant threw the gorilla in the air.
2. "OK, OK," said the gorilla, "Don't get so mad, just because you don't know the answer."

**TB A11   Animal fun**          TB, S. 39

Hier finden die S ein lustiges Textangebot rund um das Thema Tiere.
Die unterschiedlichen Textsorten (Gedicht, Limerick, Witz und Song) erfordern einen unterschiedlichen Vortrag.

> **Gedichte im Fremdsprachenunterricht**
> Gedichte und Reime besitzen aufgrund des Versmaßes, des Reimes und der Kürze des Geschriebenen ein hohes Anregungspotential in Hinblick auf intensives und wiederholtes Lesen. Für den anfänglichen Fremdsprachenunterricht liegt das übergeordnete Lernziel der Behandlung von Gedichten in der Sprachanwendung.
> In der **Einstiegsphase** bieten sich an: Singsang, Chorsprechen, Sprechen in Rollen, szenische Darstellung (durch Mimik und Gestik), Vortrag in verschiedenen Sprechweisen (Sensibilisierung für Intonation, Rhythmik, Metrik).
> **Erarbeitungsphase:** S erschließen sich den Text beispielsweise mithilfe der Puzzle Technik: Das Gedicht wird in kleine Teile zerschnitten und anschließend von den S wieder zusammengefügt (s. WB A8). Andere Möglichkeiten sind das Ergänzen von Textlücken oder das Zuordnen von passenden Reimwörtern.
> **Verarbeitungsphase**: Zum Schluss produzieren die S selbst ein kleines Gedicht (s. WB A7).

Gemeinsames Hören der CD
- L zerschneidet die drei Gedichte zeilenweise und verteilt die Puzzleteile an die S.   *Kopien*

- Erneutes Vorspielen der Texte. S hören zu, gehen nach vorn, wenn „ihre" Textzeile vorgelesen wird und stellen sich so zu Gruppen zusammen. Diese Übungsform bringt Bewegung und Spaß ins Klassenzimmer. Die S sortieren sich und ihre Textzeilen und tragen dann als Gruppe ihren Text vor. (Weitere Vorgehensweisen s.o.)

- Auch die Tierwitze motivieren die S zu zahlreichen Redebeiträgen.
  Hier weitere Anregungen:
  *What do polar bears have for lunch? – Ice-burgers.*
  *What is black and white and black and white and orange? – Two penguins playing basketball.*
  *How do you get four elephants into a small car? – Two in the back and two in the front.*

- Der Song *The animal fair* wird zunächst von der Klasse gemeinsam zum Playback der CD gesungen. In der zweiten Runde singt dann eine Schülergruppe nur *monkey, monkey, monkey, ...* während die andere Gruppe die Strophe erneut singt. Das erfordert nicht nur Konzentration, sondern macht auch Spaß.

- Die S können sich je nach Geschmack ihren Lieblingstext aussuchen und alleine oder in Partnerarbeit bearbeiten. Auch hier gibt es eine Vielzahl an Möglichkeiten: Die Texte können illustriert, auswendig gelernt und vorgetragen werden. Auf Kassette gesprochen bilden sie einen Beitrag für die Portfolio-Kassette.   *Kassettenrekorder*

> Erweiterung:
> Ein Projekt *Animal fun* ist auch in fächerübergreifendem Zusammenhang denkbar. Im Kunstunterricht können Masken gebastelt werden, die den Vortrag der S unterstützen. Weitere Ideen finden sich im *Optional 3: Animal book* im TB.

### WB A7   YOUR animal poem          Schreiben/Lesen          *WB, S. 20*
In dieser Übung ist die Struktur für ein Tiergedicht in Arbeitsaufträge gefasst.
- S schreiben anhand der Anweisungen ein eigenes Tiergedicht. Ihre selbst verfassten Gedichte können sie auf DIN A4 Blättern mit Zeichnungen verschönern oder am Computer gestalten und in ihr Portfolio heften.

### WB A8   Another tiger story          Schreiben/Lesen          *WB, S. 21*
Der berühmte Limerick *Lady of Riga* ist hier witzig illustriert und mit vertauschten Zeilen abgedruckt. Die S lesen ihn und bringen die Zeilen in die richtige Reihenfolge. Dabei müssen sie das Reimschema (aabba) beachten. Lösung:

*There was a young lady from Riga*
*Who rode with a smile on a tiger.*
*They returned from the ride*
*With the lady inside*
*And a smile on the face of the tiger.*

# Around London Teil B

| Medium | Nummer | Seite | Titel | Fertigkeit | Zusatzinfo |
|---|---|---|---|---|---|
| TB CD | B1 | 40 | Meeting friends | Hören/Lesen | Redemittel (TB S. 133) Vorschläge/Wünsche |
| TB ☀☾☼ | B2 | 41 | Who is who? | Lesen/Sprechen | Textverständnis |
| WB copy 9 | B1 | 21 | Meeting friends | Schreiben | *revision: pronouns* |
| TB | B3 | 41 | Afternoon plans | Sprechen | Rollenspiel |
| TB Folien 7, 8 copy 11 | B4 | 42/43 | Animals in the zoo | Schreiben/Sprechen | Ortsangaben Wortschatz: *animals* |
| WB | B2 | 22 | Around the world | Schreiben | Wortschatz: *animals* |
| WB ☼ | B3 | 22 | Odd one out | Sprechen | Lautschulung; Differenzierung von Lauten |
| WB | B4 | 22 | Do you know the animals? | Lesen | Quiz |
| TB Folie 8 | B5 | 43 | A visit to the zoo | Sprechen | *giving directions;* Rollenspiel |
| WB CD Folie 4 | B5 | 23 | A day at the zoo | Hören | Hörverstehen auf CD *revision*: Uhrzeiten |
| TB CD | B6 | 43 | Zoo noises | Hören | Hörverstehen auf CD |
| TB ☀☾☼ | B7 | 44 | Zoo animals | Sprechen/Schreiben | *revision:* Fragen und Verneinung mit *do* |
| TB | B8 | 44 | An animal quiz | Sprechen | Partnerarbeit |
| TB Portfolio | B9 | 44 | An animal portrait | Schreiben/Malen | kreatives Schreiben |
| TB ☼ | B10 | 45 | London Zoo | Lesen | *note-taking* |
| WB ☀ | B6 | 23 | Strange animals | Malen/Schreiben | kreatives Schreiben |
| WB ☾ | B7 | 24 | Penguins or elephants? | Lesen/Schreiben | Zusammenfügen von Informationen |
| WB ☼ | B8 | 24 | Adopt an animal | Schreiben | Textproduktion |

Die grau unterlegten Felder stellen das Pflichtpensum dar, die weißen die Kür.

**Teil B:**
- **Vorschläge machen**
- **Wegbeschreibungen geben**
- **Wünsche äußern und begründen**

**TB B1   Meeting friends**   Hören/Lesen   TB, S. 40

Der Hör- und Lesetext vermittelt Redemittel zu Vorschlägen/Wünschen.
- L führt durch Aktivierung von Vorwissen der S in die Situation ein: *You are on a visit in London for a weekend. What would you like to see?*
  L notiert an der Tafel die Wünsche der S:   Tafel
  *I would like to see Madam Tussaud's, Big Ben, the Tower, Notting Hill, the markets, …
         go to Regent's Park, Hyde Park, London Zoo, …*

- Chain game:   S1: *Why don't we all go to Madam Tussaud's?*
                S2: *Why don't we all go to Madam Tussaud's and to Hyde Park?*
                S3: …

- Vorspielen der CD bei geschlossenem Buch mit drei Höraufträgen:   Tafel
  **Who** *is there?*      **Where** *do the friends meet?*   **What** *is their plan for the day?*
  *Gillian, …*             *Camden*                            *London Zoo*

- Rollenlesen des Texts bzw. Rollenspiel.

**TB B2   Who is who?**   Sprechen/Schreiben   TB, S. 41

Übung zur Überprüfung des Textverständnisses

- S lesen die Sätze mit den richtigen Namen vor (Achtung: In manchen Sätzen müssen mehrere Namen eingesetzt werden!). Lösungen:
  *Mr and Mrs Nauman and their daughter are in London for a week.
  Lisa is Mr and Mrs Naumann's daughter.
  Charlie wants to show Lisa the sights of London.
  Vera, Gillian and Karim are waiting for Charlie.
  Karim thinks Lisa is beautiful.
  Charlie's uncle and aunt are staying in a hotel in Hendon.
  Karim and Gillian tell Lisa about the tiger.
  Gillian wants to see the tiger in its cage.
  Vera, Gillian, Lisa, Charlie and Karim walk to the zoo.*

- S bereiten die Fragen und Antworten in Partnerarbeit vor. Lösungen:
  *1. Lisa is staying in a hotel in Hendon./2. Karim thinks Lisa is beautiful./3. Lisa likes London very much./4. Yesterday Lisa went to the market in Portobello Road and to Regent's Park./5. Gillian wants to go to the zoo because she wants to see the tiger in its cage./6. They walk to the zoo./Karim doesn't know how to get to the zoo.*

- S schreiben einen Text über Lisa und ihre Familie. Mögliche Lösungen:
  *Lisa Naumann is from Germany. Her parents are friends of Charlie's aunt and uncle. She and her parents are in London to visit Charlie and his family. Lisa and her parents are staying in a hotel in Hendon. Lisa has got short brown hair. She is slim and she wears nice clothes. Karim thinks Lisa is beautiful. Lisa speaks good English. She is in London for the first time and she likes the city very much. She doesn't like walking very much but she likes shopping. Yesterday she went to the market in Portobello Road and to Regent's Park. She loves London.*

**WB B1   Meeting friends**   Schreiben/Lesen   WB, S. 21

*Revision exercise* zu den *pronouns*; S fertigen zunächst gemeinsam ein *remember poster* zu   Merkposter
den Pronomen an.
- S setzen die passenden *pronouns* ein. Sie können in TB B1 die Situation noch einmal nachlesen. Anschließend lesen sie den Text vor.
  Lösung: *their; They; them; her; his; she; you; I; it; my; we; our; us.*

- Alternative: Leistungsschwächere S bearbeiten vorab den Lückentext von *Copymaster 9*.
  Lösungen: *you; me; it; them; him; her; us.*

Teil B

**47**

**2**

**TB B3   Afternoon plans**   Schreiben/Lesen/Sprechen   TB, S. 41
Übung zur Festigung der Redemittel: Vorschläge machen und darauf reagieren.
- S schreiben mithilfe der Sprechblasen einen Dialog über ihre Pläne für den Nachmittag. Dabei greifen sie auch auf die aus **Notting Hill Gate 1** bekannten Redemittel zurück. Sie diskutieren, was sie gemeinsam unternehmen wollen, einigen sich auf eine Aktivität und verabreden sich für eine bestimmte Uhrzeit. Anschließend lesen oder spielen sie ihren Dialog vor.

**TB B4   Animals in the zoo**   Sprechen   TB, S. 42f.
Die Doppelseite bietet mit den Fotos, den dazugehörigen Informationstafeln und dem Originalplan des Londoner Zoos viele Informationen, die die S erst einmal auf sich wirken lassen.
- Mithilfe der Folie 7 ordnen die S die Zootiere ihren Ursprungsländern auf der Weltkarte zu. Sie können außerdem die englischen Namen von Kontinenten und Ländern erfragen und so ihr Vorwissen über weitere Tiere einbringen.
- S betrachten die Fotos. L liest die Informationstexte vor. Verständnisfragen werden geklärt.
- Während die Klasse die Bücher geschlossen hat, liest ein S einen Informationstext vor, ohne den Tiernamen zu nennen. Die anderen S erraten das Tier.
- Der Zooplan bietet die Möglichkeit, Präpositionen zu wiederholen: *The horses are next to the rabbits./The elephants are near the hippos. etc.* Diese Übung zur Festigung der Ortsangaben kann auch mithilfe der Folie 8 durchgeführt werden.
- Spielerische Alternative für leistungsschwächere S: Von den S selbst erstellte Tiermasken lassen das Klassenzimmer zu einem Zoo werden. L läuft zwischen den Tieren herum und kommentiert, welche Tiere er/sie sich gerade ansieht, was besonders interessant an ihnen ist (Adjektive), wo sie sich befinden (Präpositionen) und woher sie kommen.

Erweiterung:
Mithilfe des Quartettspiels festigen die S den neuen Wortschatz zu Tieren, Ländern und Kontinenten. *Copymaster 11* auf festes Papier kopieren, von den S ausmalen lassen und mit Klarsichtfolie überziehen. Die S verwenden folgende Strukturen, um gesuchte Karten zu erfragen: *Have you got Asia/the tiger? – Yes, I do.* (Der Fragende erhält die Karte.) *– No, I don't.* (Der/die nächste S stellt eine Frage.)

**WB B2   Around the world**   Lesen/Schreiben   WB, S. 22
S ordnen die Herkunftsländer den entsprechenden Tieren zu.
Lösungen: *Africa: lions, chimpanzees, hippopotamus/South America: crocodiles/South Africa: penguins/Asia: tigers/India: elephants.*

**WB B3   Odd one out**   Sprechen   WB, S. 22
S lesen die Wörter laut und finden heraus, welches Wort nicht zu dem genannten Lautzeichen gehört. Lösungen: [z] *parrots; mice;* [s] *tigers; hippos;* [ɪz] *crocodiles; bananas.*

**WB B4   Do you know animals?**   Lesen/Sprechen   WB, S. 22
S lesen die Tierrätsel und schreiben die Tiernamen auf.
Lösungen: *snail; parrot; penguin; chimpanzee.*

**TB B5   A visit to the zoo**   Sprechen/Schreiben   TB, S. 43
Einführungsübung zur Wegbeschreibung
a) S überlegen, welche Tiere sie gerne im Londoner Zoo sehen würden.
b) S befragen abwechselnd eine/n Partner/in nach dem Weg zu ihren Lieblingstieren. Der/die Partner/in beschreibt den Weg zu diesem Tier vom Café aus mithilfe des vorgegebenen Wortmaterials.

### Erweiterungen:

- Spiel *Where do I go?*: Ein/e S beschreibt einen Weg durch den Zoo, die anderen verfolgen ihn auf der Karte und nennen das Tier, zu dem er gelangt.

- L/S kann alternativ dazu einen längeren Weg mit mehreren Stationen durch den Zoo beschreiben, den die S auf einer Papierkopie der Folie 8 mit einem Stift nachfahren. Dabei nennen sie die einzelnen Stationen und das Ziel.

- S fertigen eine schriftliche Wegbeschreibung zu ihrem Lieblingstier an.

- Ein/e S folgt mit verbundenen Augen den *directions* eines/einer Partners/Partnerin.

- S beschreiben ihren Weg zur Schule und zeichnen ihn auf.

*TB, S. 43*

*Kopien*

### WB B5   A day at the Zoo                           Hören
Hörverstehensübung zur Festigung der Uhrzeiten

*WB, S. 23*

- Vorspielen der CD. S kreuzen die Fütterungszeiten für die Tiere an. Zur Kontrolle sehen sie anschließend in TB B4 auf den Informationstafeln nach (s. Tipp). Der Hörtext lautet:

*Guide: Good morning, girls and boys. Welcome to the zoo. It's a lovely day and you can walk around and see all the animals. Many of them lie in the sun when it's warm or go for a swim in their private pools! First you can go to the elephant house and watch our Indian and African elephants having a bath. They love playing with water. But be careful – they spray water everywhere with their long trunks. Now let me tell you about the feeding times, so that you can plan your walk. We start feeding the big animals at **12.30**. Our **lions** eat fresh meat. And the **crocodiles** get their food at **1.15**. They eat old meat – they don't like fresh food. They sleep most of the time but perhaps they will open their eyes when the food comes. The **hippos** have their meal at **1.30**. You can see them coming out of their pool to eat grass and plants. At **two o'clock** the **spiders** get their food. See for yourself how they catch insects in their nets. Then it's back to the pool and you can watch the **penguins** having their meal of fish at **2.30**. Lots of fish but no chips! Then walk back to the **tigers'** cage and watch them eat their food at **three o'clock**. After that, go to the Ape House and have fun with the **chimpanzees** who have a tea party at **four o'clock**. That can be very funny. The chimps do not have very good table manners. Perhaps you can then walk over to the ...*

### Erweiterung:
Übungen mit der Demonstrationsuhr von Folie 4, auf der S die Fütterungszeit einstellen, die von der Klasse genannt und einer Tierart zugeordnet wird: *It's three o'clock. It's feeding time for the tigers.*

### TB B6   Zoo noises                           Hören/Schreiben
Hörverstehensübung auf CD

*TB, S. 43*

- S notieren die Zahlen von eins bis fünf in ihr Heft. Sie hören die Dialoge von der CD und schreiben auf, welche Tiere sie der Reihe nach erkannt haben. Der Hörtext lautet:

*Listen to Gillian, Karim, Vera, Charlie and Lisa. Which animals did they see at the zoo?*

1. *Gillian:* *Thank goodness, it's in its cage. It's still very sleepy, isn't it?*

2. *Vera:* *Look, there's a baby one. Its ears are quite big, too. The big one can eat a loaf of bread all at once.*

3. *Karim:* *I can't see any animals here.*
   *Vera:* *Look there in the water. I can see its eyes and nose. Maybe it'll come out at 1:30 for feeding time.*

4. *Lisa:* *Ugh, I really don't like them. They're so horrible.*
   *Charlie:* *No, they're not! Just look at that beautiful web.*

5. *Karim:* *Look, he's taking his banana up the tree. Ow, don't throw your banana skin at me.*

- S versprachlichen das Gehörte nach dem vorgegebenen Beispielsatz.
  Lösungen: *The first animal was the tiger./The second animal was an elephant./The third animal was a hippo./The fourth animal was a spider./The last animal was a chimpanzee.*

Teil B **49**

## TB B7  Zoo animals — Lesen/Schreiben  *TB, S. 44*

*Revision exercise* zu der Fragestellung mit *do* und der Verneinung mit *don't*

- Die Übung sollte mit der Klasse vorbereitet werden, indem L die Fragen so stellt, dass die Verneinung möglichst häufig angewandt werden muss. Danach üben die S mit einem/einer Partner/in. Lösungen:
  *Do tigers eat grass? Well, I don't think they do. I think they eat meat.*
  *Do crocodiles eat meat? Yes, they do.*
  *Do elephants eat eggs? No, they don't. They eat plants, bread and vegetables.*
  *Do chimpanzees eat mice? No, they don't. They eat plants, fruit, vegetables and eggs.*
  *Do hippos eat chocolate? Well, I don't think they do. I think they eat plants and grass.*
  *Do penguins eat fish? Yes, they do.*
  *Do lions eat pizza? Well, I don't think they do. I think they eat meat.*
  *Do spiders eat insects? Well, I think they do.*

> Erweiterung:
> *Tigers against Lions*: Für dieses Wettspiel wird die Klasse in zwei Gruppen geteilt, die *Tigers* beginnen mit der Fragestellung mit *Do*, sie erhalten für jede richtige Frage einen Punkt, die *Lions* einen für jede richtige Antwort. Anschließend anders herum.

- **a)** S schreiben einen kurzen Text über einige der Tiere auf S. 42/43. Die Antworten sollten Herkunftsland, Eigenschaften und Fütterungszeiten beinhalten.
  Mögliche Lösungen:
  *Lions come from Africa. They have got big teeth and yellow fur. They are big and strong and they can run fast. Lions are wild animals and they can be dangerous. They eat meat. Their feeding time is at 12.30pm.*
  *Chimpanzees come from Africa. They have got black fur and long arms. Chimpanzees eat plants, fruit, vegetables and eggs. Their feeding time is at 4pm. They love bananas. Sometimes chimpanzees are very funny. They like to play a lot.*
  *Elephants come from India. They are big, grey and have got big ears. Their bath time is at 11.45am. They eat plants, bread and vegetables.*
  *Spiders come from all over the world. They have got eight legs. Some spiders are very small, but some are big and ugly. There are dangerous spiders, too. Spiders eat insects and small animals. Their feeding time is at 2pm.*

- **b)** S schreiben auf, warum sie diese Tiere besuchen würden.
  Mögliche Lösungen:
  *I'd like to see the chimpanzees because they are funny. They run and jump and they make funny noises. The baby chimpanzees are very cute.*
  *I'd like to see the elephants because they are my favourite animals. I'd like to feed an elephant with a big piece of bread. And I'd like to ride an elephant one day.*

- S schreiben mithilfe des Lageplans über einen Tag, wie sie ihn im *London Zoo* verbringen würden. Bei ihrer Planung des Zoobesuchs müssen sie die Fütterungszeiten beachten.
  Mögliche Lösungen:
  *First I want to see the elephants because their bath time is before all the other feeding times. I'd like to see the elephants in their swimming pool. Then I can walk to the café to have lunch. After that I want to see the lions. Their feeding time is at 12.30pm. Then I can walk straight on until I get to the crocodiles. Their feeding time is at 1.15pm. I'd like to see the crocodiles because they are big and dangerous and have got big teeth. They eat meat. Then I can go to see the hippos because they are near the crocodiles. Their feeding time is at 1.30pm. Often you can only see their eyes and nose. But at feeding time they come out of the water. After that …*

- S lesen ihre Wegbeschreibungen vor, ohne die Tiernamen zu verraten.

## TB B8  Animal quiz — Sprechen  *TB, S. 44*

Ratespiel in Vierergruppen

- Ein S beschreibt ein Tier, die anderen S raten, um welches Tier es sich handelt. Dabei können auch die Tierrätsel aus WB B4 als Vorlage dienen.

### TB B9 Animal portrait     Schreiben/Lesen/Malen     TB, S. 44

Kreatives Schreiben: S schreiben einen Text über ihr Lieblingstier. Dabei können sie sich an der Vorlage im Buch orientieren und weitere Hilfsmittel wie Tierbücher und Fotos zu Hilfe nehmen.

*bunte Stifte, Fotos, Tierbücher*

### TB B10 London Zoo     Lesen/Schreiben/Sprechen     TB, S. 45

Sinnentnehmendes Lesen eines authentischen Informationstexts.

- S lesen die Zoobroschüre, in der es um das Adoptieren von Tieren geht. Sie versuchen, unbekannte Wörter aus dem Kontext zu erschließen. Anschließend diskutieren sie in Partnerarbeit ihre *intelligent guesses*. Erst danach schlagen sie die unbekannten Wörter nach und schreiben diese in ihr Vokabelheft.

- S zeichnen den Anfang der im Buch vorgeschlagenen *mind map* in die Mitte der Heftseite. Sie lesen den Text ein zweites Mal und ergänzen die *mind map* mit den gefundenen Informationen. So üben sie das *note-taking*.
Lösungen:
*places: Africa, Asia, America, North Pole;*
*rare animals: giant panda, tiger, hippo, Asian lion;*
*animals to adopt: guinea pig, hamster, mouse, rabbit, gecko, small snake;*
*animals' food: hay, vegetables, fruit, bread, salt, water.*

- S geben mithilfe ihrer Notizen mündlich wieder, was sie über die Adoption von Tieren des Londoner Zoos der Broschüre entnehmen konnten.

### WB B6 Strange animals     Schreiben     WB, S. 23

a) S malen die Fantasietiere aus und finden Namen für sie (*crocobear* oder *tigermouse*).

b) Dann suchen sie sich ihr Lieblingstier aus und beschreiben dieses auf ähnliche Weise wie im Mustertext vorgegeben.

### WB B7 Penguins or elephants?     Lesen/Schreiben     WB, S. 24

In dieser Übung geht es darum, Informationen aus WB und TB zusammenzufügen.
- S lesen die Texte und unterstreichen die wichtigsten Informationen.

- S suchen sich ihr Lieblingstier aus (*Penguins or elephants?*) und schreiben ein Tierporträt, das die Informationen aus TB B4 und WB B7 zusammenfasst. Dabei orientieren sie sich an den vorgegebenen Leitfragen.

### WB B8 Adopt an animal     Schreiben/Sprechen     WB, S. 24

S schreiben auf, welches Tier sie adoptieren würden und begründen ihre Wahl (s. auch Zusatzinformationen *London Zoo* TM S. 41). Dabei können neben ernsthaften auch lustige Begründungen gegeben werden. Mögliche Lösungen:
*I would like to adopt an animal because a zoo always needs money. The animals need a lot of food and that's very expensive. I would like to adopt an elephant because it is my favourite animal. It is very big and it needs a lot of hay, bread and vegetables.*
*I would like to adopt a tiger because it would be fun to ride to school on his back and scare teachers ...*

## Around London  Teil C

| Medium | Nummer | Seite | Titel | Fertigkeit | Zusatzinfo |
|---|---|---|---|---|---|
| TB | C1 | 48/49 | Kids' London A to Z | Lesen/Sprechen | Straßenplan |
| WB | C1 | 25 | Odd one out | Lesen | Wortschatz: *sights* |
| WB | C2 | 25 | A London puzzle | Lesen/Schreiben | Wortschatz: *sights* |
| TB | C2 | 50 | Where to go in London | Sprechen | Partnerarbeit |
| TB ★☾☀ copy 10 | C3 | 51 | A tour through London | Schreiben | |
| WB ☀ | C3 | 26 | At the MOMI | Lesen/Sprechen | Partnerarbeit |
| WB | C4 | 27 | Mario, the pizza-man | Lesen/Sprechen/Malen | Lesetext |
| TB CD | C4 | 51 | Where did Lisa go? | Hören | Hörverstehen auf CD |
| TB copy 12 | L&L 2 | 52 | The Tower of London | | Zusatzinformationen zur Foto-Doppelseite (TB S. 46/47) |
| WB | C5 | 27 | Lisa's letter | Schreiben | |
| WB | C6 | 28 | MY town | Schreiben | Vorbereitung für *Me*-Text |
| TB Portfolio | C5 | 52 | MY town | Schreiben | *Me*-Text |
| TB CD | C6 | 53 | My home town | Hören | Hörverstehen auf CD |

Die grau unterlegten Felder stellen das Pflichtpensum dar, die weißen die Kür.

**Teil C:** • **Sightseeing in London planen**
• **Meinungen äußern und begründen**
• **Heimatort beschreiben**

Das Thema London erscheint als Schwerpunkt oder am Rande in fast allen *Themes* des Buches. Der gesamte C-Teil kann als Landeskundeprojekt behandelt werden. Einige Sehenswürdigkeiten Londons und Fakten über die Wichtigkeit dieser Weltstadt oder das Königshaus sind den S aus den Medien bekannt. Ein Videofilm, wie er in Reisebüros zu erhalten ist, oder Bildbände, Reiseprospekte und Postkarten stimmen auf das Thema ein und veranlassen die S, ihr Vorwissen einzubringen. Dass dabei deutsch gesprochen werden kann, ist selbstverständlich.

Hinweis: Für eine spätere Projektarbeit sollte schon frühzeitig Informationsmaterial (Prospekte, Stadtpläne, Poster) bestellt werden:

| | |
|---|---|
| London Tourist Board | British Tourist Authority & English Tourist Board |
| Glen House | Thames Tower |
| Stag Place | Black's Road |
| LONDON SW1E 5LT | LONDON W6 9EL |
| Tel: (0044) 171 932 2000 | Tel: (0044) 181 846 9000 |
| Fax: (0044) 171 932 0222 | Fax: (0044) 181 563 3350 |

Auch bei den *British Councils* in Deutschland kann Material angefordert werden.

Die Foto-Doppelseite zeigt einige der berühmtesten Sehenswürdigkeiten Londons. Hintergrundfoto: *Tower Bridge*; kleine Fotos im Uhrzeigersinn: *Buckingham Palace, Covent Garden, The Tower of London, Piccadilly Circus, London Transport Museum, Hyde Park, Madame Tussaud's (The Beatles)*.

*TB, S.46f.*

---

**Zusatzinformationen: London sights**

Im Mittelpunkt der Foto-Doppelseite ist die geöffnete **Tower Bridge** zu sehen, die zu den bekanntesten Sehenswürdigkeiten Londons gehört. Die riesigen Brückenklappen werden noch mehrmals pro Woche hochgezogen, um hohen Schiffen die Durchfahrt zu ermöglichen. Dies geschieht in der beachtlichen Zeit von neunzig Sekunden. Im *Tower Bridge Museum* wird die Geschichte der Brücke durch aufregende Animation und interaktive Darstellung zum Leben erweckt. Dort befinden sich auch die Original-Dampfmaschinen, die den Mechanismus zum Öffnen und Schließen der Brücke angetrieben haben. Sie sind heute durch Elektromotoren und Hydraulik ersetzt.

Der **Buckingham Palace** ist die offizielle Londoner Residenz der Königin. 1703 hatte der Herzog von Buckingham diesen Palast als *Buckingham House* bauen lassen. Erst 1762 kaufte ihn George III für die königliche Familie. Die Aus- und Umbauarbeiten wurden unter Queen Victoria (1837-1901) beendet. Die Fassade allerdings stammt von 1913. Victoria war die erste Königin, die hier lebte. Ein großes Denkmal vor dem Palast erinnert an die berühmte Monarchin. Seit 1993 ist es der Öffentlichkeit erlaubt, das Palastinnere zu besichtigen. Während der Monate August bis Oktober sind die Räume für Besucher geöffnet. Gezeigt werden allerdings nur die offiziellen, nicht die privaten Räumlichkeiten. Die Wachablösung *Changing of the Guard* ist eine sehenswerte Zeremonie, die zweimal täglich stattfindet. Die königliche Standarte auf dem Dach zeigt an, dass die Queen anwesend ist.

*TB, S. 47 oben links*

**Covent Garden** zählt zu den belebtesten Stadtteilen Londons. Dort gibt es inmitten von Schaulustigen, Touristen, Londonern und Straßenkünstlern viel zu erleben, zu sehen und zu kaufen. Im Zentrum liegen die überdachten Markthallen, die von 1656-1974 Londons bekanntesten Obst- und Gemüsemarkt beherbergten. Die viktorianischen Markthallen sind heute ein beliebtes Einkaufsviertel mit kleinen Geschäften und offenen Ständen, an denen von handgestrickten Pullovern über Schmuck zu Keramikartikeln vielfältige Ware angeboten wird. Auf der Piazza unterhalten Straßenkünstler das Publikum.

*TB, S. 47 oben rechts*

Ursprünglich war der **Tower of London** der gelegentliche Wohnsitz der königlichen Familie. Im Lauf der Geschichte wurde er mehrfach erweitert und umgebaut. Auch seine Funktion änderte sich. Er diente als Festung, Gefängnis, Exekutionsstätte, Tiergarten, Observatorium, Kaserne, Waffenarsenal und heute als Museum. Der älteste Teil der umfangrei-

*TB, S. 47 unten rechts*

Teil C                                                                                                       ■ 53

chen Anlage, der *White Tower*, beherbergt heute ein Waffenmuseum. Im mittelalterlichen *Palace* oberhalb des *Traitor's Gate* gibt es ein Museum, das das Leben um 1280 zur Zeit Edwards I anschaulich darstellt. Museumsführer in mittelalterlichen Kostümen geben Erklärungen und demonstrieren Aktivitäten des 13. Jahrhunderts. Die Hauptattraktion des *Tower*, die Ausstellung der Kronjuwelen, zeigt u.a. den 106,5 Karat schweren *Koh-i-nor* Diamant aus dem 13. Jahrhundert und die Krone von Elisabeth I mit 3000 Diamanten, Rubinen, Saphiren und Perlen. Auf dem *Tower Green* fanden viele Hinrichtungen statt. Bevor die dort Geköpften begraben wurden, spießte man ihre Köpfe auf und stellte sie am südlichen Tor als Abschreckung zur Schau. Noch heute schließt allabendlich bei der Schlüsselzeremonie ein königlicher Leibgardist das Haupttor. Der offizielle Name der Wärter, *Yeoman Warders*, ist längst nicht so bekannt wie ihr Spitzname *Beefeaters*.

Der **Piccadilly Circus** ist ein berühmter Platz mit Kreisverkehr im Herzen von Londons West End. Heute ist er vor allem nachts wegen der riesigen Leuchtreklamen besonders imposant. Bis in die frühen Morgenstunden pulsiert hier das Leben.  *TB, S. 46 unten links*

Im **London Transport Museum** werden nicht nur Eisenbahnfreunde Spaß haben. Hier findet sich eine faszinierende Sammlung, die über Londoner Verkehrsmittel informiert. Das Museum ist ideal für Kinder. Sie dürfen viele der Ausstellungsstücke anfassen und im Fahrsimulator einmal Bus- oder U-Bahnfahrer oder Lokomotivführer sein. Viele Bereiche des Museums sind lebendig durch Akteure, die verschiedene Charaktere in Originalkostümen darstellen.  *TB, S. 46 Mitte links*

Der **Hyde Park** ist der bekannteste und größte von Londons zahlreichen Parks. Er bietet nicht nur eine beeindruckende Vegetation, Rasenanlagen und Blumenbeete, sondern hält viele Gelegenheiten für entspannende Aktivitäten bereit. Man kann dort rudern, reiten, joggen, inline-skaten, Fußball spielen und natürlich auch Picknick machen. Im Jahre 1872 wurde ein Gesetz erlassen, das die Redefreiheit garantiert. Seither ist *Speakers' Corner* im *Hyde Park* als sonntäglicher Teffpunkt engagierter Redner fest etabliert.  *TB, S. 46 oben links*

Ohne Zweifel ist **Madame Tussaud's** eine der beliebtesten Ausstellungen Londons. Die Französin wurde 1761 geboren und lernte schon als Kind das Modellieren mit Wachs. Sie arbeitete zunächst in Frankreich, wo sie Totenmasken der adligen Opfer der französischen Revolution herstellte. Als sie nach England kam, reiste sie 33 Jahre mit ihrer Wachsfigurenausstellung durchs Land. 1835 richtete sie stationäre Ausstellungräume in London ein. Im heutigen Museum sieht man Wachsnachbildungen von gefeierten Sportlern, Popstars, historischen, politischen, militärischen und adeligen Größen. Eine Besonderheit sind die authentische Darstellung einer Seeschlacht sowie die Darstellungen von berühmten Mördern in Aktion. In der *Chamber of Horror* ist auch eine Nachbildung des mysteriösen Frauenmörders Jack the Ripper zu sehen, der in der Zeit von August bis November 1888 sieben Prostituierte auf grausame Weise ermordete.
Angeschlossen an das Wachsfigurenkabinett ist ein sehenswertes Planetarium.  *TB, S. 46 oben rechts*

**TB C1   Kid's London A to Z**                       Lesen/Sprechen                               *TB, S. 48f.*
Die S sehen sich mit der Fragestellung *Do you know any of the famous sights in London?* die Doppelseite mit dem Ausschnitt des Stadtplans von London an, auf dem Sehenswürdigkeiten, die besonders bei Kindern beliebt sind, herausgestellt wurden. Dabei ist zu beachten, dass viele Sehenswürdigkeiten ohne Artikel stehen, z.B.: *We went to London Zoo. – I saw Prince Charles in front of Buckingham Palace.*
Den neuen Wortschatz in den authentischen Info-Texten können die S durch *intelligent guessing* erschließen. Beispielsweise sind die Vokabeln *train* und *bus* bereits bekannt, *transport*, *signals* und *locomotive* können leicht aus dem Kontext erschlossen werden. Weitere unbekannte Vokabeln werden erfragt. Dabei üben die S die Strukturen *What is ... in German?* und *What is the meaning of ...?* L sollte sich um einsprachige Worterklärungen bemühen.
Die Texte werden den Bildern zugeordnet.
Lösungen:
*Buckingham Palace – 5; Covent Garden – 7; London Transport Museum – 6; London Zoo – 1; Hyde Park – 3; Madame Tussaud's – 2; Tower Bridge – 9; Segaworld – 4; The Tower of London – 8; Museum of the Moving Image – 10.*

## 2 — Teil C

> **Zusatzinformationen**
>
> Im *Trocadero Centre*, gleich um die Ecke vom *Piccadilly Circus*, findet man in **Segaworld** eine Hightech-Abenteuerwelt auf sechs Etagen. Hier, in Europas erster Cyberspace-Unterhaltungswelt, kann man sich durch Computersimulation in verschiedene Welten, wie z.B. die Unterwasserwelt, versetzen lassen und dort dreidimensionale Abenteuer erleben.
>
> In dem preisgekrönten **Museum of the Moving Image (MOMI)** wird die Welt des Films und des Fernsehens lebendig. Hunderte von Filmen und Fernsehclips sind zu sehen. Jährlich wechselnde Ausstellungen erlauben einen Einblick in die Entwicklungsgeschichte des bewegten Bildes. Die Besucher können selbst agieren und so die Filmwelt „live" erleben.

**WB C1   Odd one out**    **Lesen/Sprechen**    *WB, S. 25*
Die S erkennen, welcher Begriff nicht in die Gruppe passt. Sie begründen nach Möglichkeit einsprachig.
Mögliche Lösungen: a) *photo – it isn't a person;* b) *ship – you find it on water;* c) *music – it isn't a person;* d) *goldfish – you find them in water;* e) *Hyde Park – it isn't a house;* f) *swim – you do it in the water.*

**WB C2   A London Puzzle**    **Schreiben**    *WB, S. 25*
Die S zeigen, dass sie sich inzwischen mit den Sehenswürdigkeiten vertraut gemacht haben.

**Diff.**  Leistungsschwächere S können die Texte im TB zuhilfe nehmen.

Die S füllen die Lücken aus und finden das Lösungswort.
Lösungen: *1. Tower Bridge; 2. Madame Tussaud's; 3. Hyde Park; 4. Museum of the Moving Image; 5. Tower; 6. Buckingham Palace; 7. Transport Museum; 8. Segaworld; 9. Covent Garden;* Lösungswort: *Beefeater.*

**TB C2   Where to go in London**    **Sprechen**    *TB, S. 50*
In Partnerarbeit vertiefen die S die Arbeit mit dem Stadtplan. Um ein ständiges Hin- und herblättern zu vermeiden, hält jeweils ein/e S die Seiten 48/49 bzw. 50 aufgeschlagen. Gefragt und geantwortet wird wechselseitig. Dabei lassen die drei oberen globalen Fragen mehrere Antworten zu. Die unteren Fragen beziehen sich auf Einzelheiten und verlangen ein Detailverständnis der Texte sowie das Beherrschen des neuen Wortschatzes.

**TB C 3   A tour through London**    **Schreiben**    *TB, S. 51*
Ausgestattet mit den Informationen der vorangegangenen Übungen sind die S in der Lage, einen Plan für eine Sightseeing-Tour durch London aufzustellen.

- ★ Die S erstellen eine individuelle Hitliste. Diese kann durch Zeichnungen oder Abbildungen gestaltet werden.

- ☾ Die S erstellen eine Liste ihrer Lieblingssehenswürdigkeiten und begründen ihre Auswahl in ganzen Sätzen. Als Impulse dazu dienen die Angaben in der gelben Tabelle.
  Mögliche Lösungen:
  *I'd like to see the Tower of London because it has got an exciting history.*
  *I'd like to go to Segaworld because I can play video games and computer games (and it is open until midnight).*
  *I'd like to see Tower Bridge because it is exciting to see the bridge open up for large ships.*
  *I'd like to visit London Zoo because I can see wild animals there.*
  *I'd like to go to the London Transport Museum because it has got a collection of model trains.*

- ☀ Die S stellen eine sinnvolle Tagestour durch London zusammen und vefassen einen Text, der nicht nur die ausgewählten Ziele, sondern auch eine Begründung der Auswahl beinhaltet. Sie entnehmen dem Mustertext im TB die notwendigen Redewendungen und Strukturen.

Teil C                                                                                                  ■ 55

> **Erweiterung:**
> S bringen den Dialog *At the tourist information* in die richtige Reihenfolge. Anschließend spielen sie ihn mit einem/einer Partner/in vor.
> Leistungsstärkere S können eigene Dialoge entwickeln und diese der Klasse vorspielen.

### WB C3   At the MOMI                                Lesen/Sprechen                    WB, S. 26

In dieser Übung wird sinnentnehmendes Lesen trainiert. Die S werden in eine lebensnahe Situation versetzt, indem sie sich mit einer authentischen Broschüre über das *Museum of the Moving Image (MOMI)* auseinandersetzen. Mithilfe der Leitfragen werten sie in Partnerarbeit die Informationen der Broschüre aus.

### WB C4   Mario, the pizza-man                  Lesen/Sprechen/Malen                  WB, S. 27

Bisher wurden die Sehenswürdigkeiten Londons nur aus der Sicht von Städtebesuchern betrachtet. Hier nun erzählt Mario, der italtienisch-stämmige Pizza-Verkäufer, von seinem Arbeitsalltag.

a) Der Lesetext enthält viele indirekte Hinweise zu den Standorten des Pizza-Wagens und erfordert daher einige Konzentration beim Lesen. Um anschließend die Verständnisfragen beantworten zu können, muss man sich mit den Sehenswürdigkeiten Londons schon einigermaßen auskennen.
   Mögliche Lösungen: *1. Visitors come to London because they want to look at all the famous sights./2. Mario's day starts at ten./3. His first stop is at Madame Tussaud's./4. At twelve o'clock he parks his car near the Serpentine (in Hyde Park)./5. Mario is talking about Buckingham Palace when he says the 'Queen's home'./6. He never goes to the Museum of the Moving Image./7. His last stop is at Madame Tussaud's again./8. Mario likes his work because he meets many people and hears many strange languages.*

b) S fertigen eine Speisekarte für Mario's Pizza-Wagen an. Dabei ist Einfallsreichtum und    *Poster*
   Originalität gefragt. Die Speisekarte kann als Poster mit fantasievollen Zeichnungen gestaltet werden.

### TB C4   Where did Lisa go?                              Hören                        TB, S. 51

In dieser Hörverstehensübung sind die S gefordert, mithilfe von typischen Geräuschkulissen und kleinen Sätzen herauszuhören, welche Orte Lisa in London besucht.

**Diff.** Für schwächere S kann der Hörtext immer dann unterbrochen werden, wenn sie nicht eindeutig erkennen konnten, um was es sich handelte.

*Lisa spent a day with Charlie and his friends. She visited four places. Find out where she went.*
1. *(nur Geräusche)*
2. *Gillian: Can I set the signal next?*
3. *Charlie: Come on, quick, it's opening now.*
   *Lisa: Wow, what a big ship. I wonder where it comes from.*
4. *Vera: Can't we rent a boat? How much is it for one hour? Let's go and ask over there.*

S äußern mithilfe der vorgegebenen Satzanfänge, wo Lisa gewesen ist. Lösungen:
*I think she went to London Zoo first. Then she was at the London Transport Museum. Afterwards she saw Tower Bridge. Later she went to Hyde Park and sat in a boat.*

> **Erweiterung:**                                                                       *Sounds of*
> Die Originalgeräuschcollagen der CD *Sounds of London* des Diesterweg Verlags vermittelt  *London CD +*
> ein lebendiges und authentisches Bild der Stadt. Mithilfe des dazugehörigen Arbeitsblat-  *Arbeitsblatt*
> tes finden die S heraus, an welchen Orten die verschiedenen Geräusch- und Sprach-         *(Diesterweg)*
> sequenzen stattfinden.

**Land und Leute 2: The Tower of London**  *TB, S. 52*

> Erweiterungen:
> - Die Fotos der Doppelseite 46/47 können den Texten von TB C1 zugeordnet werden.
> - Zur Vertiefung kann von einem/einer S eine Nummer genannt werden. Die Gruppe, die zuerst den passenden Text vorliest, erhält den Punkt.
> - Zur weiteren Vertiefung der landeskundlichen Informationen und zur Übung der Präpositionen *near* und *next to* beschreiben die S die Lage der Sehenswürdigkeiten auf dem Stadtplan. Mögliche Lösungen: *Hyde Park is next to Kensington Gardens. Tower Bridge is near The Tower of London.*
> - Ein London Quiz vertieft die landeskundlichen Kenntnisse und die Frageform im *simple present*. Auf Karten werden Fragen zu den verschiedenen Sehenswürdigkeiten geschrieben. (Diese Fragen können von L oder von leistungsstarken S erarbeitet werden.) Ein Quizmaster zieht eine Karte, liest die Frage vor und erteilt der Gruppe, die die richtige Antwort gibt, den Punkt. Beispiele: *Where does the Queen live? – Buckingham Palace./Where can you see jugglers? – Covent Garden./Where can you ride a locomotive? – London Transport Museum./When can you listen to speakers at Speakers' Corner? – On Sundays./Where can you meet famous "people"? – Madame Tussaud's./Which bridge opens for large ships? – Tower Bridge./Where do you find cyberspace entertainment? – Segaworld./When is The Tower of London closed? – On Sundays./Where can you fly like Superman? – Museum of the Moving Image. ...*
> - Der *Copymaster 12* bringt mit dem Song *Ten little corgies* einen humoristischen Aspekt in das landeskundliche Thema. Gesungen werden die zehn Strophen auf die Melodie von „Zehn kleine Negerlein". Corgies sind die Schoßhunde der Queen, die sich im Lied in London tummeln.

*Kärtchen*

**WB C5   Lisa's letter**   Schreiben   *WB, S. 27*
Hier erfolgt eine schriftliche Vertiefung der gewonnenen Kenntnisse über die Sehenswürdigkeiten Londons. In Form eines Dankesbriefs schreibt Lisa rückblickend über ihren Aufenthalt in London. Die Informationen aus TB B1 und C4 sollen hier kombiniert werden (s. Tipp). Die offene Form des Briefs erlaubt den S, je nach Leistungsstand zu schreiben.

**WB C6   MY town**   Schreiben/Malen   *WB, S. 28*
Diese Vorübung übt die Arbeitstechnik des *note-taking* ein und bereitet so das Verfassen eines *Me*-Texts über den Heimatort vor.

**TB C5   MY town**   Schreiben   *TB, S. 52*
Nach der Vorlage schreiben die S nun einen eigenen *Me*-Text für ihr Portfolio, in dem sie alles Wissenswerte über den eigenen Wohnort in einem kurzen englischen Text zusammenfassen. Diese Texte können mit Bildmaterial, Interviews, Stadtplänen oder Wanderkarten angereichert als Informations- oder Werbebroschüre gestaltet werden.

> Erweiterung:
> In Anlehnung an das London Quiz können die S ein Quiz über ihren Heimatort anfertigen, das sie der Parallelklasse anbieten oder in der Schülerzeitung veröffentlichen.

**TB C6   My home town**   Hören/Lesen   *TB, S. 53*
Die S sammeln sich in Gruppen von bis zu vier S. Jede Gruppe erhält einen Umschlag, in dem sich eine Kopie des Liedes – in einzelne Zeilen oder Zeilenblöcke zerschnitten – befindet. Die S hören sich nun das Lied ein paar Mal an und versuchen, die Schnipsel in die richtige Reihenfolge zu bringen. Im Anschluss daran notieren sie nun ihrerseits die interessantesten Sehenswürdigkeiten, Freizeitangebote, etc. ihrer Heimatstadt. Dann formulieren sie jeweils 1-2 Sätze zu diesen Stichwörtern, anhand derer sie ihren Mitschülern über ihre Heimatstadt berichten.

Teil C

**TB Theme 2   detective page**        Schreiben/Sprechen        *TB, S. 54*
1) In Anlehnung an ein vorgegebenes Beispiel ergänzen die S das passende Wort des   *Dictionaries*
    unvollständigen Wortpaares. Sie können dabei das Wörterverzeichnis benutzen.
    Lösungen: *book - read, daughter - son, tiger - cage, am - pm, win - lose, car - street.*

2) Die S fertigen eine alphabetische Tierliste an. Dabei üben sie das Nachschlagen in Wörterbüchern. Die S verschönern ihr *animal alphabet* mit Zeichnungen.

3a) Die S suchen aus den Texten der ersten beiden *Themes* die regelmäßigen und unregelmäßigen Verben heraus. Die Notwendigkeit, die gefundenen Verben in der Liste richtig einzutragen, mag ein Nachlesen in lif (TB S. 134f.) nötig machen, wobei die S selbstständig die Regeln noch einmal durchlesen.
    Lösungen:
    regelmäßige Verben: *moved, stayed, answered, tried, opened, happened, played, called, asked, tidied, laughed, wanted, turned, scared, watched, acted, finished, jumped, crossed, stopped, walked, visited, looked, cleaned, enjoyed;*
    unregelmäßige Verben: *were, was, went, had, began, won, rode, fell, left, came, did, made, sang, felt, saw, spent, took, met, sent, thought, ran, ate, caught, brought, took, slept, found, said, told, threw.*

  b) Für das Spiel wird die Klasse in zwei Teams eingeteilt, die sich gegenübersitzen. Dann wird abwechselnd die zur *simple present*-Form passende *simple past*-Form genannt. Dabei wird ein Softball hin und her geworfen. Für jeden richtigen *return* erhält das Team einen Punkt.

4) S finden die gefragten Uhrzeiten im *Theme*.
    Lösungen: *1. At five thirty./2. At twenty-nine minutes to three./3. At quarter to twelve./4. At half past twelve pm./5. Monday to Saturday, 9am to 6pm.*

5) Die S notieren ihre zehn Lieblingswörter aus dem neuen Wortschatz von *Theme 2*.

**Selbsteinschätzung**        *WB, S. 28*
Zum Abschluss von *Theme 2* füllen die S den Portfolio-Fragebogen „Schreiben" im Workbook aus.

# 3 — Dreams — Teil A

| Medium | Nummer | Seite | Titel | Fertigkeit | Zusatzinfo |
|---|---|---|---|---|---|
| TB CD | A1 | 56 | Fortune-tellers | Hören/Lesen | Lesetext |
| TB | lif 8, 9 | 140 | Zukunft mit 'will' und Verneinung von 'will' | | |
| WB | A1 | 29 | Kim's game | Sprechen | Wortschatz |
| TB ☀☽☼ | A2 | 57 | Saturday afternoon | Sprechen | Textverständnis; *will future* (lif 8, 9) |
| TB | A3 | 57 | Dreams of the future | Sprechen | *will future* (lif 8, 9) |
| TB | A4 | 57 | Ideas about the future | Sprechen | *will future* (lif 8, 9) |
| WB | A2 | 29 | What will life be like in a hundred years? | Schreiben/Sprechen | *note-taking* Partnerarbeit |
| TB | lif 10 | 140 | Fragen mit 'will' | | |
| TB | A5 | 58 | Will I be rich? | Sprechen | *will future* (lif 10) |
| WB | A3 | 30 | YOUR future | Schreiben | *will future* |
| WB ☀☽☼ Folie 9 | A4 | 30/31 | How much do you know? | Schreiben | *will future; short answers* |
| WB ☼ | A5 | 32 | Planet Mega X | Lesen | sinnentnehmendes Lesen; *Choose an exercise* |
| TB ☼ | A6 | 58 | Fortunes | Schreiben/Sprechen | Gruppenarbeit |
| TB Portfolio | A7 | 58 | YOUR future | Schreiben | Poster oder Text erstellen |
| TB | A8 | 59 | Games | Sprechen | *mindmapping* |
| WB | A6 | 33 | Tricky tongue-twisters | Sprechen | Ausspracheschulung |
| TB | A9 | 59 | Ready! Steady! Go! | Lesen/Sprechen | Wortschatz: *word fields* (Wettspiel) |
| TB | A10 | 59 | An invitation to play | Sprechen | Partnerarbeit |
| WB ☼ | A7 | 33 | Sounds | Sprechen | Ausspracheschulung; Differenzierung von Lauten |
| WB | A8 | 33 | Fast-spelling championship | Sprechen | *The English alphabet* (Wettspiel) |

Die grau unterlegten Felder stellen das Pflichtpensum dar, die weißen die Kür.

Teil A

# Theme 3: Dreams

Teil A: • Jemandem die Zukunft voraussagen
• Über Träume/Zukunft sprechen
• Vorschläge machen
• Sagen, was man gerne/nicht gerne tut

**TB A1    Fortune-tellers                            Hören/Lesen**                            TB, S. 56
- L verdunkelt den Klassenraum, stellt eine brennende Kerze und/oder eine Leuchtkugel auf   Kerze oder
  den Lehrertisch und erzählt dabei über sich, den *fortune-teller*: *I'm a fortune-teller. I can tell*   Leuchtkugel
  *you about the future, I can tell you everything about next year. Do you want to know what*
  *will happen to you next week, Susanne? Well, come here, and I will tell you your future. I'll look*
  *into this glass bowl and I'll know what will happen to you in the future. I'm a fortune-teller.*
  L sagt S, von denen er/sie etwas Persönliches weiß, ihre Zukunft voraus: *I see a horse, a*
  *beautiful black horse. You like horses! I see a camp with a lot of horses. You will spend your*
  *holidays at a pony camp! Now, what about your future, Thomas? You will be rich and you'll*
  *have two children, a son and a daughter ...*

- Vorspielen der CD (der Klassenraum bleibt verdunkelt) bei geschlossenem Buch mit Hörauftrag: *Who is the fortune-teller? Who wants to know all about her future?* Die S hören zu, beantworten anschließend die Fragen und berichten, was sie noch verstanden haben. (*Gillian has got a cat. Her name is Butterfly. Vera's parents are not at home ...*)

- Wiederholtes Vorspielen der CD bei geöffnetem Buch. S lesen mit. Leseauftrag: *What does Vera say about Gillian's future? What does Gillian say about Vera's ideas?* Die S haben durch die Lehrererzählung und das erste Hören der Geschichte bereits ein Gefühl für die neue Struktur bekommen. Nach dem zweiten Zuhören verbalisieren sie nun die Voraussagen der beiden Protagonistinnen, die L an der Tafel festhält:                Tafel

  *Vera:*                                                *Gillian:*
  You'll marry a handsome man!                         I won't marry anyone!
  You'll have two children.                            I'll find a good job!
  You'll have two cats!                                I'll have fun.

- Rollenlesen in Dreiergruppen, wobei ein/e S die Rolle des Sprechers und die von Mr Gulbenkian mit übernimmt. (Der Sprecher kann auch entfallen.)

**Lif 8, 9    Zukunft mit 'will' und Verneinung von 'will'**                                TB, S. 140
Nachdem die S durch intensives Lesen mit der neuen Struktur vertraut geworden sind, lesen sie in lif 8 und 9 die Erklärungen zum Gebrauch der Kurz-und Langformen sowie der Verneinung des *will future*.

> Erweiterung: **Lesespiele**
> - S-Paare lesen sich gegenseitig vor und machen abrupt Pausen, in denen der/die Partner/in das folgende Wort richtig einsetzen muss.
> - S1 liest S2 wahllos einzelne Sätze vor, die von S2 schnell gefunden und gezeigt werden müssen.
> - S1 liest nur ein einzelnes Wort vor, zu dem S2 einen Satz aus dem Text vorlesen muss.
> - S1 macht bewusst einen Fehler im Satz, den S2 bemerken und korrigieren muss.

**WB A1    Kim's game                            Sprechen**                                WB, S. 29
In dieser Übung ist die Konzentration der S gefordert. Nachdem sie die Bilder in TB A1 eine Minute lang betrachtet haben, kennzeichnen sie mit Plus bzw. Minus die Gegenstände in der Wortliste, an die sie sich noch erinnern können. Anschließend werden die Ergebnisse diskutiert: *Which of the things were in the picture – which weren't?* Losungen: (+): *wardrobe; scarf; bag; children; glass bowl; grass; shelf; clouds; books; door; chest of drawers; candles; purple shirt*; (–): *butter; chair; trees; Gillian's parents; poster.*

## TB A2  Saturday afternoon
**Sprechen/Schreiben** — TB, S. 57

Übung zur Überprüfung des Textverständnisses
- S bestätigen oder verneinen mündlich die *right or wrong statements*.
- S korrigieren die Sätze schriftlich.
- S malen Veras Kopf in ihre Hefte und schreiben ihre in der Geschichte noch fehlenden Voraussagungen für Gillian auf. Dabei müssen sie überlegen, was Vera noch über Gillian hätte erzählen können. Hilfe zum Gebrauch des *will future* finden die S in lif 8 und 9.

> Erweiterung:
> In Rollenspielen setzen die S folgende Situationen um:
> 1. *Vera tells Gillian about her future – but Gillian doesn't like what she hears.*
> 2. *Now Gillian tells Vera her fortune but Vera doesn't like that at all.*

## TB A3  Dreams of the future
**Sprechen/Schreiben** — TB, S. 57

Übung zum *will future*
- S lesen den Text TB A1 erneut und fügen die vorgegebenen Satzteile mündlich zusammen. Außerdem ergänzen sie Veras Zukunftswünsche.
- Mithilfe dieser Zusammenstellung von Sätzen im *will future* gestalten die S ein Merkposter zu lif 8 und 9. Die Regeln für die Bildung des *will future* können von den S selbst formuliert werden. Sie können sich aber auch verschiedene Bildchen für einzelne Satzelemente ausdenken und Regeln in Bildern aufmalen:

(He will fly to Jupiter.)

— TB, S. 140 Merkposter

## TB A4  Ideas about the future
**Sprechen** — TB, S. 57

S bilden mithilfe des Assoziogramms Sätze über ihre Zukunftsvisionen. Sie äußern Wünsche und Hoffnungen darüber, wie die Welt und ihr persönliches Leben in der Zukunft aussehen könnten. Diese mündliche Übung bereitet die Portfolio-Aufgabe (TB A7) vor.

## WB A2  What will life be like in a hundred years?
**Schreiben** — WB, S. 29

a) S halten ihre Zukunftsvisionen in Stichpunkten fest.
b) S diskutieren ihre Ideen mit einem/einer Partner/in.

> Erweiterung:
> *Picture dictionary*: In diesem Wettspiel spielen zwei Teams nach der Spielidee der Montagsmaler abwechselnd gegeneinander. L bereitet Karten mit Zukunftsvisionen vor. Ein Spieler aus Team A erhält eine Karte, die eine Situation in der Zukunft beschreibt. Sein Team muss dann innerhalb einer Minute anhand seiner Zeichnung an der Tafel erraten, was er in seiner Zukunft tun oder erleben wird. Das Team, das die meisten Begriffe errät, ist *future champion*.

— Kärtchen

## Lif 10  Fragen mit 'will'
— TB, S. 140

- Lesen der Erklärungen zur Fragebildung mit *will* und den Kurzantworten.
- S ergänzen ihr *will future* Merkposter (s. TB A3) mit entsprechenden Beispielen und evtl. auch mit Zeichnungen.

— Merkposter, bunte Stifte

## TB A5  Will I be rich?
**Sprechen** — TB, S. 58

Mündliche Übung zur Fragestellung in der Zukunft: *Will I …?*
- Die Übung sollte durch L vorbereitet werden, indem er/sie die Rolle des Fragenden übernimmt und ein/e leistungsstarke/r S in der Rolle des *fortune-teller* mit Kurzantwort reagiert.
- Mithilfe des *sentence switchboard* befragen sich die S in Partnerarbeit über ihre Zukunft.

Teil A **61**

**WB A3 YOUR future** — Schreiben — WB, S. 30
Festigungsübung zum *will future*
- S beantworten die Fragen über ihre Zukunft in ganzen Sätzen.

**WB A4 How much do you know?** — Schreiben — WB, S. 30f.
Festigungsübung zu allen bisher gelernten *short answers*
- S ordnen die Kurzantworten den entsprechenden Fragen zu. Die Übung kann mündlich vorbereitet werden. Lösungen: *Yes, they are./ No, she won't./ No, they don't./ No, he wasn't./ No, she isn't./ Yes, he has./ I don't know./ Yes, I think they did./ Yes, I think you can./ Yes, I think they will./ Yes, they do.*

Anwenden der Frageform des *will future*
- S lesen die beiden Rap-Verse rhythmisch und klatschen dazu – erst gemeinsam, dann abwechselnd. Den dritten Vers vervollständigen sie und dichten einen vierten nach der Vorlage. Diese Raps können auch Bestandteil der Portfolio-Kassette werden. — Kassettenrekorder

> Erweiterung:
> Die Klasse wird in zwei Gruppen geteilt. Die erste Gruppe liest den ersten Rap-Vers rhythmisch, danach antwortet die zweite. Einzelne Paare tragen dann ihre eigenen Verse vor.

Festigungsübung zum *will future*
- S schreiben mithilfe der vorgegebenen Wörter Frankensteins *"Horror-scope"* für die nächste Woche. Hier können fürchterliche Dinge prophezeit werden, wie z.B.:
*Love: You will meet a very ugly girl! You will be very frightened but you will be happy.*
*Money: You will lose all your money and you won't find it again.*
*Work: You will find a new job. You will be a teacher!*

> Erweiterungen:
> - S schreiben ein Horoskop oder ein *"Horror-scope"* für ihre/n beste/n Freund/in.
> - L stellt der Klasse mithilfe der Folie 9 die englischen Sternzeichen vor: *Libra* ['liːbrə] – Waage; *Scorpio* ['skɔːpɪəʊ] – Skorpion; *Sagittarius* [ˌsædʒɪ'teərɪəs] – Schütze; *Capricorn* ['kæprɪkɔːn] – Steinbock; *Aquarius* [ə'kweərɪəs] – Wassermann; *Pisces* ['paɪsiːz] – Fische; *Aries* ['eəˌriːs] – Widder; *Taurus* ['tɔːrəs] – Stier; *Gemini* ['dʒemɪnaɪ] – Zwillinge; *Cancer* ['kænˌsə] – Krebs; *Leo* ['lɪːəʊ] – Löwe; *Virgo* ['vɜːˌgəʊ] – Jungfrau.
>   – Quiz: Ein S nennt seinen/ihren Geburtstag, die anderen das passende Sternzeichen.
>   – Die S sammeln sich in Gruppen mit gleichem Sternzeichen und finden heraus, ob das Horoskop auf ein Gruppenmitglied zutrifft.
>   – S schreiben ein Fantasie-Horoskop für eine/n Partner/in.
> - L verteilt Briefumschläge an die S und fordert sie auf, ihre Vorsätze für die nächste Woche auf ein Blatt Papier zu schreiben, z.B.: *I will go to bed early. I will clean my bike. I will make breakfast for my mum.* Die S geben ihre Blätter im verschlossenen Briefumschlag an L. Diese/r gibt sie nach Ablauf der nächsten Woche zurück. Die S können dann überprüfen, ob sie ihre Vorsätze auch umgesetzt haben. — Briefumschläge

**WB A5 Planet Mega X** — Lesen — WB, S. 32
In diesem *science fiction* Lesetext lernen die S das Leben auf dem Planeten Mega X im Jahr 3001 kennen. Der Lerntipp weist darauf hin, dass unbekannte Wörter aus dem Kontext erschlossen werden können. Viele der neuen Vokabeln dürften keine Schwierigkeiten bereiten, da sie sehr ähnlich wie die deutschen Wörter klingen (z.B. *planet, automatic, robot, pill, program*). Je nach Neigung bearbeiten die S anschließend eine der drei Aufgaben.

**TB A6 Fortunes** — Schreiben/Lesen/Sprechen — TB, S. 58
Übung zur Meinungsäußerung: einer Sache zustimmen bzw. sie ablehnen
- S arbeiten in Vierergruppen: Jede/r S schreibt für die anderen Mitglieder seiner/ihrer Gruppe eine Voraussage (s. Beispiel). Danach erhält jede/r S die Voraussagen mit seinem/ihrem Namen. Er/sie liest die einzelnen *fortunes* vor und stimmt zu oder begründet, warum er/sie diese ablehnt.

| | | | |
|---|---|---|---|
| **TB A7 YOUR future** | | **Schreiben/Malen** | TB, S. 58 |

S schreiben einen Text im *will future* über ihre Zukunft. Diese Aufgabe wurde bereits durch die Übungen WB A2 und TB A4 vorbereitet.

- In Form eines *brainstorming* sammeln die S zunächst Ideen, was in ihrer Zukunft anders sein wird. Impuls: *What will the future be like?* L hält die Ideen zu Obergriffen wie *friends, free time, school, job, love, money, the world* auf Folie oder an der Tafel fest. — *Projektor, Folie*

- Anschließend verfassen die S Texte über ihre Zukunftsträume und illustrieren diese mit Zeichnungen oder Bildcollagen. — *bunte Stifte*

**TB A8 Games** — **Sprechen** — TB, S. 59

*Revision exercise* zum *present progressive*
Impuls: *What can you do on a rainy afternoon?*

- L schreibt das Wort *games* in die Mitte der Tafel, S ergänzen die *mind map*.

- S ordnen die Spiele den Lehrbuchfiguren zu und bilden Sätze im *present progressive*. Lösungen: *Charlie is throwing a beermat./Gillian is throwing a feather./Vera is playing bingo./David is making a snake out of newspaper./Susan is saying tongue-twisters./Karim is building a house of cards.*

**WB A6 Tricky tongue-twisters** — **Lesen/Sprechen** — WB, S. 33

Übung zur Ausspracheschulung

- S sprechen die *tongue-twisters* so schnell wie möglich. Wer schafft es fehlerfrei? *Who can do the tongue-twisters without making mistakes?*

- Die S nehmen die *tongue-twisters* auf ihre Portfolio-Kassette auf. — *Kassettenrekorder*

**TB A9 Ready! Steady! Go!** — **Lesen/Sprechen** — TB, S. 59

Spiel zur Reaktivierung von Wortfeldern

- Die Klasse wird in zwei Gruppen geteilt. Ein/e S ist Quizmaster und notiert die Punkte für jedes richtige Wort an der Tafel, ein/e andere/r ist Zeitnehmer. Jedes Team hat 30 Sekunden Zeit, um möglichst viele Wörter zu einem Wortfeld zu nennen. — *Stoppuhr*

**TB A10 An invitation to play** — **Sprechen** — TB, S. 59

Reaktivierung der Redemittel, um Vorschläge zu machen bzw. abzulehnen.

- Mithilfe der Redemittel entwickeln die S in Partnerarbeit einen Dialog und spielen ihn mit verschiedenen Spielvorschlägen durch.

**WB A7 Sounds** — **Sprechen** — WB, S. 33

Übung zur Unterscheidung der *th*-Laute

- S ordnen die Wörter dem entsprechenden Laut zu.
  Lösungen: [θ] *think; thing; thanks, Thursday; through; teeth*
  [ð] *the; this; they; their; mother; together*

**WB A8 Fast-spelling championship** — **Sprechen** — WB, S. 33

Festigungsübung zum Buchstabieren

- S buchstabieren die Wörter so schnell sie können. Die Übung sollte wettkampfmäßig durchgeführt werden: Die Klasse wird in zwei Gruppen geteilt (*Tigers against Lions*). Jeder buchstabiert gegen jeden in seiner Gruppe; Sieger ist, wer richtig und am schnellsten buchstabiert. Die Gruppensieger buchstabieren am Ende gegeneinander. — *2 Stoppuhren*

- S schreiben weitere lange Wörter zum Buchstabieren auf.

# Dreams Teil B

| Medium | Nummer | Seite | Titel | Fertigkeit | Zusatzinfo |
|---|---|---|---|---|---|
| TB<br>CD<br>Folie 10 | B1 | 60 | The big hero | Hören/Lesen | Festigung des *will future* |
| TB | B2 | 61 | David's dreams | Sprechen/Schreiben | *note-taking* |
| WB | B1 | 34 | David's dreams | Schreiben/Lesen | Textverständnis |
| WB | B2 | 34 | My spaceship | Hören/Malen | Hörverstehen auf CD (Fantasiereise) |
| WB<br>✶☾☀ | B3 | 34/35 | Dreams of the future | Schreiben/Sprechen | Wortschatz: *jobs*; kreatives Schreiben |
| TB<br>Portfolio | B3 | 61 | YOUR hero | Schreiben | Poster oder Text erstellen |
| TB | B4 | 62/63 | Robin Hood | Lesen | Comic |
| WB<br>✶☾☀ | B4 | 36/37 | Robin Hood, the hero | Lesen/Schreiben | Textverständnis |
| TB | B5 | 63 | Who did what? | Lesen | Textverständnis (Adverbien rezeptiv) |
| WB | B5 | 37 | Adjectives | Schreiben | Personenbeschreibung |
| TB | B6 | 63 | Keywords | Schreiben | *note-taking* |
| TB | L&L 3 | 63 | Robin Hood | | |
| WB | B6 | 38 | Adverbs | Schreiben | Adverbien (lif 11) |
| ☀ | | | | Schreiben | *adverb or adjective?* |
| TB<br>✶☾☀ | B7 | 64 | The story | Sprechen/Schreiben | Textauswertung |
| TB<br>copy 13<br>copy 14f. | B8 | 64 | Choose an activity | Sprechen/Schreiben/ | Neigungsdifferenzierung (Hörspiel, Verfassen eines Textes, Poster, Recherche, Malen) |
| WB | B7 | 38 | What is it? | Lesen | Wortschatz; einsprachige Worterklärungen |

Die grau unterlegten Felder stellen das Pflichtpensum dar, die weißen die Kür.

**Teil B:** • Vorbilder beschreiben
• Meinungen begründen

**TB B1    The big hero**            Hören/Lesen            TB, S. 60

S dieser Altersstufe suchen sich Vorbilder wie Stars aus der Musikszene, dem Film oder dem Sport, die sie bewundern und mit denen sie sich identifizieren können. Sie versuchen, alles über ihr Idol zu erfahren und manche kopieren „ihren Star" auch in seinem/ihrem Aussehen. Dennoch fällt es den meisten S schwer, ihre Vorlieben oder Gefühle offen vor der Klasse zu äußern, da sie befürchten, von anderen belächelt zu werden. Deshalb fällt der Einstieg in diese Thematik leichter, wenn eine andere Person (in diesem Fall David) von ihren Träumen und Vorstellungen berichtet.

- L legt Folie 10 auf: *Look at David. He's dreaming about his future. What will he be when he grows up?*
  S versprachlichen die Bilder: *A cowboy!/He'll live in America./He'll be a cowboy and ride a fast horse./He'll fly to Mars./He'll be famous./He'll be Robin Hood./He'll help poor people./He'll be Tarzan./He'll live in the jungle …*
  L hält die Hypothesen der S an der Tafel fest: *David will be: …*            Tafel

- S hören die CD bei geschlossenem Buch und finden heraus, ob sich ihre Vermutungen bestätigen. L notiert Davids Zukunftswünsche an der Tafel:
  *1. Tarzan; 2. a cowboy; 3. an astronaut; 4. Robin Hood; 5. a sportsman.*
  L hält auch fest, was S außerdem noch verstanden haben.

**TB B2    David's dreams**            Hören/Lesen/Schreiben            TB, S. 61
Übung zum *note-taking*

a) Wiederholtes Hören der CD bei geöffnetem Buch; S lesen mit und suchen *keywords* zu Davids Träumen. Ein/e S ergänzt das Tafelbild durch ein Stichwort und gibt dann die Kreide an den/die nächste/n S weiter, der/die ein weiteres Wort unter das entsprechende Stichwort an die Tafel schreibt.

b) Mithilfe der Redemittel aus dem Buch und ihren *keywords* sprechen die S über Davids Träume.

c) L zeigt ein Kinderbild von sich. Die S sollen raten, wer die abgebildete Person ist und wie alt sie sein könnte. Danach erzählt L, was er/sie einmal werden wollte. Anschließend leitet L über zu den Schülerwünschen: *And what about you? Will you be an astronaut? Why? Why not? What will you be when you grow up? Why?*
Mögliche Schüleräußerungen könnten sein:
*I will be a model because I like nice dresses./… I like money./… I want to be famous.*            Foto

- Die auf Folie 1 aus **Notting Hill Gate 1** dargestellten Berufe geben weitere Impulse.            Projektor

**WB B1    David's dreams**            Schreiben/Lesen            WB, S. 34
Übung zum Textverständnis

- S korrigieren die vorgegebenen Sätze und benutzen das *will future*.
  Lösungen: *… a lot of comics./… in the jungle./No, he won't. He thinks he will be a cowboy./No, he won't. He thinks he will be the first man on Jupiter./No, he won't. He will ride his horse and win the race.*

**WB B2    My spaceship**            Hören/Malen/Schreiben            WB, S. 34
Hörverstehensübung (Fantasiereise)

> **Fantasiereisen** lassen sich am besten mit geschlossenen Augen und in entspannter Haltung still verfolgen. Diese Art der Aufnahme von Sprache fördert das Globalverständnis – eine wichtige Lerntechnik im Umgang selbst mit schwereren Texten.
> Damit das stille Rezipieren und Erleben nicht durch Einzelne gestört wird, die die Situation nicht aushalten können, muss vorher geklärt werden, dass sie aussteigen dürfen, allerdings ohne die anderen zu stören. Wird den S der Zweck derartigen Sprachlernens erläutert, sind meist viel mehr Kinder zu diesem „Experiment" bereit.

Teil B

- S hören die Fantasiereise von der CD (Der Hörtext enthält einige Pausen, die Freiraum für die Fantasie der Kinder geben. Je nach Konzentrationsvermögen der Lerngruppe können diese Pausen durch L entsprechend verlängert werden.)
  L: *Close your eyes, rest your heads on your arms and listen.*

  Der Hörtext lautet:

  *Be very quiet. Close your eyes and listen.*

  *Imagine that you leave the room and go outside. Now you are in front of the school. There you can see a spaceship. It is YOUR spaceship. You planned it. You get inside and get ready for the countdown … Ten – nine – eight – seven – six – five – four – three – two – one – zero – take off! You're flying higher and higher, higher than the clouds, higher, higher …*
  *You look out of the windows of your spaceship. You can see the earth – a blue ball. And you can look around at hundreds of stars and planets. Where do you want to land? Find a landing place on one of the planets for your spaceship. Perhaps you are the first astronaut on this planet. You walk around and look at everything. What do you find? Who lives on this planet? What do they look like? Perhaps you can talk to them. Your new friends show you around. What do they show you? Where do they live? What do they eat? How do they speak? What can you hear? What can you smell? You have two minutes to look at everything. Then I'll call you back to earth.*
  *Say goodbye to your new friends now. Get back into your spaceship. Fly back to earth … It's coming closer and closer … Now you are flying through the clouds again … You can already see your house and your school.*
  *You are landing. Come back with me into the classroom.*

  *Open your eyes. Don't talk. Now you have time to draw and write about your trip as an astronaut.*

- Anschließend malen die S ein Bild zu ihrer persönlichen Fanatasiereise. Sie stellen ihre Bilder vor und erzählen: *People on my planet are green and very small. They live in … They eat and drink …*

- **Diff.** Für lernschwächere S gibt L ein Sprachvorbild, indem er/sie über das Leben auf seinem/ihren Planeten erzählt.

**WB B3   Dreams of the future**                 Schreiben/Lesen                 WB, S. 34f.
Festigungsübung zum Wortfeld *jobs* und *will future*

- ★ S schreiben die Berufswünsche der abgebildeten Kinder in die Sprechblasen.
  Lösungen: *One day I'll be a policeman./When I grow up I'll be a tennis player./One day I'll be a detective./When I grow up I'll be a teacher.*

- ☾ S finden die zwölf Berufe im Buchstabenraster.
  Lösungen: *stuntman; quizmaster; detective; pilot; juggler; teacher; reporter; film star; newsreader; astronaut; boxer; keeper;* Lösungswort: *disc jockey.*

- ☀ S füllen die Sprechblasen des *comic strip* so aus, dass eine Geschichte entsteht. (Cheetah kann selbstverständlich sprechen!)

**TB B3   YOUR hero**                 Sprechen/Schreiben                 TB, S. 61
- S erhalten den Auftrag, ein Bild ihres Idols mitzubringen und ca. zehn Sätze mündlich über ihr persönliches Vorbild vorzubereiten: *His/her name/Where does he/she live?/What does he/she look like?/ Why is he/she famous? What does he/she do?/Why do you like him/her? …*

- **Diff.** Zu Beginn der Stunde erzählt zuerst L über seinen/ihren *favourite star* (Sprechvorbild), zwei freiwillige S berichten über ihre Vorbilder. Im Anschluss stellen die Mitschüler/innen Fragen zu den vorgestellten Personen. Damit sich ein echtes Gespräch (s. TM S. 66) entwickelt, sollte sich der L mit Fragen und Meinungen immer wieder einbringen.

- S schreiben ein Porträt von ihrem/ihrer *hero/heroine* für das Portfolio. Sie orientieren sich dabei an der Buchvorlage und gestalten ihr „Fanposter" mit Bildern oder Zeichnungen.   *bunte Stifte, Kleber*

> Als Unterrichtseinstieg lassen sich *"small talks"* als Ritual zu Beginn einer jeden Englischstunde entwickeln, um die Sprechfertigkeit der S zu verbessern. Dazu wählt die Klasse in bestimmten Abständen ein Thema, über das in der nächsten Zeit gesprochen werden soll ( z.B. *Pets/My hobbies/My best friend/My family/My dream house/...*). Ein/e S bereitet das Thema vor (*Ten sentences about ...*), die anderen stellen Fragen. Zum Schluss sucht sich der/die vortragende S aus, wer als nächste/r zu diesem Thema sprechen soll. Die Klasse bestimmt, wann das Thema gewechselt wird. Aber: Jede/r kommt dran! Man sollte sich Zeit für diese *small talks* nehmen, da sich hieraus echte (authentische) Sprechsituationen entwickeln – denn die S stellen Fragen aus eigenem Interesse heraus. Außerdem muss spontan und unvorbereitet geantwortet werden. Wichtig ist die Beteiligung des L am Gespräch, um den S ein Gefühl der Ernsthaftigkeit und Echtheit zu vermitteln.

### Robin Hood im offenen Unterricht

Der Robin Hood Comic sowie eine Auswahl der dazugehörigen Übungen in TB und WB eignen sich für offene Formen des Unterrichts wie (Wochen-)Planarbeit und Freiarbeit (s. TM S. 10). Freie Arbeitsformen fördern das selbsttätige und selbstständige Lernen der S. Sie lernen, sich neuen Stoff allein, in Partner- oder Gruppenarbeit und unter Zuhilfenahme von Wortlisten, Wörterbüchern und Lösungsblättern zu erschließen. Bei Schwierigkeiten sollten die S aufgefordert werden, Informationen zuerst bei Mitschülern, dann in der Gruppe einzuholen (Helfersystem), erst zum Schluss darf L befragt werden (Förderung der Lernerautonomie). Durch Einreichen von Arbeitsblättern und Kontrollmöglichkeiten über Lösungsblätter erhalten die S ein Feedback zu ihren Arbeiten.

Eine Erarbeitung dieser Unterrichtseinheit sollte die Bestandteile TB B4, WB B4, TB B6, Land und Leute, TB B7 und B8 sowie die *Copymaster 13-15* umfassen. Die Grammatik (TB B5) sollte in diesem Lernzusammenhang nicht thematisiert werden. Die Bildung der Adverbien der Art und Weise (lif 11) kann im Anschluss aufgegriffen und mithilfe von WB B5 und B6 gefestigt werden.

Die folgenden methodisch-didaktischen Hinweise entwerfen ein Modell für eine Planarbeit zum Thema Robin Hood. L erläutert den S zunächst die neuen Arbeitsformen und fordert sie auf, einen persönlichen Arbeitsplan (*work plan* von *Copymaster 27*) aufzustellen. L macht evtl. Vorgaben für Pflicht- und Wahlaufgaben. Das Muster eines ausgefüllten Auftragsbogens (*Copymaster 28*) veranschaulicht, wie der Arbeitsplan eines/r S zur (Wochen-) Planarbeit aussehen könnte.

Außerdem kann im Klassenzimmer ein großes Wandposter aufgehängt werden, auf dem die S ihre Namen in die linke Tabellenspalte eintragen. In der Kopfzeile sind die einzelnen Aufgaben eingetragen. Hat ein/e S eine Aufgabe erledigt, hakt er/sie diese dort ab. So erhält die Klassengemeinschaft einen Einblick, was um sie herum alles passiert.

Für das Vorhaben sollten sechs Unterrichtsstunden eingeplant werden.

Zum Abschluss stellen die Schülergruppen die Arbeitsergebnisse aus dem Bereich der *Choose an activity*-Aufgaben der Klasse vor. Dafür sollte eine Schulstunde zur Verfügung stehen, damit die Ergebnisse von der Klasse hinreichend gewürdigt werden können. Geschichten, *wanted poster*, Internet Infos usw. werden im Portfolio abgeheftet.

### TB B4   Robin Hood   Lesen
*TB, S. 62f. Wörterliste, Dictionary*

- Der Comic kann mithilfe der chronologischen Wörterliste und des *dictionary* selbstständig von den S erschlossen werden. Er enthält keine schwierigen Satzkonstruktionen. Das Adverb, das hier erstmalig erscheint, muss von den S nur lexikalisch verstanden werden.

- Auch beim Vokabellernen ist der Austausch innerhalb der Lerngruppen gefragt. Die S tauschen ihre Erfahrungen aus und probieren die Lernmethoden der anderen aus. Die Lerntipps im Vokabelanhang geben zahlreiche Anregungen.

*Lerntipps im Vokabelanhang*

### Land und Leute 3: Robin Hood
*TB, S. 63*

Der Text bietet grundlegende Informationen über diese englische Sagenfigur. Die S haben sicherlich schon einen der vielen Robin-Hood-Filme gesehen, über die sie berichten können. Darüber hinaus findet man im Internet unter **www.diesterweg.de** Links zu landeskundlich relevanten Themen.

Teil B

| WB B4 | Robin Hood, the hero | Lesen/Schreiben | WB, S. 36f. |

Textverständnis zu TB B4

- S lesen die Sätze und bringen die Geschichte durch Nummerieren in die richtige Reihenfolge. Lösungen: 5; 10; 8; 3; 1; 9; 7; 2; 6; 4.

- S vervollständigen Maid Marians schwärmerische Erzählung über Robin Hoods Heldentaten im *simple past*. Lösungen: *helped; stole; heard; went; took; met; told; was; caught; gave.*

- S bilden Fragen zu vorgegebenen Antworten.
  Lösungen: *Why did Robin and his men catch the Sheriff easily?/Why did Robin Hood give the old woman some money?/Why did the Sheriff take the old woman's dress?/Why did the woman tell Robin Hood about the Sheriff?/Why did everyone laugh about the Sheriff?*

Ihre Arbeitsergebnisse vergleichen die S zunächst in Partnerarbeit. In Zweifelsfällen können sie in einem vom L bereitgestellten Lösungsblatt nachlesen.

*Lösungsblatt*

| TB B5 | Who did what? | Sprechen | TB, S. 63 |

- Die S finden aus TB B4 heraus, auf wen die einzelnen Tätigkeitsbeschreibungen zutreffen und setzen diese Person anstelle des Personalpronomens ein.
  Lösungen: *1. The farmer shouted loudly./2. The Sheriff of Nottingham rode away fast./ 3. Robin Hood and his men caught the Sheriff easily./4. Robin Hood and his men laughed loudly./5. The Sheriff of Nottingham shouted angrily./6. The Sheriff of Nottingham rode home quickly./7. The farmer took the money happily./8. Everyone laughed happily.*

- L schreibt die genannten Adverbien an die Tafel und fordert die S auf: *What's different about the words?* S markieren die *ly*-Endungen mit farbiger Kreide, nur *fast* bleibt als Besonderheit stehen. Danach ergänzen die S die entsprechenden Adjektive zu den Adverbien.

*Tafel*

- Die S beschreiben das Phänomen der Adverbien und versuchen, eine Regel zu formulieren. Anschließend informieren sie sich allein oder mit einem/einer Partner/in über den Gebrauch und die Bildung der Adverbien der Art und Weise (lif 11). Sie berichten auf Deutsch, was sie herausgefunden haben.

*TB, S. 141*

- Die Übung kann von lernstärkeren S unter Hinzuziehung von lif 11 auch allein im Rahmen des Projekts erfüllt werden.

Erweiterung:
Pantomimespiel: L schreibt auf Kärtchen Tätigkeiten verbunden mit einem passenden Adverb. Ein/e S zieht ein Kärtchen und mimt die Tätigkeit, die darauf steht, die anderen müssen sie erraten: Karte: *Play football happily!* S erraten: *You play football happily!* Der/die S, der/die richtig erraten hat, darf die nächste Karte ziehen. Das Spiel kann auch in Teams gespielt werden. Weitere Beispiele für Tätigkeiten: *Eat a sandwich very fast! Do your homework slowly! Laugh loudly about the teacher! Run quickly out of the room! Dance rock'n'roll terribly! Play the guitar beautifully! Walk around the classroom carefully! Shout at a boy angrily! Ride away quickly/fast! Read the story quietly! Work hard! Clean the board slowly! Sing terribly! Speak to a girl/boy loudly!*

| WB B5 | Adjectives | Schreiben | WB, S. 37 |

a) S ordnen die Adjektive den Personen zu und bilden mündlich Sätze zu den Personen unter Verwendung der passenden Adjektive: *I think the Sheriff of Nottingham is terrible because he steals money from the poor people.*

b) Anhand ihrer Wörtersammlung schreiben sie eine Charakterbeschreibung ihrer Lieblingsfigur.

Erweiterung:
Die S vertiefen die Wortschatzarbeit durch ein Bingospiel. Sie tragen ihre Auswahl von neun Adjektiven in ihr Bingofeld ein. Adjektive werden auf kleine Zettel geschrieben und in einem Karton gesammelt. Der Reihe nach ziehen einzelne S einen Zettel und lesen das Adjektiv darauf vor. Die erste Dreierreihe gewinnt.

*Kärtchen, Karton*

| | | |
|---|---|---|
| **TB B6    Keywords** | **Schreiben** | *TB, S. 63* |

Die S notieren Stichworte zu den einzelnen Comic-Bildern. Mit einem/einer Partner/in oder in einer Gruppe versprachlichen sie die Geschehnisse auf den einzelnen Bildern abwechselnd. Die mithilfe von Notizen entstandene Nacherzählung kann der Klasse vorgetragen werden oder auch auf Kassette aufgenommen werden.

*Kassettenrekorder*

| | | |
|---|---|---|
| **WB B6    Adverbs** | **Schreiben** | *WB, S. 38* |

S ergänzen die vorgegebenen *adverbs of manner* im Lückentext.
Lösungen: *quietly; loudly; carefully; quickly; fast; hard; easily; happily.*

- S ergänzen Adjektive bzw. Adverbien im Lückentext. Die Erklärungen zum Gebrauch von Adjektiven und Adverbien können sie in lif 11 noch einmal nachlesen.
  Lösungen: *well; loudly; quietly; angrily; slowly; fast; loud; terribly; good; happy; loudly.*

| | | |
|---|---|---|
| **TB B7    The story** | **Sprechen/Schreiben** | *TB, S. 64* |

Textverständnis zu TB B4

- S bringen die aus dem Kontext gelösten Äußerungen in die chronologische Reihenfolge des Comic und finden heraus, wer diese Sätze sagt.
  Lösungen: 3. "He's got all the money for our corn," said the farmer./5. "I'll get that money back for you," said Robin Hood./6. "Give me your dress, old woman," said the Sheriff./ 2. "He's in the forest now," said the old woman./1. "You stole this money from my friend," said Robin Hood./4. "I'll catch him and then he'll hang," said the Sheriff.

*Lösungsblatt*

- Perspektivwechsel: Am Abend berichtet Robin Hood seinen Männern von den Ereignissen des Tages. Die Illustration und der vorgegebene Geschichtenanfang vermitteln den S die Atmosphäre für diese Erzählung. Diese Aufgabe lässt sich auch als Rollenspiel, bei dem die Zuhörer Robin Hood immer wieder mit neugierigen Fragen unterbrechen, darstellen.

- S erzählen die Geschichte von Robin Hood aus dem Gedächtnis nach. Ihre Notizen aus TB B6 können sie dabei selbstverständlich zu Hilfe nehmen.

| | | |
|---|---|---|
| **TB B8    Choose an activity** | **Sprechen/Lesen/Schreiben/Malen** | *TB, S. 64* |

Je nach Interesse und Neigung wählen die S eine Aufgabe aus, die sie allein, zu zweit oder in einer Gruppe bearbeiten.

1. Die Robin Hood Geschichte des Comic wird von einer Schülergruppe als Hörspiel vertont. Dazu benötigen sie eine/n Erzähler/in, der/die evtl. auch einzelne Szenen über die Vorlage von TB B4 hinaus kommentiert, und verschiedene Sprecher/innen. Einige S übernehmen die Aufgabe, für die passenden Geräusche wie Hufeklappern, Laubrascheln, usw. zu sorgen. Ein/e Toningenieur/in übernimmt die Arbeit mit dem Kassettenrekorder.

   *Kassettenrekorder*

2. Perspektivwechsel: Der Sheriff kehrt nach Nottingham zurück und erzählt seinen Soldaten von den Ereignissen des Tages. Allein oder in Partnerarbeit malen sich die S diese Situation aus. Sie überlegen, wie der Sheriff seine Heimkehr in Frauenkleidern erklären könnte, was er über den Farmer, die alte Frau und Robin Hood und seine Männer denkt. Dabei lassen sie ihrer Fantasie freien Lauf. Die Rede des Sheriff tragen sie der Klasse in Frauenkleidern vor.

   *Kleidungsstücke*

3. Auch für diese Aufgabe denken sich die S in den Sheriff herein. Sie überlegen, wie er Robin Hood beschreiben würde und fertigen ein *wanted poster* an.

   *DIN A3 Papier, bunte Stifte*

4. S stellen Recherchen über die Sagenfigur Robin Hood an. Dabei nutzen sie unterschiedliche Medien wie Bücher, Nachschlagewerke, Filme oder das Internet. Ihre Arbeitsergebnisse stellen sie der Klasse beispielsweise in Form einer Wandzeitung vor.

   *Bücher, Filme, Internet*

Teil B                                                                                                       ■ 69

| copy 13 | **Erweiterungen:** |
|---|---|
| | • S gestalten den Robin Hood Comic von *Copymaster 13* mit Sprechblasen oder Bilduntertiteln. |

• In Gruppen von 2-4 S spielen die S das *Robin Hood Game*. *Copymaster 14* kann auf festes Papier kopiert, ausgemalt und mit Klarsichtfolie überzogen werden. Die Ereigniskarten aus *Copymaster 15* können ähnlich präpariert und anschließend ausgeschnitten werden. Die S benötigen darüber hinaus Spielfiguren (*counters*) und Würfel (*dice*) sowie folgende Redemittel: *That's right/wrong. – Go on. – It's my/your turn.*
Spielanleitung: Die Ereigniskarten werden gut gemischt und mit der beschrifteten Seite nach unten als Stapel auf den Tisch gelegt. Die S würfeln der Reihe nach. Gelangen sie auf ein schraffiertes Feld, so müssen sie eine Ereigniskarte ziehen, diese laut vorlesen und die jeweilige Frage beantworten. Bei einer richtigen Antwort (Lösungsblatt kann von L bereitgestellt werden) dürfen die Spieler diejenige Anzahl Felder vorrücken, die auf der Ereigniskarte vermerkt ist. Bei einer falschen Antwort müssen sie die entsprechende Anzahl Felder zurückgehen. Da Robin Hood vor dem Sheriff und seinen Männern auf der Flucht ist, siegt derjenige Spieler, der zuerst das rettende Versteck im Wald erreicht.
Mögliche Lösungen: *1. green; 2. Sherwood Forest; 3. poor and old people; 4. Kevin Costner; 5. Maid Marian; 6. No, a bow and arrow; 7. the Sheriff; 8. Because they caught him in the old woman's dress; 9. … he had a fast horse; 10. corn; 11. Because he is her hero; 12. In Sherwood Forest; 13. some money/coins; 14. Because the Sheriff stole his money; 15. Little John; Friar Tuck; Richard the Lionheart; Maid Marian.*

Spielfiguren, Würfel

Lösungsblatt

**WB B7   What is it?**                                      **Lesen**                                  WB, S. 38
Wortschatzübung zu einsprachigen Worterklärungen
S kennzeichnen passende Definitionen und vergleichen anschließend ihre Ergebnisse in Partnerarbeit.
Mögliche Lösungen: *1. a game./2. a boy's name./3. a wild animal./4. 168 hours./5. mums and dads./6. a famous person./7. for your hands./8. a dialogue.*

## 3  Dreams

Teil C

| Medium | Nummer | Seite | Titel | Fertigkeit | Zusatzinfo |
|---|---|---|---|---|---|
| TB | C1 | 65 | Music | Sprechen/Schreiben | Wortfeld: *music* |
| TB CD | C2 | 65 | Buskers | Hören/Lesen | Lesetext |
| TB | C3 | 66 | Music words | Schreiben | *mind map* ergänzen |
| TB ☆☾☀ | C4 | 66 | Karim and Eddy's story | Lesen/Schreiben/Sprechen | Textverständnis |
| WB | C1 | 39 | Eddy | Lesen/Schreiben | Bandwurmtext entschlüsseln |
| WB | C2 | 39 | Eddy and Karim | Lesen/Schreiben | Konjunktionen |
| WB ☆ | C3 | 40 | Buskers | Lesen/Schreiben | Textverständnis |
| TB CD | C5 | 66 | What's the difference? | Hören | Hörverstehen auf CD |
| TB CD | C6 | 67 | Musical instruments | Lesen/Singen/Basteln | Einen Blues vertonen |
| TB | C7 | 68 | Pocket money | Sprechen/Schreiben | Eine Befragung durchführen |
| WB | C4 | 40 | David's jobs | Schreiben | |
| TB | C8 | 68 | Free time activities | Sprechen | *interested in/good at* |
| WB | C5 | 41 | Hobbies | Schreiben | |
| WB | C6 | 42 | Words | Schreiben | Wortschatz |
| TB Portfolio | C9 | 69 | Spotlight on | Lesen/Schreiben | *Me*-Text |

Die grau unterlegten Felder stellen das Pflichtpensum dar, die weißen die Kür.

Teil C **71**

**TeiL C:**
- **Ideen äußern**
- **Stärken und Schwächen ausdrücken**
- **Sagen, woran man Interesse hat**

---

**TB C1   Music**                                        Schreiben/Sprechen                              TB, S. 65
Reaktivierung des Wortfeldes *music*

- L schreibt das Wort *music* in die Mitte der Tafel, S rufen ihm Vokabeln zu, mit denen L die   *Tafel*
  *mind map* ergänzt. L: *What's your favourite word in the map? Make a sentence with it.*

- Alternative: L schreibt das Wort *music* verdeckt auf die beiden Rückseiten der Tafel, da-   *Tafel*
  runter eine dreispaltige Tabelle mit den Oberbegriffen *nouns, adjectives* und *verbs*. Die
  Klasse wird in zwei Teams geteilt, jedes Team versucht innerhalb von fünf Minuten möglichst viele Wörter in die Spalten einzutragen. Für jedes richtige Wort gibt es einen Punkt.
  Kann es zudem noch in einem Satz verwendet werden, gibt es einen weiteren Punkt für
  das Team. Gelingt dies nicht, erhält die Gegenmannschaft die Chance, einen Zusatzpunkt
  zu gewinnen.

- Alternative: Hier bietet sich auch ein *small talk* (s. TM S. 66) zum Thema *My favourite pop
  star/pop group* als Unterrichtseinstieg an.

- S übertragen die *mind map* bzw. die Tabelle in ihr Heft.

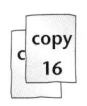

---

**TB C2   Buskers**                                         Hören/Lesen                                  TB, S. 65

*copy 16*
- L vervielfältigt *Copymaster 16* mit den Bildern der *Buskers* Geschichte, schneidet die Bilder
  einzeln aus und steckt sie in Briefumschläge (je zwei S erhalten einen Umschlag).   *Brief-*
  Impuls: *Make a story with the pictures in your envelope!* S legen die Bilder zu einer Geschich-   *umschläge*
  te zusammen. L: *Now tell the class your story!* Nach einer Vorbereitungsphase erzählen die
  Paare der Klasse ihre Bildergeschichte. Möglichst alle Paare sollten die Gelegenheit haben,
  ihre Version der Geschichte vorzutragen.

- L: *Now here is the story to the pictures. Listen and put the pictures in the right order.* L spielt
  die CD bei geschlossenen Büchern, S legen die Bilder in die richtige Reihenfolge. Sie
  erzählen, was sie zu den einzelnen Bildern von der Geschichte behalten haben. Auch die
  Frage *What is a busker?* wird thematisiert.

- Wiederholtes Vorspielen der CD bei geöffnetem Buch, S lesen mit und korrigieren evtl.
  ihre Bilderfolge.

- S kleben die Bilder auf, schreiben *keywords* oder Sätze zu den Bildern. Man sollte den S
  freistellen, auch die eigene Geschichte aufzukleben und zu ihrer Bilderfolge eine eigene   *Klebstoff*
  Geschichte zu schreiben. Die Bildgeschichte wird für den/die Partner/in kopiert, sodass
  beide sie in ihr Portfolio abheften können.

*Diff.*
- Leistungsschwächere S können die Sätze aus TB C4 den Bildern zuordnen und darunter
  schreiben.

- In Vierergruppen lesen die S die Geschichte mit verteilten Rollen (*speaker, Eddy, Karim,
  policeman*). Um S zu fehlerfreiem Lesen anzuspornen, sollte der Lesevortrag auf Kassette   *Kassetten-*
  aufgenommen und der Klasse/L vorgespielt werden (Benotung der Leseleistung wird so   *rekorder*
  für L und S objektiviert).

- Alternative: Die S können in kleinen Gruppen die Geschichte nachspielen. Vielleicht erfinden sie noch einige Personen dazu, wie etwa einen weiteren Freund oder erfreute bzw.
  schimpfende Passanten.

---

**TB C3   Music words**                                      Schreiben                                   TB, S. 66

a) S vergleichen ihre *mind map* aus TB C1 mit den *music words* aus der Geschichte. So wird
   ihnen bewusst, wie groß ihr Wortschatz in diesem Bereich bereits ist.

b) S ergänzen die neuen Wörter aus der Geschichte.

**TB C4   Karim and Eddy's story**   Schreiben/Lesen/Sprechen   TB, S. 66
Übung zum Textverständnis

- S bringen die Sätze in die richtige Reihenfolge und nennen das Lösungswort: *BUSKERS*.

a) S lesen TB C2 erneut und sagen, woran Karim und Eddy interessiert sind und was sie mögen: *Eddy is interested in ... Karim is good at ...*

b) S erzählen mithilfe der vorgegebenen Stichworte die Geschichte nach.

- S schreiben in Partnerarbeit den Dialog zwischen Karim und seinem Vater auf – Karims Äußerungen müssen dabei nicht unbedingt der Wahrheit entsprechen. Anschließend spielen sie ihn frei vor.

**WB C1   Eddy**   Lesen/Schreiben   WB, S. 39
S entschlüsseln den Bandwurmtext und schulen so Lesefertigkeit und Leseverstehen.
- In Partnerarbeit lesen sich S den Text gegenseitig so schnell wie möglich – aber dennoch fehlerfrei und ohne zu stocken – vor.

**WB C2   Eddy and Karim**   Schreiben/Lesen   WB, S. 39
S verbinden die vorgegebenen Satzteile mit den Konjunktionen *and, but, because, so*.
Lösungen:
*Eddy and Karim want to go to the cinema but they haven't got any pocket money left.*
*They decide to play music in Picadilly Circus so there they can collect some money.*
*They decide to play music in Picadilly Circus because they can collect some money.*
*Eddy and Karim like blues and rock'n'roll and they are interested in films, too.*
*The policeman tells them to leave because they haven't got a licence.*
*They walk down the street quickly and then Eddy counts the money.*
*They can see the film about Elvis and have an ice-cream, too.*

**WB C3   Buskers**   Schreiben/Lesen   WB, S. 40
Festigung der *why/because*-Verknüpfungen und des *simple present*.
- S beantworten *Why*-Fragen mit *because* im *simple present*. Die Übung sollte mündlich vorbereitet werden, um das *simple present* zu reaktivieren.
Lösungen: *1. Because he likes crazy hats./2. Because they want to see a film about Elvis./ 3. Because they want to collect money./4. Because they haven't got a licence./5. Because they have got/collected over ten pounds.*

**TB C5   What's the difference?**   Hören   TB, S. 66
Hörverstehensübung: *note-taking*
- S lesen den Anfang der Geschichte TB C2 *Buskers* noch einmal still für sich. Sie hören die CD, lesen mit und notieren sich anschließend die Unterschiede.

Der Hörtext lautet:

*Listen to a different beginning of the Buskers' story. Find the differences.*

*Karim and Eddy like music. They are interested in blues and <u>old songs</u>. <u>Eddy</u> plays the guitar well and <u>Karim</u> plays the comb and paper. Sometimes <u>he</u> sings loudly, too. Eddy likes crazy <u>T-shirts</u>. One day Karim and Eddy want to go to the <u>museum</u>. They want to <u>look at posters of</u> Elvis. Eddy hopes that later he will be <u>rich</u>, too. There is only one problem – they <u>have</u> got <u>too much</u> pocket money left. Suddenly Eddy has an <u>ice-cream</u>.*

**TB C6   Musical instruments**   Lesen/Singen/Basteln   TB, S. 67
Übung zum Leseverstehen   Bastelmaterial für Instrumente, Kassettenrekorder
- Gemeinsames Anhören und Mitsingen des Blues von der CD. Danach erarbeiten die S in Gruppenarbeit die Bastelanleitungen und stellen die Instrumente her. Sie üben den Blues ein und nehmen „ihre" Bluesversion auf Kassette auf.

Teil C 73

**TB C7 Pocket money**          Sprechen/Schreiben      *TB, S. 68*

Ein wichtiges Thema für die S ist ihr Taschengeld. Diese Übung kann als Anregung für ein Gespräch darüber dienen, wofür Taschengeld verwendet wird und wie man es aufbessern kann. Die Höhe des Taschengeldes sollte in dieser Diskussion keine Rolle spielen.

a) In Kleingruppen befragen sich die S reihum über ihr Taschengeld. Ein/e S hält die Ergebnisse der Befragung für die Gruppe fest. Die Gruppen vergleichen anschließend ihre Ergebnisse.

b) S sammeln mithilfe der Bildimpulse und des Wortmaterials Ideen, wie sie ihr Taschengeld aufbessern könnten.

- Alternative: S erarbeiten eine *mind map* zum Thema *pocket money* unter der Fragestellung: *What do you spend your money on?* Diese Frage wird in Form einer Schülerkette weitergegeben. L oder ein/e gute/r S schreibt die Stichworte an die Tafel. Dann werden die Bücher geöffnet und mithilfe der Bildimpulse und des Wortmaterials in TB C7b) wird die Frage *What do/can you do to earn some extra money?* mit einer erneuten Schülerkette beantwortet.

> Erweiterungen:
> - S bereiten einen *flea market* auf Klassenebene oder klassenübergreifend vor und versehen die Verkaufsgegenstände mit englischen Bezeichnungen und Preisen. (Sie können auch eine Umrechnungstabelle für Euro erstellen.)     *Flohmarktartikel*
> - S denken sich neue Produkte aus, durch deren Verkauf sie ihr Taschengeld aufbessern könnten. Ihre fantastischen oder futuristischen Erfindungen sollten einen hohen Marktwert bei ihren Mitschülerinnen und Mitschülern haben, wie z.B. Hausaufgabenmaschinen; Hamsterkäfig-Reiniger, usw. Ihre Ideen gestalten die S als Poster mit kleinen Erklärungs- oder Werbetexten.     *DIN A3 Papier, bunte Stifet*

**WB C4 David's jobs**          Schreiben      *WB, S. 40*

Festigungsübung zum *simple past*
- S beschreiben, womit David letzte Woche Geld verdient hat.
  Lösungen: *Last Tuesday he helped an old woman. He earned fifty pence./Last Wednesday he did a paper round. He earned four pounds./Last Thursday he worked in the garden. He earned two pounds./Last Friday he babysat/went babysitting. He earned three pounds./Last Saturday he counted his money. He had thirteen pounds and fifty pence.*

> Diff.    Die Übung kann mündlich vorbereitet werden.

**TB C8 Free time activities**          Sprechen      *TB, S. 68*

Sprechen über Interessen und Stärken: *interested in/good at*
a) S versprachlichen die Bilder nach dem vorgegebenen Beispiel. Die Strukturen werden nur imitativ verwendet. Lösungen:
   *Karim is interested in films./Gillian is good at cooking./Charlie is interested in goldfish./ Susan is good at drawing (pictures)./Vera is interested in books./David is good at riding.*

b) S stellen sich in Partnerarbeit Fragen zu ihren Interessen mithilfe der Redemittel aus dem Buch. Diese Übung kann auch in Form einer Schülerkette erledigt werden: *I'm interested in music. Holger, what are you interested in? I'm good at football. What are you good at, Sabine?* …

**WB C5 Hobbies**          Schreiben      *WB, S. 41*

Anwenden der Redemittel: *(not) interested in/(not) good at*
- S schreiben mithilfe der Bildlegende Sätze und verbinden positive und negative Aussagen mit *but* bzw. *and*.
  Lösungen: *David is interested in comics but he isn't good at writing letters./Karim isn't good at cooking but he is interested in music./Gillian is good at boxing but she isn't interested in tennis./The boys aren't good at playing basketball and they aren't interested in karate./The girl is interested in horses and she is good at riding.*

**WB C6   Words**  Schreiben  WB, S. 42
Übung zur Festigung des Wortschatzes
a) S schreiben den Oberbegriff zu der Wortkette.

b) S finden Wörter zu dem Oberbegriff.


**TB C9   Spotlight on**  Lesen/Schreiben  TB, S. 69
S lesen die drei *Spotlight on*-Texte still. Entsprechend ihrem persönlichen Leistungsniveau orientieren sich die S an einem der drei Texte und verfassen nach dieser Vorlage einen eigenen *Me*-Text.
- Die Texte werden eingesammelt, neu verteilt und vorgelesen. Die Mitschüler/innen erraten den/die Verfasser/in.

Erweiterung:
S schreiben ein *future poem* nach folgendem Schema:
When I grow up I will be …        (write what you will be)
When I grow up I will live in …   (write down the name of the country)
When I grow up …                  (write down the place you will live in)
When I grow up …                  (write about your family)
When I grow up …                  (write about your holidays)
When I grow up …                  (write about your feelings)


**TB Theme 3   detective page**  Schreiben/Sprechen  TB, S. 70
1) S finden die Gegensätze.
   Lösungen: *ugly – beautiful; bad – good; short – long; will – won't; boring – interesting; fast – slow; never – always; buy – sell; ask – answer; small – big.*

2) S schreiben ein Kurzporträt über ihre Lieblingsfigur aus *Theme 3*. Dabei thematisieren sie deren Zukunftsträume.

3) S schreiben alle englischen Wörter aus *Theme 3* heraus, die große Ähnlichkeit mit ihren deutschen Entsprechungen haben.
   Beispielsweise: *job, family, moon, dream partner, film star, team, seconds, idea, comics, westerns, the Wild West, science fiction, astronaut, land, Sheriff, music, blues, rock'n'roll, guitar, film, problem, licence, fantastic, balloon, finger, trumpet, millionaire.*

4) Revision exercise zu den Zeiten: *simple past, simple present, will future*.
   Lösungen:
   past: *How much did we collect?/The old farmer shouted for help loudly.*
   present: *David always reads a lot of comics./Eddy likes crazy cowboy hats.*
   future: *I won't marry anyone./I'll meet a tall dark handsome man.*

5) Wiederholungsübung zum *will future*. S arbeiten schriftlich allein oder mit einem/einer Partner/in und schreiben den Text mithilfe eines Spiegels auf. Es handelt sich um Veras Aussagen über ihre Zukunft aus TB C9.

   Lösungen: *I lived in Bayswater before I moved to Notting Hill a few weeks ago. Now I live near my friend Susan. When I grow up I'll have a budgie and I will live in an old house in a small village. I will meet a tall, blonde, handsome man and have four children. I will be a teacher and I will earn a lot of money.*


**Selbsteinschätzung**  WB, S. 42
Zum Abschluss von *Theme 3* füllen die S den Portfolio-Fragebogen „Lesen" aus.

Optional 2

# Optional 2: Ghost stories

In diesem *Optional* dreht sich alles um das Erzählen bzw. Schreiben von Geistergeschichten. Der Lesetext (s. TM S. 25) *A ghost story* dient als Einstieg in die Thematik. Im Anschluss folgen Übungen, die die Bausteine einer Geschichte bewusst machen und so zur eigenen Textproduktion anleiten. In einer abschließenden Aufgabe setzen die S das Gelernte um.

**1. A ghost story**            Lesen/Hören           TB, S. 71
- Die S lesen den Text still und lassen sich von der Stimmung einfangen. Hier steht das sinnentnehmende Lesen im Vordergrund. Die S versuchen, unbekannte Vokabeln aus dem Kontext zu erschließen. Nach dem Lesen entscheiden sie, ob ihnen der Text gefallen hat.

*Diff.*    An die leistungsstarken S kann ein Arbeitsauftrag gegeben werden, sich schriftlich zum Gefallen oder Nichtgefallen zu äußern.
L: *What do you think about the story? Write some sentences. You can use the words: like/don't like, interesting, exciting, boring, spooky, frightening, strange, mysterious.*

- Damit den Zuhörern die gruselige Atmosphäre der Gespenstergeschichte vermittelt werden kann, muss sie entsprechend vorgetragen werden. Leistungsstarke S können versuchen, den Text abschnittsweise so vorzulesen, dass die Stimmung transportiert wird.

- Erst dann wird die CD eingesetzt und die Vorlesetechnik entweder bestätigt oder korrigiert. Nur wenn die S das Bedürfnis haben, sollte über den Textinhalt gesprochen werden (s. Aufgabe 2).

**2. How to plan a story**           Lesen           TB, S. 72
In dieser Übung wird mit Hilfe von *Wh-questions* erarbeitet, wie man ein Gerüst für eine Geschichte aufbauen kann. Mithilfe der Fragen *when, where, who, what* kann auch der Lesetext analysiert werden. Die Stichworte im Buch vermitteln Wortschatz zum Thema *ghost stories*. Je nach Leistungsstand der S können die Listen im Klassenverband, in Gruppen-, Partner- oder Einzelarbeit erweitert werden.

**3. How to make your story interesting**     Lesen/Schreiben     TB, S. 72
a) Zwei S, die bei Aufgabe 1 schon durch eher sachliches bzw. sinngestaltendes Lesen aufgefallen sind, sollten die beiden unterschiedlichen Texte vorlesen. Dabei sollte besonders deutlich werden, dass die Verwendung von beschreibenden Adjektiven und Adverbien sinngestaltend auf den Text wirkt.
Die S erstellen eine Liste, die von den leistungsstarken S durch weitere Beispiele aus dem Lesetext *A ghost story* ergänzt werden kann.
Lösungen: *dark; cold; alone; warm; hard; difficult; interesting; …*

Die leistungsstarken S erkennen, dass es sich bei diesen Stimmungsträgern um Adjektive und Adverbien handelt (lif 11).

b) In Form eines *brainstorming* stellen die S eine Wortsammlung zum Thema *ghost stories* zusammen, indem sie die Listen zu den Bildern durch Adjektive und Nomen ergänzen. Die Wörter werden an der Tafel gesammelt, damit sie allen S zur Verfügung stehen. So festigen die S den ihnen zur Verfügung stehenden Wortschatz.     *Tafel*

*Diff.*    Leistungsstärkere S finden Alternativen für Verben, z.B.: *say, answer, whisper, shout, cry, …*

c) Diese Übung macht die sinngestaltende Wirkung der Adjektive deutlich. Die S verwandeln den schlichten Text schriftlich in eine gruselige Geschichte, indem sie ihn durch Adjektive ergänzen. Die sinngestaltende Wirkung der Adjektive und Adverbien kann durch eine Gegenüberstellung der beiden Texte (vorher – nachher) deutlich gemacht werden. Anschließend lassen die S ihrer Fantasie freien Lauf und schreiben ein spannendes Ende zu dieser Geschichte (evtl. begrenzt L die Anzahl der Sätze).

*Diff.*    Leistungsschwache S sollten bei dieser Übung durch die stärkeren in Partner- oder Gruppenarbeit unterstützt werden.

**4. How to read a story to your class**      **Lesen/Hören**      *TB, S. 73*

a) Hier geht es um sinngestaltendes lautes Lesen als Vorstufe zum freien Sprechen in kleinen Theaterrollen. Der kurze Lesetext wird von jeweils drei S auf Kassette gesprochen. Um zu zeigen, welche Wirkung die „Regieanweisungen" im Text haben, können einige Lerngruppen neue Anweisungen erhalten: „Sprecht den Text betont langweilig, zu langsam, zu schnell, genau gegenteilig zu den Anweisungen."     *Kassettenrekorder*

b) Hörverstehen auf CD
Die S hören die Sprechbeispiele von der CD. Anschließend beschreiben sie mithilfe der vorgegebenen Verben und Adverbien, wie die Leute gesprochen haben. Darüber hinaus können die S auch Vermutungen über die Stimmung und den Ort des Geschehens äußern. Listen to these people. How are they talking? Mögliche Lösungen: *1. A man is shouting excitedly. (at a football match) "Oh yes, fantastic! It's a goal." 2. A woman is whispering angrily. (in a cinema) "Hush. Stop talking. The film's starting." 3. A man is talking/asking loudly. (in a busy street) "Excuse me, where is the library?" 4. A man and a woman are speaking quietly. (in a museum) "Oh, that's a wonderful picture." 5. A woman is speaking quickly. "Oh dear, is that the time? I'm late. I must go. I'm very sorry!" 6. A man is shouting angrily "How dare you?! That's a terrible thing to do!"*

**5. YOUR story**      **Lesen/Schreiben/Sprechen/Malen**      *TB, S. 73f.*

Je nach Neigung oder Leistungsfähigkeit wählen die S eine der vier Aufgaben aus. Dazu lesen sie zunächst die Anweisungen zu den sehr unterschiedlichen Anforderungen, klären offene Fragen und treffen schließlich eine Entscheidung.

1) Hier ist der Beginn der Geschichte vorgegeben. Mithilfe der drei Fragen überlegen die S, wie die Geschichte fortgesetzt werden könnte. Der Tipp verweist noch einmal auf die *Wh-questions*, die helfen, ein Gerüst für die Geschichte aufzubauen. Die Geschichte, evtl. mit gekürzter Einleitung, wird geschrieben, illustriert und ins Portfolio geheftet.

2) Mithilfe von Folie 11 wird das mündliche Erzählen einer Gruselgeschichte geübt. Die S beschreiben, was auf den Bildern geschieht, denken sich einen Titel aus und erarbeiten das Ende der Geschichte. Um die Geschichte vortragen zu können, benötigen die leistungsstarken S nur Stichwörter. Für leistungsschwache S ist das *note-taking* in ganzen Sätzen sicherlich eine Hilfe. Die S nehmen ihre Geschichten auf die Portfolio-Kassette auf und spielen sie der Klasse vor. Dabei ist es vor allem spannend zu hören, wie viele unterschiedliche Geschichten sich aus den Bildern und der Fantasie der S ergeben.     *Kassettenrekorder*

3) Die S sammeln charakteristische Stilelemente einer Gespenstergeschichte und setzen sie zeichnerisch um. Sie gestalten ein Spukhaus, kopieren dies auf Folie und teilen den anderen S mit, was sich an gruseligen Elementen wo in ihrem Haus befindet.     *Folienkopie*
Wenn sie ihr Spukhaus entsprechend beschriften, kann dieses *picture dictionary* ins Portfolio geheftet werden.

4) Der Beginn der Geschichte, diesmal aus der Perspektive des geplagten Geistes, ist vorgegeben. Die S entscheiden sich für eine der vier in Stichwörtern angedeuteten Fortsetzungen oder finden ein eigenes Ende zu der Geschichte. Sie schreiben die komplette Geschichte auf, illustrieren sie und heften sie ins Portfolio.

---

**Erweiterungen:**

- Da bei den Geistergeschichten das mündliche Erzählen im Vordergrund steht, bietet es sich an, eine *ghost story cassette* der Lerngruppe zu erstellen. Um *special effects* zu erzeugen, sollte man die S mit verschiedenen Materialien experimentieren lassen, z.B. erhält man ein Regengeräusch, indem man Zucker auf Pergamentpapier rieseln lässt.     *Kassettenrekorder*

- Der Stammbaum von *Copymaster 17 A family of ghosts* wiederholt mit einer Leseverstehensübung das Wortfeld *family*. Der Stammbaum regt vielleicht auch zum Schreiben einer ausgefallenen Familiengeschichte an.

- Durch die Beantwortung der Fragen von *Copymaster 18* erhalten die S eine Geistergeschichte über *Spookington Castle*.

- Kleine *drama groups* können die Gespenstergeschichten einstudieren und vorführen. Eine gruselige Stimmung lässt sich beispielsweise gut in einem Schattenspiel umsetzen.     *Bettuch, Lampe*

- Die Gespenstergeschichten der S lassen sich in einem von den S gestalteten *ghost story book* zusammenfassen. Dieses Projekt ist auch fächerübergreifend denkbar. Im Kunstunterricht können die S ihre Texte mit entsprechenden s/w-Zeichnungen illustrieren.

# Celebrations Teil A

| Medium | Nummer | Seite | Titel | Fertigkeit | Zusatzinfo |
|---|---|---|---|---|---|
| TB | A1 | 76 | Do you remember? | Sprechen | Einstieg in das Thema |
| WB | A1 | 43 | Interviews | Sprechen/Schreiben | Eine Befragung durchführen/auswerten |
| WB | A2 | 43 | Happy New Year! | Lesen/Schreiben | *revision: will future* |
| TB | A2 | 77 | Getting ready for Diwali | Lesen | Zusatzinformationen: Neujahrsfeste in GB |
| TB ★☾☀ | A3 | 78 | New Year | Sprechen/Schreiben | Textauswertung |
| WB ★☾☀ | A3 | 44/45 | Diwali | Schreiben | Textauswertung |
| TB | L&L 4 | 78 | Neujahrsfeste in Großbritannien | | Zusatzinformationen L&L 4 |
| WB copy 19 | A4 | 45 | Chinese New Year | Lesen | Sinnentnehmendes Lesen; Zusatzinformationen L&L 4 |
| WB | A5 | 46 | Different festivals | Schreiben | Vorbereitung für *Me*-Text |
| WB ☀ | A6 | 46 | Sounds | Sprechen | Lautschulung |
| TB | A4 | 79 | Festivals YOU celebrate | Sprechen/Schreiben | Projektarbeit |
| TB Portfolio | A5 | 82 | MY favourite festival | Lesen/Schreiben | *Me*-Text Zusatzinformationen: Bonfire Night |

Die grau unterlegten Felder stellen das Pflichtpensum dar, die weißen die Kür.

## Theme 4: Celebrations

Teil A: • Über Feiertage sprechen
• Ein Projekt durchführen

Durch Erzählungen von Mitschülerinnen und Mitschülern oder Berichte in den Medien ist unseren S mittlerweile bekannt, dass Menschen anderer Kulturen oder anderen Glaubens ihre eigenen Feste feiern. Einige davon, wie z.B. der Valentinstag oder Halloween, sind gar nicht mehr so fremd, da durch die Medien derartige Feste aus den USA in Mode gekommen sind. Auch Bräuche in den verschiedenen Regionen Deutschlands sind den S zum Teil geläufig.
Das Kennenlernen von Festen und Feiertagen anderer Kulturen trägt zur interkulturellen Verständigung und Toleranz bei.

### TB A1   Do you remember?                Sprechen                *TB, S. 76*
Als Einstieg in die Thematik *celebrations* dient ein Gespräch mit den S über die Art, wie sie das letzte Silvester verbracht haben.
- L legt eine Folie mit einem gezeichneten Feuerwerk auf und erzählt, wie in seiner/ihrer Familie Silvester gefeiert wird. Während des Erzählens notiert L die *keywords* auf der Folie: *The last day of the year, December 31st, is a very special day and New Year's Eve is a very special evening. Last year we invited our best friends and we had a big meal together. After the meal we sat together and talked, later we danced and we played games. Then at twelve o'clock at night we drank a glass of champagne and wished our friends a happy New Year. Then we went outside and watched the fireworks. We sang songs and went to bed very late ... or early the next morning. What about you? What did you do last New Year's Eve?*

*Projektor, Folie, bunte Folienstifte*

a) L befragt einige S. Dabei dienen die im TB aufgeführten Aktivitäten und Satzbeispiele als Ideenpool und Formulierungshilfe.
b) Weitere Aktivitäten der S werden auf der Folie notiert, insbesondere die der ausländischen S. Anschließend befragen sich die S untereinander (dies kann auch in Form einer Schülerkette geschehen). Dabei werden die Fragen mit *did* und Kurzantworten im *simple past* geübt.

### WB A1   Interviews                      Sprechen/Schreiben      *WB, S. 43*
Festigungsübung zur Fragestellung im *simple past* mit *did*
a) S arbeiten in Vierergruppen. Sie beantworten zuerst die Fragen für sich selbst und ergänzen anschließend die Interviewvorlage durch *yes*- und *no*-Antworten ihrer Partner/innen.
b) S schreiben eine Auswertung ihrer Umfrage. Beispiellösung:
*Two of my partners let off fireworks last year. Three of them had a nice party. Only one watched TV. Nobody decorated the house or wore a funny hat.*

> **Diff.** Für leistungsschwächere S sollte die Auswertung mündlich vorbereitet werden.

### WB A2   Happy New Year!                 Lesen/Schreiben         *WB, S. 43*
Wiederholungs- und Festigungsübung zum *will future*
- S lesen Charlies Vorsätze für das kommende Jahr und schreiben mithilfe der Vorlage ihre eigenen auf.

### TB A2   Getting ready for Diwali        Lesen                   *TB, S. 77*
Übung zum Leseverstehen
Die beiden Zeitungsartikel der *Notting Hill News* vermitteln Wissenswertes über Diwali, das hinduistische Neujahrsfest. Der Artikel *New Year for London's Asians* ist sowohl sprachlich als auch inhaltlich komplexer und spricht daher eher leistungsstarke S an. Der zweite Artikel *Karim's Super Candles* eignet sich auch für leistungsschwächere S.

Teil A                                                                                   79

- L liest den Text TB A2: *New Year for London's Asians* bei geöffnetem Buch vor, S lesen mit.    *Tafel*
  Dabei konzentrieren sie sich auf die an der Tafel notierten Fragen.
  L: *I'm going to read a newspaper article about 'Diwali' to you. Find the following information:*
  1. What is Diwali?   2. When?   3. Decorations?   4. Special food?

- S suchen die Informationen aus dem Text, L notiert die *keywords*.

- S lesen den Text ein zweites Mal und finden Wörter, mit denen sie das *word grid* zu    *Tafel*
  Diwali an der Tafel ergänzen können:       HINDU
                                      I
                                    W
                                    A
                                    L
                                    I

- L berichtet über Diwali, das Neujahrsfest in Indien (s. Zusatzinformationen); S nennen Unterschiede zum deutschen Neujahrsfest auf Deutsch.

Alternative: Selbstständige Texterschließung

- Je nach Leistungsniveau lesen die S einen der beiden Zeitungsartikel selbstständig. In Part-    *Wörterliste*
  nerarbeit schreiben sie die unbekannten Wörter heraus und finden die deutsche Bedeutung heraus. Sie lesen sich den Text gegenseitig vor.

> **Zusatzinformationen: Diwali**
> Diwali, auch Deepavali, Deep Diwalie oder Chaturdashi genannt, ist das farbenreichste Fest, das in Indien von den Hindus begangen wird. Dieses „Fest der Lichter" dauert fünf Tage, an denen man die Heimkehr der Götter Rama und Sita und damit den Sieg des Lichts über die Dunkelheit, des Guten über das Böse feiert. Es ist wie das deutsche Weihnachtsfest das Fest der Familie, denn alle versuchen, zu diesem Fest bei ihrer Familie zu sein. Es ist Brauch, bei Sonnenuntergang ein reinigendes Bad zu nehmen, sich neue Kleidung anzuziehen und Schmuck anzulegen. Überall werden Öllampen angezündet. Es werden Süßigkeiten zubereitet und ein Feuerwerk abgebrannt.
> Der erste Tag heißt Dhan Trayodashi, der zweite Tag Naraak Chaturdashi. Am dritten Tag, dem Lashmi Poojan, wird die Göttin des Reichtums verehrt. Die Geschäftsleute halten ihre Läden geschlossen, um auch symbolisch den Reichtum zu schützen. Der vierte Tag nennt sich Bali Partipada. Am letzten Tag, dem Bhaubeej, bitten die Schwestern Gott um das Wohlergehen ihrer Brüder, die ihre Beschützer sind. Zum Dank verwöhnen diese ihre Schwestern mit Geschenken.
>
> **Fotodoppelseite: Indischer Imbiss**                                                         *TB, S. 80f.*
> Das Foto (TB S. 78/79) vermittelt den S einen Eindruck von der Andersartigkeit der indischen Küche. Dieser indische Imbissladen zeigt, wie die Kinder mit sehr unterschiedlichem Gesichtsausdruck der Zubereitung einer von ihnen bestellten Mahlzeit zuschauen. Man kann auf die vielen verschiedenen Gewürze hinweisen, die indischen Gerichten den besonderen Reiz geben. Das bekannteste ist Curry, aber auch Kreuzkümmel, Safran, Kardamom, Koriander, Kokosraspeln, Gelbwurz und Gewürzmischungen wie Masala finden zunehmend Verwendung in der europäischen Küche. Auch süß-scharfe Saucen wie Chutneys sind den S vielleicht schon bekannt. Wichtige Bestandteile der indischen Küche sind Reis, Linsen, Erbsen und Kartoffeln. Die Puri und Chapati, indische Fladenbrote, werden oft als Beilage zu einer vielseitigen, sehr unterschiedlich scharf gewürzten Gemüseplatte gegessen. Im Rahmen der Projektarbeit können auch landesübliche Gerichte von den S zubereitet werden.

**TB A3   New Year**                              Schreiben/Sprechen                     *TB, S. 78*
Übung zum Textverstehen

★ - S schreiben wenigstens vier Sätze zu Karims Plänen zum Fest: *Karim has big plans for Diwali. He wants to hang lights in his bedroom window and …*

☾ - S fertigen eine Tabelle nach Buchvorlage an, lesen den Text noch einmal und schreiben die *keywords* in die Tabelle. Anschließend versprachlichen sie ihre *keywords* mündlich: *Diwali is the Festival of Light. People celebrate their god Rama …*

- In Einzel- oder Partnerarbeit stellen die S einen interkulturellen Vergleich zwischen dem ihnen vertrauten deutschen Neujahrsfest und den Diwali-Feierlichkeiten in Großbritannien an. Sie halten die Unterschiede in Stichwörtern fest. Dann tragen sie mündlich vor, was sie herausgefunden haben.

**WB A3   Diwali**                          Schreiben/Lesen                          WB, S. 44f.
Übungen zum Textverständnis
- S lesen den Artikel *Karim's Super Candles* noch einmal, bevor sie die Fragen beantworten. Dann lesen sie ihre Sätze vor. Lösungen: *1. Karim wants to hang lights in his bedroom window./2. He wants to join the lights to his stereo and computer./3. He wants to play Indian music and rock'n'roll./4. He is interested in music and computers./5. His parents usually put candles in their windows./6. I think they will eat at the sports centre.*

- a) S finden die passenden Antworten zu den Rätselfragen. Das Lösungswort lautet: *Festivals*.

  b) S beantworten die Fragen schriftlich.

- S lösen das Kreuzworträtsel zu den Festen.
  Lösungen: *Down: 1. Hegira; 2. Asians; 4. Muhammad; 7. Diwali; 8. Rama;
              Across: 3. Mecca; 5. puri; 6. Hindus; 9. Lakshmi; 10. Muslims.*

**Land und Leute 4: Neujahrsfeste in Großbritannien**                          TB, S. 78
Die hier erwähnten landeskundlichen Informationen zu Neujahrsbräuchen in Großbritannien machen neugierig und regen die S zu weiterer Recherche für die Projektarbeit in TB A4 an. Weitere Besonderheiten des Chinesischen Neujahrsfests lernen sie in WB A4 kennen.

> **Zusatzinformationen: Chinesisches Fest – *Yuan Tan***
> Die Chinesen leiten das neue Jahr mit einem Frühlingsfest ein, das in GB als *Chinese New Year* bekannt ist. Es findet zwischen dem 21. Januar und dem 20. Februar statt. Das genaue Datum wird nach dem chinesischen Mondkalender berechnet, in dem die Jahre nach den zwölf Tierkreiszeichen benannt sind. Obgleich die chinesische Regierung inzwischen den gregorianischen Kalender eingeführt hat (beginnend mit dem 1. Januar), wird immer noch das tratitionelle Neujahrsfest gefeiert. Allerdings geschieht dies in China viel ruhiger und weniger farbenfroh als in den Hochburgen der Exilchinesen in London, Hong Kong und den USA.
> Zur Vorbereitung des Festes wird von den Familien das Haus gründlich gereinigt und z.B. das Bild des Küchengottes verbrannt, damit er in den Himmel zurückkehren und vom Verhalten der Familie berichten kann. Man bereitet vegetarische Speisen zu. Ist alles fertig, legt die Familie festliche Kleidung an und die Eltern schenken den Kindern das *lai see* (= Glücksgeld) in einem rot-goldenen Umschlag. Man wünscht sich *Sun Nean Fai lok* (= Frohes neues Jahr) und *Kung Hey Fat Choi* (= Möge der Reichtum mit dir sein).

**WB A4   Chinese New Year**                          Lesen                          WB, S. 45
Sinnentnehmendes Lesen
- S entnehmen der Erzählung des chinesichen Mädchens Guo Shuong Informationen über das chinesche Neujahrsfest, indem sie die Unterschiede zum Neujahrfest in Deutschland unterstreichen.

> Erweiterung:
> L verteilt die *Copymaster 19* mit Festival-Daten als Zusatzinformation zum Buchtext an die S. In Partnerarbeit erarbeiten die S eine Zusammenstellung weiterer wichtiger religiöser Feste in Großbritannien. Diese Sammlung ist auch für die Erarbeitung von WB A5 und TB A4 hilfreich.

Teil A 81

> **Zusatzinformationen: Feste verschiedener Glaubensgemeinschaften in GB**
>
> **Christliches Fest – *Halloween***
> *Halloween*, gefeiert am Abend des 31. Oktober, war ursprünglich ein Fest zur Erinnerung an die Toten. In Wales stellten die Leute für die Verstorbenen ihrer Familie Speisen auf den Tisch und zündeten ein Kaminfeuer an, damit deren Seelen sich wohl fühlen sollten, wenn sie in dieser Nacht auf die Erde kämen. Andere versammelten sich an großen Strohfeuern, um der Toten zu gedenken und zu beten. Es war aber auch die Nacht, in der zum Schutz vor Geistern und Hexen Lärm gemacht wurde. An diesem *All Hallow's Eve* verkleideten sich die Burschen einiger schottischer Landstriche und kamen an die Haustüren der Leute, um zu singen oder Tänze vorzuführen. Wurden sie dafür belohnt (*treat*), so zogen sie weiter. Erhielten sie nichts, spielten sie den Leuten einen Streich (*trick*), indem sie z.B. deren Türen mit Farbe oder Teer beschmierten, mit Kohlköpfen und Rüben bewarfen oder Rasenstücke in den Schornstein stopften.
> Jahre später lebte dieser Brauch durch irische und schottische Einwanderer auch in den USA und Kanada auf. Der ausgehöhlte Kürbis mit einer Kerze beleuchtet dort die Vorgärten und Häuser. Er stellt das Gesicht des *Jack-o'-lantern* dar, einem Burschen names Jack, der so gemein war, dass er weder in den Himmel noch in die Hölle kam. Er muss noch heute mit seiner Laterne herumgeistern. Die Kinder und Jugendlichen ziehen durch die Straßen zum *trick or treat* und feiern Partys, zu denen sie sich *very spooky* verkleiden – als Hexe, Geist, Monster, Fledermaus oder Dracula.
>
> **Buddhistisches Fest – *Wesak***
> *Wesak* wird im Monat *Visakha* bei Vollmond gefeiert. In dieser Nacht werden die drei wichtigsten Ereignisse in Buddhas Leben gefeiert: seine Geburt als Prinz Siddharta, seine Erleuchtung und sein Tod. Häuser und Tempel werden mit Blumen und Laternen geschmückt, Prozessionen ziehen zu den Buddhastatuen, wo diese Gaben niedergelegt werden. Die Leute beschenken die Mönche, weil dies als Tat des Mitgefühls gilt. Dadurch wird eine Wiedergeburt als besseres Wesen erleichtert.
>
> **Muslimisches Fest – *Id-ul-Adha***
> *Id-ul-Adha* fällt in den zwölften Monat des islamischen Kalenders, eine Zeit, zu der viele Muslime nach Mekka pilgern. Die ganze Familie geht an diesem Tag festlich gekleidet zum Sonnenaufgangsgebet in die Moschee. Dann wird aus dem Koran gelesen und nach strengen islamischen Vorschriften ein Lamm geschlachtet. Das Fleisch teilt die Familie mit Nachbarn und Bedürftigen. Man überreicht sich *Id*-Karten mit guten Wünschen und macht sich gegenseitig Geschenke.
>
> **Jüdische Feste – *Rosh Hashanah* und *Yom Kippur***
> *Rosh Hashanah* und *Yom Kippur* sind bei den Juden die wichtigsten Festtage des Jahres. Sie eröffnen bzw. beenden die zehntägige Bußezeit, in der jeder Jude in sich gehen und seine Missetaten überdenken soll. In dieser Zeit versucht man, sich mit den Geschädigten auszusöhnen, um Frieden für die Seele zu erlangen. Man geht zu Gottesdiensten in die Synagoge und beginnt vor Gott ein neues Jahr. Zum Festmahl in der Familie wird das süße *Challah*-Brot gegessen. Es wird symbolisch in Honig getaucht, weil man auf erfreuliche Ereignisse im neuen Jahr hofft. Am zehnten Tag wird mit dem *Yom Kippur* der heiligste Tag als Fastentag gefeiert. In der Synagoge werden alle Kerzen angezündet, um das neue Jahr mit Glanz zu empfangen. Es ist der einzige Tag im Jahr, an dem die Juden beim Beten niederknien.

**WB A5   Different festivals**        Schreiben        WB, S. 46
a) Als Vorbereitung für die Projektarbeit (TB A4) bzw. das Verfassen eines *Me*-Texts (TB A5) sammeln die S in Form eines *brainstorming* Fakten über ihnen bekannte Feste. Dabei werden ihnen die Verschiedenartigkeit der familiären Gepflogenheiten und eigene Vorstellungen bewusst. Aus diesen Beobachtungen lassen sich Ideen für das Projekt entwickeln.

b) Die S wählen ein Fest aus und schreiben mithilfe ihrer Stichworte einen kurzen Text.

**WB A6   Sounds**        Hören        WB, S. 46
Übung zur Lautschulung
Lösungen: [ʌ] *love; Monday; gloves; club; enough;* [ɔː] *fortune; floor; daughter; of course;* [ɜː] *world; fur; bird; skirt; work.*

**TB A4    Festivals YOU celebrate          Projektarbeit**          TB, S. 79

Als Einstieg in die Projektarbeit stellen die S durch gegenseitiges Fragen eine Reihe von Festen zusammen. Da in den meisten Klassen Kinder verschiedener Nationen aufeinander treffen, können sich alle S mit ihren unterschiedlichen Kenntnissen und Erfahrungen einbringen. Feste der ausländischen S und deren Gestaltung werden besonders herausgestellt. Die S werden aufgefordert, ausführlich darüber zu berichten (auch auf Deutsch).

Auch die im Lehrwerk thematisierten Feste können aufgegriffen werden (TB A2, WB A4, TB A5, Copymaster 19).

Anschließend beginnen die S mit der Projektarbeit, für die ca. vier bis sechs Unterrichtsstunden zur Verfügung stehen sollten.

Bei diesem Projekt sollte in festen Gruppen von ca. fünf S gearbeitet werden. Damit möglichst heterogene Arbeitsgruppen gebildet werden (Helfersystem, bei dem S sich gegenseitig unterstützen), kann L bei der Zusammensetzung lenkend eingreifen.

- Der Ablauf eines Projektes wird den S durch das Buch verdeutlicht. Durch diese Bewusstmachung wird das Vorhaben transparent, denn die S lernen, die einzelnen Arbeitsschritte und deren Reihenfolge kennen. Damit schulen sie ihre Methodenkompetenz und ihr selbstverantwortliches Arbeiten. Fragen zum Vorgehen, zu den Hilfsmitteln, zusätzlichen Materialien, Räumlichkeiten und zum Zeitrahmen werden im Plenum geklärt.

- Die Beschaffung von Informationsmaterial ist fester Bestandteil der Projektarbeit. Die S verteilen innerhalb ihrer Arbeitsgruppe Aufgaben, sodass jede/r S einen Beitrag zum Projekt beisteuert. Dabei nutzen sie unterschiedliche Medien wie Bücher, Zeitschriften, Lexika, Videofilme, Internet, usw.         *Informationsmaterial, Bücher, Internet, Bastelutensilien*

- Zum Schluss der Projektarbeit präsentieren alle Gruppen ihre Ergebnisse im Plenum.

> **Erweiterungen:**
> Damit die S nicht nur passiv den Vorträgen der Arbeitsgruppen zuhören, sollte jede Gruppe zu ihrem Projekt einen Arbeitsbogen entwickeln, z.B. *right or wrong statements*, *Yes/No-Fragen*, ein Quiz, einen Fragebogen usw., der von den anderen S bearbeitet wird. Für die Präsentationen sollte eine kommunikationsfördernde Sitzordnung, z.B. ein Sitzkreis, gewählt werden.          *Arbeitsblatt*

**TB A 5    MY favourite festival          Lesen/Schreiben**          TB, S. 82

Übung zum Leseverstehen und kreativen Schreiben

- S lesen die Texte über die verschiedenen Feste still. Sie überprüfen das Textverständnis in der Klasse durch Fragen, z.B.: *When do you celebrate Valentine's Day?* etc.

- S schreiben einen *Me*-Text über ihr Lieblingsfest oder ein Fest ihrer Wahl mithilfe der Vorlagen im TB und illustrieren diesen für ihr Portfolio.

> **Zusatzinformationen: Bonfire Night**
> Die Tradition der *Bonfire Night*, auch *Guy Fawkes Night* genannt, gründet in dem versuchten Aufstand des Protestanten Guy Fawkes und seiner Komplizen. Mit dem so genannten *Gunpowder Plot* wollten sie sich gegen die Politik des katholischen Königs James I. und seines Parlaments zur Wehr setzen. Mit ca. dreißig Fässern Schießpulver sollte das Parlament am 5. November 1605 in die Luft gesprengt werden. Der Plan scheiterte jedoch, weil der König durch einen Brief vorgewarnt wurde. Guy Fawkes und seine Komplizen wurden wegen Verrats zum Tode verurteilt und hingerichtet.
> Heute spielt Schießpulver keine Rolle mehr bei der *Guy Fawkes Night*. Der vereitelte Anschlag wird alljährlich mit einem Feuerwerk gefeiert: *Remember, remember/The 5th of November,/Gunpowder, treason and plot./I see no reason/Why gunpowder treason/Should ever be forgot (anonymous)*. Kinder ziehen mit Guy Fawkes symbolisierenden Strohpuppen durch die Straßen und bitten Passanten und an Haustüren um *a penny for the guy* – eine kleine Spende zur Finanzierung des Feuerwerks. Abends werden die Strohpuppen bei Freudenfeuern verbrannt. Diese *bonfires* können kleine Familienfeiern, aber auch große, von offizieller Seite organisierte Feste sein. Zeitgenossen mit besonders scharfsinnigem Humor fragen sich, ob mit diesen Feierlichkeiten die Hinrichtung von Guy Fawkes und seinen Männern bejubelt wird oder sein Versuch, dem Parlament einen Teil seiner Macht zu entziehen.

# Celebrations Teil B

| Medium | Nummer | Seite | Titel | Fertigkeit | Zusatzinfo |
|---|---|---|---|---|---|
| WB | B1 | 47 | Birthdays | Schreiben | Wortschatz: *birthdays* |
| TB | B1 | 83 | Birthday presents | Sprechen/Schreiben | *warming up* |
| TB CD | B2 | 83 | A great idea | Hören/Lesen | Zusatzinformationen: Einkaufen in London |
| TB ★☾☀ | B3 | 84 | Presents | Lesen/Schreiben | Textverständnis |
| WB | B2 | 48 | Birthday cards | Schreiben | kreativer Umgang mit Sprache |
| TB | B4 | 84 | The best present | Sprechen | *comparisons* (lif 12) |
| TB | lif 12 | 143 | Steigerung und Vergleich von Adjektiven | | |
| WB copy 5 | B3 | 49 | A puzzle | Lesen | Leseverstehen |
| TB Portfolio | B5 | 85 | Happy Birthday | Lesen/Schreiben | Ein Gedicht lesen; Textproduktion |
| TB CD | B6 | 85 | Radio adverts | Hören | Hörverstehen auf CD |
| TB | B7 | 85 | Different people | Sprechen | Festigungsübung zu den Steigerungsformen |
| WB | B4 | 49 | Who's who in your class | Sprechen/Schreiben | Gruppenarbeit: *class survey* |
| WB ★ | B5 | 50 | Comparisons | Schreiben | *comparisons* (lif 12) |
| WB | B6 | 50 | David's schoolbag | Schreiben | Festigungsübung zu den Steigerungsformen |
| TB CD | B8 | 86 | A last-minute idea | Hören/Lesen/Sprechen | Rollenspiel |
| TB | lif 13 | 144 | ‚Some' und ‚any' als Mengenangaben | | |
| WB CD copy 20f. | B7 | 51 | A colour cake | Hören/Lesen/Schreiben | Hörverstehen auf CD |
| WB Folie 12 copy 22 | B8 | 51 | How much? How many? | Schreiben | *some* und *any* (lif 13) |
| TB CD | B9 | 87 | A special birthday | Hören/Lesen | Rollenspiel |
| WB | B9 | 52 | At the restaurant | Schreiben | *some* und *any* (lif 13) |
| TB | B10 | 87 | Mrs Collins on the phone | Sprechen | Textverständnis; Rollenspiel |
| WB | B10 | 52 | Be polite at the table | Sprechen | Rollenspiel |

Die grau unterlegten Felder stellen das Pflichtpensum dar, die weißen die Kür.

**Teil B:**
- **Etwas vergleichen, Mengen angeben**
- **Seine Meinung äußern**
- **Personen beschreiben und vergleichen**
- **Ein Fest vorbereiten**

In diesem *Theme* finden sich vielfältige Anregungen für spielerische Übungsformen (s. Erweiterungen), die sich auch für Lernen an Stationen eignen (s. TM S. 88).

**WB B1    Birthdays                    Sprechen/Schreiben**        WB, S. 47

In der *warming up*-Phase bekommen die S den Auftrag für ein *line up*, bei dem sie sich nur auf Englisch darüber unterhalten dürfen, in welcher Reihenfolge sie sich aufstellen müssen, wenn sie sich nach den Geburtsdaten ordnen sollen.

- L: *I'll divide the class into two teams now. Try to line up in the order of your birthday month and then in the order of the date of your birthday. Which team is going to be first?*
  L überprüft die Richtigkeit der Aufstellung durch Kontollfragen oder die S nennen nacheinander ihren Geburtstag, das andere Team kontrolliert. Solche *line ups* bringen die S zu Beginn der Stunde gleich in Bewegung. Außerdem wird die Einsprachigkeit gefördert. Weitere denkbare Aufträge sind z.B., sich alphabetisch nach den Vornamen (der Mutter/des Vaters), nach dem Zeitaufwand für den Schulweg oder nach der Zeitdauer des täglichen Fernsehkonsums usw. aufzustellen.

a) Anschließend erhalten die S den Auftrag, in möglichst kurzer Zeit Wörter zum Thema *birthday* zusammenzutragen. Wer zuerst alle Kerzenstrahlen ausgefüllt hat, darf vorlesen.

b) S ordnen die Wörter nach Wortarten.

c) S schreiben Sätze, die möglichst viele ihrer „Geburtstagswörter" enthalten.

- Spielerische Alternative: L teilt Klasse in vier Teams, die sich in den vier Ecken des Klassenzimmers aufstellen: *1. noun corner, 2. verb corner, 3. adjective corner, 4. sentence corner.* Die erste Gruppe nennt nun einen Begriff aus dem Wortfeld *birthday presents*, z.B. *CD*, darauf muss die zweite Gruppe ein passendes Verb nennen, z.B. *listen to/dance to*. Die dritte Gruppe antwortet mit einem passenden Adjektiv, z.B. *loud/soft/crazy*. Die vierte Gruppe muss nun mit allen genannten Wörtern einen sinnvollen Satz bilden, z.B. *I want to listen to the new CD because the music is crazy.* Danach wechseln die Gruppen die Ecken.

**TB B1    Birthday presents                Schreiben**            TB, S. 83

Als Einstieg zu dem Lesetext sammeln die S in Form eines *brainstorming* Ideen für Geburtstagsgeschenke. Dabei können sie auf ihre Wortfelder von WB B1 zurückgreifen.

- S erstellen in Partnerarbeit oder im Klassenverband eine Tabelle nach Buchvorlage.

**TB B2    A great idea                    Hören/Lesen**            TB, S. 83

Übung zum Hör- und Leseverstehen

- L bereitet ein *feely bag* vor. Er/sie packt mehrere Geschenke in eine undurchsichtige große Tasche, in die die S hineingreifen dürfen, um die Gegenstände zu erraten. Im *feely bag* sind auch einige Gegenstände enthalten, die sie noch nicht mit englischen Begriffen benennen können (*book, scarf, CD, socks, birthday card, flowers, sunglasses, perfume, box of chocolates, handkerchief*). Diese (unterstrichenen) Wörter können umschrieben werden, z.B. *You need them on sunny days./You need it for your nose./…*      große Tasche mit verschiedenen Gegenständen

- L stellt die Tasche vor: *Look, I've brought you a feely bag today. There are many presents in it. Put your hands into the bag, find a present and try to feel what it is. Who wants to be first?*

- S ertasten die Gegenstände und vermuten, was Gillian ihrer Mutter schenken könnte.
  L: *Which present does Gillian get for her mum? What do you think?*

- L notiert die Vorschläge an der Tafel.        Tafel

- Vorspielen der CD mit dem Hörauftrag: *What does Gillian buy for her mum? Let's find out who is right.*

Teil B                                                                                                 ■ 85

> **Zusatzinformationen: Einkaufen in London**
> London ist eine der beliebtesten Einkaufsstädte der Welt. Man kann in der *Regent Street* und *Knightsbridge* in exklusiven Kaufhäusern wie *Harrods, Harvey Nichols* oder *Liberty* jede Nobelmarke erhalten. Zu den großen Attraktionen für junge Einkäufer gehört die 1760 gegründete Spielwarenhandlung *Hamleys* auf der *Regent Street*. Eine ebenso schöne, aber preiswerte Auswahl bieten manche Kaufhäuser in der *Oxford Street* (s. Fotodoppelseite im TB auf S. 100/101) wie z.B. *Selfridge's* und *John Lewis*. Die britische Kaufhauskette *Marks & Spencer* wurde 1882 von einem russischen Emigranten gegründet, der mit einem kleinen Stand auf einem der vielen Straßenmärkte in London begann. Heute hat dieses Kaufhaus, das ausschließlich eigene Produkte führt, über 680 Geschäfte weltweit. Man kann in London jedes noch so ausgefallene Fachgeschäft finden. Zum Einkaufsbummel bieten sich u.a. an: *Oxford Street, King's Road, Covent Garden, Petticoat Lane* und *Camden High Street*.

*TB, S. 102f.*

### TB B3   Presents                                Lesen/Sprechen/Schreiben          *TB, S. 84*
Übung zum Textverständnis

- S nennen die Begriffe zu den Definitionen. Lösungen: *1. They are sunglasses; 2. It is a book; 3. It is perfume; 4. They are gloves; 5. They are flowers; 6. They are chocolates (sweets).*

- S ordnen die Wörter zu sinnvollen Sätzen und lesen diese vor.
  Lösungen: *1. Gillian wants to buy a present for her mum's birthday./2. She takes the tube to Oxford Street./3. She finds a very pretty birthday card in the stationery department./ 4. Suddenly Gillian sees some beautiful handkerchiefs./5. Gillian meets Vera in the snack bar./6. Gillian shows Vera the beautiful card and the handkerchiefs.*

- S schreiben mithilfe der vorgegebenen Fragen den in TB B2 fehlenden Beginn des Dialogs zwischen Gillian und Vera.

### WB B2   Birthday cards                          Schreiben/Lesen                   *WB, S. 48*
Übung zum kreativen Schreiben (*acrosstics*)
- S schreiben die Buchstaben des Namens ihres Freundes/ihrer Freundin untereinander und schreiben ein Gedicht für sie/ihn analog dem vorgegebenen Beispiel. Sie tragen das Gedicht vor.

### TB B4   The best present                        Lesen/Sprechen/Schreiben          *TB, S. 84*
Gegenstände vergleichen (Steigerung von einsilbigen Adjektiven)
a) L bereitet für diese Übung eine zweispaltige Tabelle als Tafelbild vor.                *Tafel*
   L: *Which present does Gillian think of first? What is it like?* L hält die Antworten der S an der Tafel fest. Die Adjektive müssen nicht unbedingt dem Text entnommen werden, z.B. kann die Sonnenbrille auch als *nice* oder *cool* beschrieben werden. S schreiben die ersten beiden Spalten der Tabelle ab.

b) L: *Now find words in the text with the endings: ...per, ...ier, ...ter, ...cer, ...ger, ...est.*
   S nennen die Adjektive, L schreibt sie ungeordnet außerhalb der Tabelle an die Tafel.
   S ergänzen die Tabelle um zwei weitere Spalten für Komparativ und Superlativ (nur die Endungen angeben) und schreiben die entsprechenden Formen zu den Adjektiven. Sie unterstreichen die Adjektive farbig. Dann bilden sie Beispielsätze mithilfe der Tabelle.

c) S wenden die Komparativform in Vergleichssätzen an. Das *sentence switchboard* dient als Hilfe. Die Übung kann auch als Wettkampf durchgeführt werden; sie sollte zum Schluss schriftlich durchgeführt werden.

### Lif 12   Steigerung und Vergleich von Adjektiven                                        *TB, S. 143*
Anhand von lif 12 werden die Vergleichsformen von einsilbigen Adjektiven sowie zwei-   *bunte Zettel,*
silbigen Adjektiven, die auf -y enden, systematisiert. Die drei Formen (Adjektiv, Komparativ, *Nadel und*
Superlativ) werden auf drei kleine bunte Zettel geschrieben, durch Fäden miteinander ver- *Faden*
bunden und als Mobiles aufgehängt. Diese Darstellungsform unterstützt das Einprägen der Steigerungsformen auch visuell – z.B. kann bei der Steigerung von *small* die Größe der Zettel variieren.
Die Vergleichsformen mehrsilbiger Adjektive werden in *Theme 5* thematisiert (lif 16).

## WB B3   A puzzle     Lesen/Schreiben     WB, S. 49
Übung zum Leseverstehen
- S finden das Alter der Kinder heraus.
  Lösungen: *Karen (10); Jill (12); Peter (14); John (9); Bob (15).*

> Erweiterungen:
> - Spiel: *My cat is an angry cat.* L gibt Adjektive vor *(angry, big, crazy, dark, easy, fast,...)* Die Klasse wird in drei Teams aufgeteilt. Ein/e S von Team A beginnt das Spiel: *My cat is an angry cat.* Daraufhin antwortet ein/e S von Team B: *My cat is angrier than Stefan's cat.* Ein/e S von Team C beendet die Runde: *My cat is the angriest.* Nach zwei Runden beginnt Team B mit dem ersten Satz. Während des Spiels schreibt L die genannten Adjektive in der Grundform an die Tafel. Nach dem Spiel schreiben die S die Adjektiv-Liste von der Tafel ab, fügen zwei Spalten mit den entsprechenden Steigerungsformen hinzu. Als Poster eignet sich diese Liste für den Klassenaushang.
> - Spiel: Die S arbeiten in Fünfergruppen zusammen und denken sich Vergleichssätze aus. Sie schreiben die Wörter einzeln auf DIN A4 Blätter, z.B.: *My pencil/is/smaller/than/Tim's.* Die Blätter werden umgedreht und ungeordnet an eine andere Fünfergruppe weitergereicht. Auf Kommando des/der L: *Ready, steady, go!* müssen sich die S in der richtigen Reihenfolge aufstellen. Die Sätze werden vorgelesen.
> - S fertigen in Partnerarbeit Trimino-Spiele (*Copymaster 5*) an, die sie dann gegenseitig bearbeiten. S tragen Adjektive in der Grundform (*good*) und der Komparativform (*better*) oder in der Komparativ- und Superlativform so ein, dass durch das korrekte Zusammenlegen der einzelnen Teile ein Dreieck entsteht.

*Poster*

## TB B5   Happy Birthday     Lesen/Schreiben     TB, S. 85
Die besondere Bedeutung, die Geburtstagen zukommt, findet häufig in Form von Gedichten ihren Ausdruck. Diese Gedichte inspirieren zum Nachdenken und zum eigenen kreativen Schreiben.
- Das Gedicht kann für Intonationsübungen genutzt werden. Hierzu spricht L den Text vor. Weitere Möglichkeiten zur Behandlung von Gedichten s. TM S. 44.
- S schreiben ähnlich wie in der im TB abgebildeten Schülerarbeit über ihr schönstes Geburtstagsgeschenk und illustrieren den Text für ihr Portfolio.

## TB B6   Radio adverts     Hören/Sprechen     TB, S. 85
Die Radiowerbung richtet sich in jugendlichem Sprachjargon und mit Trendprodukten an ein junges Publikum. Diese Hörverstehensübung verlangt genaues Zuhören und übt das *note-taking*.

- L: *Listen to the CD and write down what the adverts are about! Write down the name of the thing, too!*

  Der Hörtext lautet: *Listen to the radio adverts.*

  1. *The Magic Boys are back! Buy their latest CD 'More Magic'. Enjoy their new songs. Sing along to the number one hit 'Sooner or later' and many, many more. It's their best CD ever. You can buy it at all good music shops!*
  2. *Want to find out the latest news on your favourite stars? What's the best computer game to buy? What's hot and what's not? Then get 'Star' – the magazine for you! Stories, news, penfriends, what to wear and what to do. For only 90 pence you can find out all this from 'Star'. Buy 'Star' magazine. At a newsagent's near you!*
  3. *Do you write a lot? Are you bored with black and blue pens? Want to surprise your penfriends? Then buy 'Perfume Pen'. Five different pens with five different smells: mint, orange, roses, chocolate and apple. Give your teacher perfumed homework. Write a love letter that smells of roses. Mmm, romantic! 'Perfume pen' makes writing sweeter!*
  4. *The best, the latest, greatest computer game in the shops. Yes, it's here and it's called 'Hero'. An exciting new game, with more action and more fun. Ride through jungles on tigers. Make friends with the wild animals in the rainforest. Find the gold but be careful – other people want the gold too! How quick are you? How strong are you? Play 'Hero' ... and be ... a hero!*

Teil B

- S nennen zunächst nur die verschiedenen Produkte. Nach einem zweiten Zuhören ergänzen sie Produktnamen und weitere Details (*Find out more details about the things!*), die L an der Tafel notiert:    *Tafel*

| CD | magazine | pen | computer game |
|---|---|---|---|
| More Magic | Star | Perfume Pen | Hero |
| Magic Boys | stories, news | five different smells: | exciting game, action |
| new CD | clothes | mint, … | fun, wild animals |

- S begründen, warum sie ein bestimmtes Produkt kaufen bzw. nicht kaufen würden. Dabei spielen ihre eigenen Interessen und Hobbys ebenso eine Rolle wie die Wirkung der Werbespots auf sie.

### TB B7   Different people   Sprechen   *TB, S. 85*
Personenbeschreibung in Vergleichssätzen: … than …, … as … as …, … the …

- L beginnt mit Quizfragen: *The person I'm thinking of has got the shortest hair. Who is it?* S setzen das Quiz fort.

- S lesen die Beispielsätze und bilden weitere Vergleichssätze.
L notiert dafür die Satzstrukturen an der Tafel als visuelle Hilfe:    *Tafel*
… as … as …      … than …      … the …

### WB B4   Who's who in your class   Sprechen/Schreiben   *WB, S. 49*
Eine Klassenumfrage erstellen

- Die Fragen lassen sich durch gegenseitige Befragung oder durch einfache Beobachtung bzw. Vermutungen beantworten. Anschließend werden sie in der Klasse überprüft.

- Haben die S sich weitere Fragen ausgedacht, werden diese an der Tafel gesammelt und gemeinsam beantwortet.

### ★ WB B5   Comparisons   Schreiben   *WB, S. 50*
Übung der Steigerungsformen
- S ergänzen die Komparative und Superlative.

> Erweiterung:
> Spiel: Sitzkreis mit einem leeren Stuhl neben L: *Petra, I want you to sit next to me because you are younger than me.* Dann kann der/die S rechts des leeren Stuhls sich jemanden herbei wünschen.

### WB B6   David's schoolbag   Schreiben/Lesen   *WB, S. 50*
Übung der Steigerungsformen

a) S ordnen die Gegenstände nach ihrer (realen oder gezeichneten) Größe.

b) In Partnerarbeit tauschen sie sich über ihre Ergebnisse aus.

c) S schreiben die lustigsten, billigsten und schönsten Dinge aus ihrer Schultasche auf und berichten anschließend ihrem/ihrer Partner/in: *The funniest thing in my schoolbag is …*

> Erweiterung:
> Die S fertigen in Gruppen Bild- oder Wortkarten von unterschiedlichen Gegenständen an. Diese werden verdeckt auf dem Tisch verteilt. Das jüngste Gruppenmitglied fängt an, indem er/sie zwei Karten umdreht und versucht, einen Vergleichssatz zu den aufgedeckten Gegenständen zu finden. Gelingt dies nicht, werden die Karten wieder umgedreht. *Sentence champion* ist der/die Spieler/in mit den meisten Kartenpaaren.    *Kärtchen*

**TB B8  A last-minute idea**  Hören/Lesen/Sprechen/Schreiben  TB, S. 86

- S können an die Geschichte von TB B2 anknüpfen und äußern sich zum Bild: *Gillian, Charlie and Vera want to make a cake/a birthday cake for Gillian's mum.*

- S hören die Geschichte von der CD und sagen, was die Freunde kochen und backen wollen: *They want to make a meal with chicken and vegetables and a birthday cake.*

a) Wiederholtes Vorspielen der CD bei geöffnetem Buch: Hörauftrag: *What do they need?* S schreiben auf, was die Freunde brauchen: *chicken, broccoli, cream, potatoes; for the cake: flour, sugar, milk, eggs, candles.*

**Lif 13  'some' und 'any' als Mengenangaben**  TB, S. 144
S schreiben die Sätze aus TB B8 auf, in denen *some* oder *any* vorkommen. Sie erkennen die Regelmäßigkeiten im Gebrauch und formulieren selbstständig Grammatikregeln. Anschließend vergleichen sie ihre Erkenntnisse mit den Ausführungen in lif 13.

b) Die S vergleichen ihre Liste aus a) mit dem Text und haken ab, was vorhanden ist. Anschließend bilden sie Sätze mit *some* und *any* nach Buchbeispiel.

c) S stellen das Telefongespräch zwischen Gillian und David in Form eines Rollenspiels dar.

**WB B7  A colour cake**  Hören/Schreiben/Lesen  WB, S. 51
Übung zum Hörverstehen und *note-taking*
- S hören Gillian's Selbstgespräch von der CD und schreiben die Einkaufsliste.
Der Hörtext lautet:

*What kind of cake can I make for mum's birthday? Let's see. Apple pie? No. What about a chocolate cake? Hm. Wow – a colour cake! That's a great idea. What do I need? What does it say in the cook book?*
*100 grams of flour. Let me check. Yes, there's some flour in the cupboard. Oh, and there's some baking powder, too. Have we got any sugar? No, there isn't any sugar left. What else? 100 grams of butter. No, there isn't any butter in the fridge. And two eggs. Hm, I broke one egg this morning. How many eggs are there in the fridge? Two! That's enough for this cake. I don't need to buy any. And I need the colours, of course. I need a teaspoon of cocoa to make the cake look brown. Yes, there's some in the cupboard. The white colour is easy. That's just what the cake looks like. But I need red and green food colouring. No, we haven't got any in the cupboard. And I need some peppermint, too. Now, what's on my shopping list?*

Lösungen: *sugar; red and green food colouring/colours; peppermint.*

**WB B8  How much? How many?**  Schreiben/Lesen  WB, S. 51
Mithilfe von lif 13 setzen S die passenden Fragewörter ein.
Lösungen: *1. How much/2. How many/3. How much/4. How much/5. How many/6. How much/7. How many.*

---

**Lernen an Stationen:** Das Festigen von Lerninhalten lässt sich in Form eines *"Circuit-Training"* erreichen. Bei dieser Form des Lernens können unterschiedliche Lernwege und Lernertypen sowie Formen spielerischen Lernens berücksichtigt werden. Hauptziel des Arbeitens an Stationen ist es, alle S gleichzeitig zu aktivieren und sie zum lehrerunabhängigen Arbeiten und selbstständigen Lernen anzuleiten. Die in diesem Teilkapitel vorgeschlagenen Spiele und Übungen eignen sich für einen solchen Lernzirkel. An einzelnen Stationen liegt Arbeitsmaterial in ausreichender Anzahl aus. Die Anzahl der verpflichtenden Stationen sollte je nach Leistungsvermögen des einzelnen S begrenzt sein. Die Reihenfolge der Stationen, die Sozialformen und der Zeitrahmen werden von den S selbst bestimmt. So wird die Verantwortung an die S abgegeben. Sie sind selbst dafür verantwortlich, mithilfe der Angebote das Lernen zu lernen. Ehe sie mit der Arbeit an einer neuen Station beginnen, überprüfen sie ihre Ergebnisse mithilfe von Lösungsblättern. Das Lernen an Stationen erfolgt in vier Phasen: 1. Das Anfangsgespräch über das Thema und Ziel des Lernzirkels; 2. Rundgang zum Kennenlernen der einzelnen Stationen; 3. Stationsarbeit; 4. Schlussgespräch zum Vorstellen von Arbeitsergebnissen und Möglichkeit zur Kritik an den einzelnen Stationen (Sozialverhalten, Lautstärke, usw.).

Teil B                                                                                                     ■ 89

> **Erweiterungen:**
> - *Spot the difference!* In Partnerarbeit oder in zwei Teams befragen die S sich gegenseitig zu den Unterschieden der beiden Illustrationen von Folie 12. z.B.: *In picture A there are five dirty plates. How many are there in your picture?*
> Die Folie kann auch für ein *Kim's game* verwendet werden. S berichten nach kurzer Betrachtungszeit aus dem Gedächtnis, welche Unterschiede sie bemerkt haben.
>
> - Lernschwächere S festigen mithilfe von *Copymaster 20* die Verwendung von *some* und *any*, indem sie die Lücken des Hörtexts WB B7 füllen. Lernstärkere S bearbeiten in Partnerarbeit *Copymaster 21*.
>
> - In Partnerarbeit komplettieren die S durch gegenseitiges Befragen ihre unterschiedlichen Arbeitsblätter von *Copymaster 22*. Sie füllen die *information gaps*, indem sie durch Fragen herausfinden, worin die Unterschiede zwischen den Monstern bestehen. S1: *How many friends has monster Shaggy got?* S2: *Shaggy has got five friends.*

**TB B9   A special birthday**                       **Hören/Lesen/Sprechen**                      *TB, S. 87*

Die S hören bei geschlossenem Buch von der CD, was die Geburtstagsüberraschung für Mrs Collins war. Um Details zu erfassen, erfolgt ein zweites Hören bei geöffnetem Buch. S äußern sich spontan zum Geschehen und zu den Bildern. Impulse: *What was Charlie's job? What did Vera do? What did Mrs Collins think of her presents? …*

> **Erweiterung:**
> L oder S liest die ersten beiden Abschnitte des Texts laut vor, während vorher ausgewählte S den Inhalt dazu pantomimisch darstellen. Der restliche Text wird in ein Rollenspiel mit Dialogen umgewandelt, aufgeführt und auf Video aufgezeichnet.

*Videokamera*

**WB B9   At the restaurant**                        **Schreiben/Lesen**                           *WB, S. 52*

Die S ergänzen die Lücken mit *some* oder *any*. Sie tragen den Dialog vor.
Lösungen: *some; any; some; some; some; some; any; some; any; any.*

> **Erweiterungen:**
> - Die S arbeiten den Dialog nach ihrem individuellen Pizza- und Eisgeschmack um. Dazu wird zunächst erfasst, was alles auf einer Pizza schmeckt (*fish, ham, salami, shrimps, green pepper, pineapple, ...*). Je nach Leistungsfähigkeit arbeiten die S den Text in Partnerarbeit mündlich oder schriftlich um. S, die es sich nicht zutrauen, frei zu sprechen, legen den erarbeiteten Text ins *menu* und lesen ihn ab. Als Rollenspiel zwischen Kellner/in und Miss oder Mr Choosy tragen die S ihre Dialoge vor.
>
> - In dem Spiel *"Trains"* geht es darum, englische Vokabeln schnell und deutlich auszusprechen – die Geräusche eines fahrenden Zuges geben den Rhythmus vor. Das Wortfeld *restaurant* lässt sich im Speisewagen in die entsprechenden Geräusche umsetzen: *spoon – fork and plate – set the table – cook the chicken – sauce!* Diese Vokabeln werden langsam und dann immer schneller gesprochen und wiederholt. Das einzelne *spoon* und *sauce* hört sich dann wie eine Pfeife an.

**TB B10   Mrs Collins on the phone**                **Schreiben/Sprechen**                        *TB, S. 87*

Übung zum Textverständnis
- In der Rolle von Mrs Collins vervollständigen die S das Telefongespräch schriftlich. Sie ergänzen mithilfe von L die Gesprächsanteile der Mutter (*Oh, really? How nice. That's very kind of them. Very interesting. ...*) sowie die Anfangs- und Endfloskeln eines Telefonats.

Leistungsstärkere S berichten von weiteren Geburtstagsüberraschungen.

**WB B10   Be polite at the table**                  **Lesen/Sprechen**                            *WB, S. 52*

Diese Übung dient zur Vertiefung und Erweiterung der Höflichkeitsfloskeln bei Tisch. Die S erstellen in Partnerarbeit kleine Dialoge, in denen sie sich sehr höflich verhalten. Die Rollenspiele können im Rahmen eines Wettbewerbs vorgetragen werden: *Who has got the best behaviour?* Eine ironische Überzeichnung sorgt dabei für besonderen Spaß.

## 4 Celebrations — Teil C

| Medium | Nummer | Seite | Titel | Fertigkeit | Zusatzinfo |
|---|---|---|---|---|---|
| TB CD | C1 | 88 | The woman in black | Hören/Lesen | Lesetext |
| TB ☼ | C2 | 89 | What's wrong? | Lesen/Sprechen Schreiben | Textverständnis |
| WB ★☾☼ | C1 | 53 | The woman in black | Lesen/Schreiben | Textverständnis |
| TB | C3 | 89 | What are they going to do? | Sprechen | going to future (lif 14) |
| TB | lif 14 | 145 | Futur mit ‚going to' | | |
| WB Folie 13 | C2 | 54 | What are they going to buy? | Schreiben | Festigung des going to future |
| TB | C4 | 90 | Plans | Sprechen/Lesen | Festigung des going to future |
| TB ★☾☼ | C5 | 90 | What do YOU think? | Sprechen | Festigung des going to future |
| WB ★☾☼ | C3 | 55 | At the police station | Schreiben | |
| TB CD | C6 | 91 | Lord Stopwhistle goes shopping | Hören/Lesen | Zusatzinformationen: Ladenketten in London |
| TB | C7 | 91 | Choose an activity | Sprechen/Schreiben | Rollenspiel |
| WB | C4 | 56 | Articles in a department store | Lesen/Schreiben | Wortschatz; alphabetisches Sortieren |

Die grau unterlegten Felder stellen das Pflichtpensum dar, die weißen die Kür.

Teil C

**Teil C:** • **Sagen, was man vorhat**

### TB C1   The woman in black         Hören/Lesen         TB, S. 88

In diesem Lesetext geht es um Davids Spekulationen über die Identität einer seltsamen Kundin im Supermarkt seines Vaters.

- Als *pre-reading activity* kann das Wortfeld *supermarket* reaktiviert werden: *What can you buy at a supermarket?*

- Die S hören zunächst nur den ersten Paragraph der Geschichte von der CD. Sie äußern ihre Vermutungen über die Identität der Frau. Diese können sie dann mit Davids Fantasien vergleichen.

### TB C2   What's wrong?         Lesen/Sprechen/Schreiben         TB, S. 89

Übung zum Textverstehen

- Im Anschluss an die gehörte Geschichte korrigieren die S die Falschaussagen.
  Lösungen: *1. Yesterday afternoon a tall woman entered the supermarket./2. She wore a dark coat and an incredible pair of dark sunglasses./3. David thought she was a secret agent (with a camera)./4. The woman in black bought some magazines./5. She took a watch from her handbag./6. She paid for the magazines and hurried out of the supermarket./7. The woman left her handbag in the supermarket./8. Mr Williams found a plane ticket and a letter in her handbag.*

- Die leistungsstärkeren S entnehmen dem Text Informationen unter bestimmten Fragestellungen und nennen diese oder schreiben sie auf.
  Mögliche Lösungen:
  *The woman wore a dark coat, dark sunglasses and had a dark handbag with her. She was young and tall and acted very strangely. She just walked around the shop. Suddenly she looked at her watch. Then the woman bought some magazines and hurried out of the shop/supermarket. She forgot her handbag. Perhaps she hurried out of the supermarket because she was late. Maybe she saw a friend outside the shop.*

### WB C1   The woman in black         Lesen/Schreiben         WB, S. 53

Übung zum Textverstehen

- Die begonnenen Aussagen werden mithilfe von TB C1 ergänzt.
  Lösungen: *She is tall./... wears a dark coat/dark sunglasses./... has got a (dark) handbag./ ... doesn't buy any vegetables/drinks or sweets./... buys some magazines.*

- S notieren ihre eigenen Vermutungen über die Frau in Schwarz. Anschließend können diese im Plenum diskutiert werden.
  Mögliche Lösungen: *I think she is a detective./... wants to buy something for a trip./... likes black clothes/magazines./... doesn't like vegetables, drinks or sweets./... lives in London/ another city./... is beautiful/strange.*

- Die S lesen das Interview in 'Fashion Magazine' und sammeln Stichworte zum Für und Wider der Arbeit als Model. Anschließend halten sie ihre persönliche Meinung zu diesem Beruf in einem kleinen Text fest.
  Lösungen: *for: travels a lot; meets many interesting people; earns a lot of money; can wear fantastic clothes; against: doesn't see her family and friends often; no sweets or ice-cream; goes to bed early.*

### TB C3   What are they going to do?         Schreiben/Sprechen         TB, S. 89

S versprachlichen, was die Personen auf den Bildern zu tun beabsichtigen. In dieser Übung zum Textverständnis verwenden die S das *going to future* lexikalisch.
Lösungen: *Mr Williams is going to call the police./David is going to tell his friends about the strange woman in black./Mr Williams is going to put up a notice in his (shop) window./The woman in black is going to go back to the supermarket./David and his father are going to take the handbag to the police./David and his father are going to go to the airport.*

# 4    92    Teil C

**Lif 14   Futur mit 'going to' (going to future)**   TB, S. 145
In lif 14 finden die S Erklärungen zur Bildung und zum Gebrauch des *going to future*.

**Diff.**  Leistungsstärkere S fertigen ein Merkposter zu den Zeiten *will future* (lif 8, 9, 10) und *going to future* (lif 14).   Merkposter

**WB C2   What are they going to do?**        **Schreiben**   WB, S. 54
S betrachten das Bild und ordnen Käufer/innen und beschenkte Personen zu, indem sie die beiden Personen durch Linien verbinden. Anschließend malen sie die Illustration aus, um die Farben in den Sätzen zur Unterscheidung verwenden zu können. Mögliche Lösungen:
1. I think the man with the black hair is going to buy a pullover/sweatshirt for his dog.
2. The lady in the green coat is going to buy a ball for her baby.
3. The two little boys are going to buy socks for their grandmother.
4. The man with the pink scarf is going to buy perfume for his (girl)friend.
5. The girl with the red jacket is going to buy a duck/bird for her aquarium.
6. The boy with the black jeans is going to buy a hat for his friend.
7. The man with the blue sweatshirt is going to buy a stopwatch for his class.
8. The woman with the orange skirt is going to buy a bow and arrow for her son.

> Erweiterung:
> Folie 13 *The lottery winners* eignet sich zur vertiefenden Übung des *going to future*. Mithilfe der vorgegebenen Verben und der Bildimpulse formulieren die S die Pläne der Familienmitglieder, z.B.: *The grandfather is going to fly to Cuba./…*

**TB C4   Plans**        **Lesen/Sprechen**   TB, S. 90
a) Die S finden die Aussagen, die zusammenpassen (unterschiedliche Farbe der Sprechblasen). Sie ergänzen die Pläne, die aus den anderen Aussagen resultieren und verwenden dabei das *going to future*.
Mögliche Lösungen:
*I can't find my homework in my room. – I'm going to tidy my room this afternoon.
I got a letter from my friend in Australia. I'm going to answer it this evening.
The 'Magic Boys' are my favourite pop group! I'm going to buy their new CD.
I've got an English test tomorrow. I'm going to learn for it this evening.
I haven't got enough pocket money. I'm going to do a paper round.
My shoes are too small. I'm going to buy some new shoes.*

b) In Partnerarbeit berichten die S einander von den Plänen für den Nachmittag, das Wochenende oder die nächsten Ferien.

> Erweiterung:
> Im Kreisgespräch üben die S die Anwendung von *I'm not going to … but I'm going to …*
> Ein/e S nennt seinen/ihren Plan. Der/die Nachbar/in greift den Satz verneint auf, ergänzt was er/sie zu tun gedenkt usw.

**TB C5   What do YOU think?**        **Schreiben**   TB, S. 90
Festigungsübung zum *going to future*
- Die S schreiben auf, was die Frau in Schwarz vermutlich tun wird. (Hinweis: Bei den Bildern handelt es sich nicht um eine Handlungsabfolge.) Lösungen: *The woman in black is going to call the police./Perhaps she's going to go to the police station./Maybe she's going to buy a new plane ticket./I think she's going to go back to Hendon supermarket./Perhaps she's going to take the train./I think she's going to go to the airport.*

Übung zum kreativen Schreiben
- Die S erfinden ein *happy end* zu der Geschichte, indem sie die Szene, die das Bild darstellt, sprachlich umsetzen. Sie verwenden dabei das *simple past*.
Mögliche Lösungen: *David and his father went to the airport. They met the woman in black. She was very happy because she got her handbag back. They went to the airport restaurant and drank something together. The woman in black told David and his father about her job for the model agency in Paris.*

Teil C                                                                                            ■ 93

☀ Übung zum kreativen Schreiben
• Die S denken sich ein anderes Ende, das möglicherweise kein *happy end* ist, aus und schreiben es auf. Sie verwenden dabei das *simple past*. Beispiellösung:
*The woman went back to the supermarket but it was closed. So she decided to go to the police station. But the policemen didn't have a handbag. She didn't know what to do. She called the model agency and told them all about her handbag and the plane ticket to Paris. Then she tried to take a train. But it was too late. She went back to the hotel and called the agency again. They gave the job to another model.*

**WB C3   At the police station**                     **Schreiben/Lesen**                    WB, S. 55
Die S haben sicherlich alle schon einmal persönliche Dinge irgendwo vergessen oder verloren und können sich daher gut in die Situation von Alison hineindenken.
a) Die S ergänzen die Fragen des Polizisten. In Partnerarbeit tragen die S den Dialog vor.
   Lösungen: *What's your name? Where do you live?/When did you lose your purse?/Where did you go?/What does your purse look like?/What was in your purse?*

> Diff.   Für leistungsschwache S können diese Fragen in ungeordneter Reihenfolge vorgegeben werden.

b) Die S werten die Informationen aus dem Gespräch zwischen Alison und dem Polizisten in verschiedenen Zusammenhängen aus.

★ • Die S entwerfen eine Notiz für das Anschlagbrett im Supermarkt.
   Mögliche Lösung:   *Lost*
                     *blue purse with yellow flower on it*
                     *Notting Hill*
                     *near the library*
                     *please call Alison*
                     *phone number ...*

> Erweiterung:
> Denkbar sind auch Suchanzeigen über einen entlaufenen Hund, ein gestohlenes Fahrrad, einen verlorenen Hausschlüssel, …

☾ • Die S schreiben den Dialog als Polizeibericht auf. Sie verwenden das *simple past*.
   Beispiellösung: *Notting Hill Police Station*
   *On Wednesday Alison Simpson lost her purse in Notting Hill. She still had it at lunchtime. Then she went shopping in Notting Hill. She bought some bread at the supermarket. Then she went to the library. The purse is dark blue and it has got a yellow flower in it. There were six pounds and some small change and a photo of her new boyfriend in the purse.*

☀ • Die S schreiben den Brief der Polizei an Alison. Sie verwenden das *simple past*.
   Beispiellösung: *Dear Alison,*
   *Yesterday a man found your purse under a tree in Holland Park and brought it to the policestation. But there is bad news: There wasn't any money in the purse. But the photo of your new boyfriend was still there. Maybe that makes you happy again. Please come to the police station to get your purse back. Yours …*

**TB C6   Lord Stopwhistle goes shopping**         **Lesen/Hören**                    TB, S. 91
Beim Betrachten der Bilder zum Text wird über den Stand eines Lords bzw. einer Lady gesprochen (historischer Adelstitel durch Geburt oder Verleihung durch das Königshaus für besondere Verdienste). Sicher haben die S aus Filmen ein ausreichendes Vorwissen, um die Besonderheit des Vorschlages zu verstehen, zu *Woolworth* bzw. in die Geschäfte einer *high street* zu gehen. Impuls: *Where does a lord usually go shopping?*

• Vorspielen der CD mit dem Hörauftrag, verschiedene Geschäftsnamen herauszuhören.

• Sammeln der Geschäftsnamen an der Tafel und Benennen der dort gekauften Geburtstagsgeschenke.

• Die S vermuten, zu welcher Branche die Geschäfte gehören bzw. in welcher Abteilung die Geschenke gekauft wurden.

> Zusatzinformationen: **Ladenketten in London**
> Die im Text genannten Geschäfte zählen zu den großen Ladenketten, die jedermann in England kennt. *WH Smith's* ist ein Schreibwarengeschäft mit sehr breitem Sortiment. Je nach Größe der Filiale führt man dort auch Bücher, Spielzeug und CDs. Die Drogeriekette *Boots* bietet neben eigenen Markenwaren die Produkte vieler internationaler Kosmetikfirmen an. Außerdem gibt es eine Abteilung für Arzneimittel (*pharmacy*), deren Angebot dem einer deutschen Apotheke entspricht. Ein auch in Deutschland bekanntes Warenhaus ist *Woolworth*, das Artikel für den schmalen Geldbeutel bereithält.
> Die bereits erwähnte Warenhauskette *Marks & Spencer* ist inzwischen auch mit Filialen in deutschen Großstädten vertreten.
> L gibt einen kurzen Hinweis auf den so genannten „lokalen Genitiv": das 's wird besonders nach *at, in, to*, z.B. *at WH Smith's/Vera's (place)* verwendet. Einige Firmen, deren Namen auf -s endet, verzichten aber auch auf das 's in ihrem Namen, z.B. *Selfridges, Boots, Barclays*.

**TB C7   Choose an activity**        Lesen/Sprechen/Schreiben      *TB, S. 91*
Je nach Neigung wählen die S eine der folgenden Aufgaben aus.

1. Sie lesen die Geschichte in Gruppen vor und nehmen sie auf Kassette auf.    *Kassettenrekorder*

2. Die S spielen die Geschichte von Lord Stopwhistle und seinem Butler vor und nehmen die Szene auf Video auf.    *Videorekorder*

3. Die S stellen sich die Situation der Geschenkübergabe vor und schreiben auf, wie Lady Stopwhistle auf die Geschenke reagiert. Anschließend spielen sie die Szene vor.

4. Die S schreiben als Lady Stopwhistle einen Brief, in dem sie über die Geburtstagsgeschenke berichten – dabei soll ihr überraschter oder überheblicher Tonfall deutlich werden. Sie verwenden das *simple past*.

**WB C4   Articles in a department store**     Schreiben      *WB, S. 56*
a) Die S schätzen zunächst die Anzahl der in der Wortschlange enthaltenen Waren.
Lösungen: *cheese, egg, gloves, stopwatch, handbag, game, eraser, raincoat, tomato, scarf, socks, shoes, sunglasses, skirt, toys, shorts, stationery* (= 17 articles).

Hinweis: Zur Steigerung der Schwierigkeit kann man sie nach *departments* sortiert aufschreiben lassen (*food, clothes, toys, others*).

> Erweiterungen:
> - Das Spiel *Going shopping* nach dem Prinzp des „Kofferpackens" festigt den Gebrauch des *simple past* und macht immer wieder Spaß. Es kann in verschiedenen Varianten gespielt werden, z.B.: Es werden nur die letzten drei Dinge wiederholt, damit das Spiel schneller ist. Oder es muss ergänzt werden, wo bzw. zu welchem Preis etwas gekauft wurde.
>
> - Die S fertigen ein Quartettspiel zum Thema Einkaufen. Jeweils vier Karten werden mit Gegenständen versehen, die man in einer Abteilung eines Kaufhauses (*music, clothes, or food department*) erwerben kann, z.B. *stationery department: ruler, pencil, birthday cards*. Die Karten lassen sich ähnlich wie die des Tierquartetts von *Copymaster 11* gestalten. Als Redemittel werden benötigt: *Do you sell …? – Yes, I do./No, I don't*.    *Karten*

b) Die S schreiben die Wörter in alphabetischer Reihenfolge auf.
Lösungen:
*boot, bowl, clothes, comb, food, football, glass, gloves, handbag, handkerchief, jacket, jam, juice, plate, raincoat, vegetables.*

Teil C | 95

| TB  detective page | Schreiben/Sprechen | TB, S. 92 |

1) Die S nennen die Begriffe, die jeweils nicht in die Reihe passen und erklären, warum nicht.
   Lösungen: *teddy, paper crown, potatoes, teacher, festival.*

2) Die S erinnern sich an inhaltliche Details aus *Theme 4* und ergänzen die Sätze unter Verwendung des *going to future*.
   Lösungen:
   *Karim has got plans for Diwali. He is going to hang lights in his bedroom window.*
   *It is Mrs Collins' birthday tomorrow. Gillian is going to buy her a present.*
   *The woman in black left her handbag in the supermarket. She is going to go back to the supermarket.*
   *David and his father found a handbag. They are going to put a notice in the window.*

3) Hier wird das Wortfeld *light* mithilfe von Bildimpulsen versprachlicht.
   Lösungen: *candle; sun; moon; stars; spotlight;* weitere Wörter aus *Theme 4: firework, lamp, light (and sound) show, Festival of Lights, bonfire, burn, sunglasses.*

4) Die S blättern durch *Theme 4* und erledigen die Suchaufträge. Mögliche Lösungen:
   *The shortest text is 'Valentine's Day' on page 80./I think the funniest picture is on page …/ I think the longest word is 'handkerchief'./The oldest person is Mr Williams./I think the easiest exercise is …/I think the best story is …*

5) Die S entziffern Davids Nachricht in Geheimschrift.
   Lösung: *To the woman in black*
   *I've got your handbag and your ticket. Meet you at the airport at six.*
   *David*

**Selbsteinschätzung:**  WB, S. 56
Die S füllen den Portfolio-Fragebogen „Vokabeln lernen" im Workbook aus. Dabei reflektieren sie die Effektivität der verschiedenen Methoden des Vokabellernens. Sie können sich mit ihren Mitschülerinnen und Mitschülern darüber austauschen, wie sie am besten Wörter behalten. Auch die Vokabeltipps in den Wortlisten können ausprobiert und bewertet werden.

# 5  96 Dos and don'ts                                                                 Teil A

| Medium | Nummer | Seite | Titel | Fertigkeit | Zusatzinfo |
|---|---|---|---|---|---|
| TB Folie 14 | A1 | 94 | Problems | Sprechen | Bildimpuls als Einstieg in das Thema |
| WB | A1 | 57 | Problems or no problems at your home? | Schreiben/Sprechen | *warming up* |
| TB | A2 | 94 | Mum's rules | Lesen | Brief |
| WB | A2 | 57 | Rules for Gillian | Schreiben | Textverständnis |
| TB | A3 | 95 | Gillian and her mum | Sprechen | Ordnen eines Dialogs |
| WB | A3 | 58 | What kind of person are you? | Lesen | Psychotest |
| TB | lif 15 | 147 | Die modalen Hilfsverben ‚can' und ‚must' | | |
| TB | A4 | 95 | Rules in YOUR house | Sprechen | *have to/mustn't/ can/can't* |
| WB ★☾☀ | A4 | 59/60 | Rules – rules – rules | Schreiben | *have to/mustn't/ can/can't* |
| TB ★☾☀ | A5 | 96 | Rules – rules – rules | Sprechen/Schreiben | *have to/mustn't/ can/can't* |
| WB | A5 | 60 | Everything for Roger's party | Schreiben | *revision: some and any* (lif 13) |
| TB Portfolio | A6 | 96 | A letter | Schreiben | Schreiben eines Briefes |
| TB CD | A7 | 96 | Roger's party | Hören | Hörverstehen nach CD |
| TB | lif 16 | 148 | Steigerung und Vergleich mit ‚more' and ‚most' | | |
| TB Folie 15 copy 23f. | A8 | 97 | MY opinion | Schreiben/Sprechen | *Comparison of adjectives with more and most* |
| WB ★☾☀ | A6 | 61/62 | Comparisons | Schreiben | Steigerungsformen (lif 12, 16) |
| TB | A9 | 97 | The opinion game | Sprechen | Kettenspiel |

Die grau unterlegten Felder stellen das Pflichtpensum dar, die weißen die Kür.

Teil A                                                                    ■ 97

## Theme 5: Dos and don'ts

Teil A:  • Um Erlaubnis bitten
        • Erlaubnis und Verbot ausdrücken
        • Seine Meinung äußern

**TB A1   Problems**                              Sprechen                TB, S. 94

Wie kein anderes Thema gehören Auseinandersetzungen mit den Eltern wegen Kleidung, Frisuren, Musikgeschmack, Taschengeld und Freunden zu den Alltagserfahrungen der S dieser Altersstufe. Vielleicht möchten einige S nicht im Plenum über familiäre Probleme sprechen, evtl. jedoch im Partnergespräch.

- Ohne direkt über die persönlichen Probleme der S zu sprechen, liefert die Illustration auf Folie 14 auf witzige Art einen Einstieg in das Thema. L legt stumm die Folie auf und wartet auf Reaktionen.

- S werden sich vermutlich zunächst auf die Beschreibung der Situation und der Personen beschränken: *The children are watching TV. They are watching horror films. It's late. They are laughing and talking. It's loud ...*
  L gibt Impuls: *Look at the parents. What about their feelings?*
  S: *They are angry because ...*
  In Form von Imperativen können die S bereits Verbote zu der Illustration formulieren: *Don't put your feet on the table! Don't watch TV late at night! ...*

- S beschreiben die Illustration von TB A1: *The boy's hair is red and blue. His mother doesn't like his hair. His pet is a spider. He is listening to loud music ...*

- Im Unterrichtsgespräch nennen die S weitere mögliche Eltern-Kind-Probleme (*pocket-money, jobs at home, music, homework, bed time, ...*), evtl. auch auf Deutsch.

**WB A1   Problems or no problems at your home?**   Schreiben/Sprechen    WB, S. 57

a) Nach dem Einstieg über TB A1 bzw. Folie 14 können die S die im grauen Kasten gelisteten Probleme als auf sie zutreffend oder nicht zutreffend klassifizieren.

b) Danach sprechen die S in Partnerarbeit mithilfe der vorgegebenen Strukturen über die Probleme. Sie können natürlich davon abweichen.

> Diff.   Leistungsschwächere S dürfen sich auch auf Deutsch unterhalten.

**TB A2   Mum's rules**                           Lesen/Sprechen          TB, S. 94

Typisch für Jugendliche dieses Alters ist es, solche Konflikte mit den Eltern mit einem Freund/einer Freundin im Gespräch oder in einem Brief zu verarbeiten. Sie haben dann jemanden, der diese Erfahrung teilt, sie versteht und ihnen evtl. mit guten Ratschlägen oder Trost weiterhilft.

- S lesen den Brief still. Dabei beachten sie folgende Aufgabenstellung:
  *Read Gillian's letter and find out about her mother's rules. What are Gillian's problems?*
  Anschließend werden Gillians Probleme und die entsprechenden Vorschriften ihrer Mutter zusammengetragen.

- In lif 15 finden die S Erklärungen zum Gebrauch der *auxiliaries* – für das Textverständnis   TB, S. 147
  sind diese hier jedoch nicht notwendig.

> Diff.   Leistungsstärkere S halten die Regeln der Mutter in einer Tabelle an der Tafel fest:   Tafel
  *You have to do*              *You mustn't do*                *You can ...*
  *You have to wear a skirt*    *You mustn't wear make-up*      *You can go to the disco*
  *You have to be home by 8.00pm*

- L gibt Impuls: *What about your Mum and Dad? Are there any 'mustn't' and 'have tos' at your home?* S nennen Beispiele aus ihrer eigenen Erfahrung.

## WB A2   Rules for Gillian                             Lesen/Schreiben                     WB, S. 57
Textverständnis zu TB A2
- S fügen die entsprechenden *rules* in die Sätze ein.
  Lösungen: *1. has to wear clean clothes/2. mustn't wear her earrings/3. has to be home at half past four/4. has to do her homework/5. mustn't watch TV/6. can wear her earrings.*

## TB A3   Gillian and her mum                           Lesen/Sprechen                      TB, S. 95
Um Erlaubnis fragen und Verbote bzw. Erlaubnis erteilen

a) S ergänzen die Fragen durch *Can I ...* und ordnen die passende Antwort zu.
   Lösungen: 1c); 2e); 3a); 4g); 5f); 6b); 7d).

b) Da die angebotenen Szenen eng an die persönlichen Erfahrungen der S anknüpfen, bietet es sich an, diese anschließend auch szenisch darstellen zu lassen.

> Erweiterung:
> Für einen Elternabend können derartige Szenen zu kleinen Sketchen ausgearbeitet und als Impuls für ein Eltern-S-L-Gespräch verwendet werden.

## WB A3   What kind of person are you?                  Lesen                               WB, S. 58
Übung zum Leseverstehen
- S bearbeiten den Psychotest für sich.

## Lif 15   Die modalen Hilfsverben 'can' und 'must'                                         TB, S. 147
Hier werden Bedeutung und Anwendung der *modal auxiliaries can, must* und *have to* sowie ihre verneinten Formen erläutert. Die Bedeutung von *must* und *have to* ist identisch, *have to* wird allerdings häufiger gebraucht.

- L heftet Wortkarten an die Tafel: *You can't .../You have to .../You mustn't ...*      *Tafel,*
  S betrachten die Illustration von TB A1 noch einmal. Die Klasse wird in zwei Gruppen auf- *Wortkarten,*
  geteilt; Gruppe A gibt Impulse, indem sie sagt, was der Mutter nicht gefällt: *The boy's* *Magnete*
  *mother doesn't like his hair.*
  Gruppe B schlüpft in die Rolle der Mutter und sagt, was der Junge tun muss, nicht tun kann oder nicht tun darf: *You have to change the colour of your hair .../You can't go to school like this .../You mustn't take the spider to Aunt Mary ...*

> Erweiterungen:
> - Die Zusammenstellung der Eltern-Kind-Probleme aus TB A1 kann für *small talks* (s. TM S. 66) zu Stundenbeginn wieder aufgegriffen werden. Jede/r S bereitet zu einem Problem ca. zehn Sätze für eine der nächsten Stunden vor. Die MitS stellen nach dem Vortrag Fragen und/oder geben Ratschläge zur Lösung des Problems.
> - S fertigen ein *rules poster* mit Regeln zu einem neuen Thema an, z.B.: *Safe sports, How*   *Poster*
>   *to look after a pet, Rules at the holiday camp,* etc.

## TB A4   Rules in YOUR house                           Sprechen                            TB, S. 95
In dieser Übung sprechen die S über die Regeln zu Hause. Sie benutzen dafür die Modalverben, die hier symbolisch dargestellt und in lif 15 erklärt sind.

- L malt die vorgegebenen Symbole mit den entsprechenden Modalverben an die Tafel.   *Tafel*

Diff. ▶
- Für leistungsschwächere S bereitet L Satzkarten mit Beispielsätzen vor. Die S formulieren   *Satzkarten,*
  zunächst mithilfe der vorgegebenen Satzstrukturen die häuslichen Regeln und wenden       *Magnete*
  die *modals* an. Anschließend suchen sie die entsprechenden Satzkarten vom Lehrerpult
  und heften sie unter das entsprechende Symbol an die Tafel.

- In Partnerarbeit schreiben die S Regeln auf leere Satzkarten und heften sie an die Tafel.

Teil A

| | | | |
|---|---|---|---|
| | **WB A4   Rules – rules – rules** | Schreiben/Lesen | WB, S. 59f. |

*Festigungsübung zu den modals*

- S setzen die durch Schilder symbolisierten *modals* ein und lesen den vollständigen Text vor.

- S schreiben auf, was sie zu Hause tun müssen, tun können und nicht tun dürfen.

- Hier sind Begründungen von Eltern zu ihren Verboten gegeben. Den S sind solche Äußerungen sicherlich bekannt. Sie formulieren jeweils eine Regel zu den Begründungen.

| | **TB A5   Rules – rules – rules** | Schreiben/Lesen | TB, S. 96 |
|---|---|---|---|

- S lesen die E-Mail und ergänzen die fehlenden Satzteile. Sie lesen die E-Mail dem Nachbarn/der Nachbarin vor.

- S versprachlichen die Bilder und wenden die *modals* an.
  Lösungen: *Lisa must be back by 7.30pm./Lisa mustn't put her feet on the table./She must be in bed by 9.00pm./She can't have pets at home./She must tidy her room.*

- S fertigen ein Poster mit lustigen *house rules* für die Eltern an. Besonders gelungene Beispiele sollten in der Klasse aufgehängt werden.                                                          Poster

| | **WB A5   Everything for Roger's party** | Schreiben/Sprechen | WB, S. 60 |
|---|---|---|---|

*Revision exercise zu some und any*

- Übung knüpft an Gillians Hinweis auf Rogers Party an. Roger ist mit den Vorbereitungen für die Party beschäftigt. S schreiben auf, was Roger für seine Party braucht (*some*) und was er nicht braucht (*any*).
  Lösungen: *He has got some games but he hasn't got any balloons. He has got some lemonade but he hasn't got any water. He has got some butter but he hasn't got any bread. He has got some cake but he hasn't got any cheese. He has got some plates but he hasn't got any glasses.*

| | **TB A6   A letter** | Schreiben/Lesen | TB, S. 96 |
|---|---|---|---|

*Übung zum kreativen Schreiben*

- S schreiben einen Brief oder eine E-mail an Gillian, in dem/der sie von den Regeln in ihrem Zuhause berichten. Dabei sind Gillians Brief aus TB A2, die Zusammenstellung von Regeln aus TB A4 und Lisas e-mail aus TB A5 als Vorlage hilfreich.

| | **TB A7   Roger's party** | Hören/Sprechen | TB, S. 96 |
|---|---|---|---|

*Hörverstehensübung und Übung zum note-taking*

- S hören die CD bei geöffnetem Buch. L erteilt Hörauftrag: *What's going on at the party? Girls, please find out about Vera's favourite boy at the party. Boys, you find out about Karim's favourite girl, please.* Lösungen: *John Richards; Kim.*

Der Hörtext lautet: *Listen to Vera, Gillian und Karim at Roger's party.*

Vera:     Look, Gillian, isn't that boy just lovely?
Gillian: Who?
Vera:     He's the most handsome boy I've ever seen.
Gillian: Who are you talking about?
Vera:     Mmmm, tall, dark and handsome …
Gillian: Who???
Vera:     The boy in the green jeans.
Gillian: Him? That's John. You like John Richards? Ugh, you can have him.
Vera:     Gillian! So, who do you like?
Gillian: Well, I like … where is he, oh yes, in front of the TV. He's the most romantic boy I know.
Vera:     What? You like Roger?
Gillian: I think he's cute and …
Vera:     Well go and talk to him then.

*Gillian:* Oh no, I can't, look. Mandy's talking to him now. Ugh, she's the most stupid girl in the world.
*Karim:* That's not a very nice thing to say.
*Gillian:* Hi Karim. Hmm, I don't like her.
*Karim:* But she's the most beautiful girl in the room.
*Gillian:* Yes, she's got the most perfect long black hair and she knows it.
*Vera:* Look, there's Kim, now she's nice.
*Karim:* Yes, she's the most interesting girl at the party. She's the best dancer, too. Doesn't she look great in that orange jacket? I'm going to ask her for a dance.

- Wiederholtes Anhören der CD. S beantworten die *Who*-Fragen des Buches.
  Lösungen: *Roger is the boy in front of the TV./Mandy is the girl with the long black hair./Kim has got an orange jacket./John Richards is wearing green jeans.*

### Lif 16  Steigerung und Vergleich mit 'more' und 'most'      TB, S. 148
S reaktivieren zunächst ihr Wissen über die in *Theme 4* gelernten Vergleichsstrukturen
*... than ..., as ... as, the ...* Impuls: *How do you compare things?*
In lif 16 finden sie Erklärungen zur Steigerung mehrsilbiger Adjektive. Sie ergänzen ihre Mobiles (s. TM S. 85) mit neuen Beispielen. Für weitere spielerische Übungsmöglichkeiten s. Vorschläge für Erweiterungen TM S. 86.

### TB A8  MY opinion      Lesen/Schreiben/Sprechen      TB, S. 97
Übung zur Meinungsäußerung (Steigerung mit *more/most*)
a) S überlegen sich mithilfe der Bildimpulse, was ihnen gefällt bzw. nicht gefällt. Dazu machen sie sich Notizen in Form einer Tabelle oder Hitliste.
b) Die S vergleichen ihre Vorlieben bzw. Abneigungen in Partnerarbeit und tauschen so ihre Meinung aus.

> **Erweiterungen:**
> - Die Folie 15 bietet mit *A competition in bear country* viele Möglichkeiten, zur Beschreibung mit Vergleichssätzen. Die witzigen Disziplinen des Wettkampfes motivieren die S, die Geschehnisse in Form einer Sportreportage zu kommentieren.
> - *Copymaster 23* übt in authentischer Situation die Superlativ-Form mit dem Multiple Choice Quiz *Who's the cleverest?* L stoppt die Zeit; jede falsche Antwort wird mit einer Strafsekunde bewertet. Die Lösungen können die S in dem Buchstabenrätsel finden.
> - Ein aktuelles *Guinness Book of Records* (Print oder Internet) bietet reichlich Sprechanlässe. Die S können auch über Sinn bzw. Unsinn der Weltrekorde diskutieren.    *Internet*
> - *Copymaster 24 When I was your age ...* kann eingesetzt werden, um in einem lustigen Rahmen Aussagen im Superlativ zu formulieren, z.B. *... I told the most exciting stories; I was the best pupil.* Die Übung kann im Plenum mündlich vorbereitet und anschließend von den S schriftlich fortgeführt werden. Dabei haben sie die Möglichkeit, sich weitere Aussagen des angeberischen Großvaters auszudenken.

### WB A6  Comparisons      Schreiben/Lesen      TB, S. 61f.
Festigungsübung zu den Steigerungsformen
- S ergänzen die Tabelle mit den fehlenden Steigerungsformen.
- S vergleichen die vorgegebenen Gegenstände und Personen mithilfe der Adjektive aus TB A6.
- S setzen die richtige Steigerungsform in den Lückentext ein.

### TB A9  The opinion game      Sprechen      TB, S. 97
Kettenspiel zu den Steigerungsformen
- In Form einer Schülerkette tauschen die S ihre Meinung aus.

# Dos and don'ts Teil B

■ 101

| Medium | Nummer | Seite | Titel | Fertigkeit | Zusatzinfo |
|---|---|---|---|---|---|
| TB | B1 | 98 | At school | Lesen/Sprechen | |
| WB | B1 | 62 | A dream school | Schreiben | |
| WB ★ | B2 | 63 | David's school day | Schreiben | *revision: simple present* (lif 1) |
| TB | B2 | 99 | School rules | Schreiben | Projekt: Poster |
| WB | B3 | 63 | Problem page | Lesen | |
| WB | B4 | 64 | YOUR favourite school dinner | Lesen/Schreiben/Sprechen | Ein Menü zusammenstellen |
| WB | B5 | 65 | These and those | Sprechen | Partnerarbeit |
| TB CD | B3 | 99 | A poem | Hören | |
| TB CD ★☾☀ | B4 | 100 | School uniforms | Hören | Hörverstehen nach CD |
| TB | B5 | 100 | What to wear? | Sprechen | |
| WB CD | B6 | 65 | School uniforms | Hören | Hörverstehen nach CD |
| TB | L&L 5 | 100 | Schuluniformen | | |
| TB ★★☀ | B6 | 101 | Uniform or no uniform? | Sprechen/Schreiben | Wortschatz: *clothes*; Meinungen äußern |
| WB | B7 | 66 | YOUR opinion | Sprechen | Vorbereitung auf TB B7 |
| TB | B7 | 101 | YOUR opinion | Sprechen | Gruppenarbeit: Klassendiskussion |

Die grau unterlegten Felder stellen das Pflichtpensum dar, die weißen die Kür.

**Teil B:**
- Über Kleidung diskutieren
- Über Verhalten sprechen
- Seine Meinung äußern

Dieser Kapitelteil gibt einen Einblick in den englischen Schulalltag und lädt zum interkulturellen Vergleich ein. Die S haben in **Notting Hill Gate 1** und im ersten *Theme* dieses Bandes bereits eine Menge über Schulen in Großbritannien gelernt. Dieses Wissen kann zunächst reaktiviert werden. L: *What do you know about English schools?*

### TB B1   At school                                  Lesen/Sprechen                            TB, S. 98
Übung zum Leseverstehen und *note-taking*

- S lesen die Schulregeln still, sagen anschließend, welche Verstöße gegen die Schulregeln bildlich dargestellt sind. *What about the pictures? Is it OK what the pupils are doing?*

- S lesen die Fallbeispiele und beantworten die Fragen mithilfe der *Hendon School Rules*. Lösungen: *1. David must go to the deputy head./2. No, she can't./3. For football training Charlie must wear his sports kit./4. Yes, it is./5. He must bring a packed lunch./6. He must bring a note to the deputy head./7. No, she can't.*

- Die S vergleichen die englischen Schulregeln mit den Regeln an ihrer Schule. L hält die Ergebnisse an der Tafel fest:                                                                                                Tafel

*rules as in German schools*                         *different rules*

1. You must be polite, respect rules.                 2. You must go to the deputy head when late.
3. You must walk in the school building,              4. You must wear school uniform, you must not
   not run.                                              wear jeans or mini skirts.
6. You must not smoke.                                5. You must wear sports kit for sports.
9. You must not leave school at                       9. You must not leave school grounds
   break.                                                at lunch time.
                                                     10. You must bring packed lunches, you
                                                         can buy meals at the school cafeteria.
                                                         You must bring a note to deputy head
                                                         when you eat a special diet.

- L heftet Satzkarten mit *phrases* als visuelle Hilfe für die Meinungsäußerungen an die Tafel:   Tafel,
  *I think, it's silly that pupils must ...*                                                      Satzkarten,
  *It's OK that pupils ... but/because ...*                                                       Magnete
  *It's good/bad that pupils ... because ...*
  *I don't understand why pupils must ...*
  *I like rule number ... because I think ...*
  *It's a good idea that ... because ...*

- S sagen ihre Meinung zu den *Hendon School Rules* und vergleichen sie mit den Regeln an deutschen Schulen. L: *Are there any rules at Hendon which you like better?*

> Diff.   Die Diskussion kann für leistungsschwächere S auch auf Deutsch durchgeführt werden.

### WB B1   A dream school                        Schreiben/Sprechen                              WB, S. 62
Übung zu den *modal auxiliaries* und zum kreativen Schreiben
- In Partnerarbeit denken sich S *dream rules* für ihre *dream school* aus.

- Im Plenum werden die originellsten Regeln ausgesucht und auf einem Klassenposter fest-         Poster
  gehalten.

Teil B | ■ 103

**WB B2   David's school day**  Schreiben  *WB, S. 63*
Festigungsübung zum *simple present*
- S setzen die Verben in den Lückentext ein.
  Lösungen: *comes, goes, start, are, wear, has, stays, wears.*
- S vergleichen die Ergebnisse mit dem Nachbarn, lesen die Sätze vor.

**TB B2   School rules**  Sprechen/Schreiben  *TB, S. 99*
Übung zur Sprechfertigkeit
a) Die S schreiben die Regeln ihrer Schule auf. Sie vergleichen ihre Ergebnisse in Partnerarbeit und ergänzen ihre Liste anschließend entsprechend.
L verteilt kleine Zettel an die S. S schreiben Schulregeln auf, die an ihrer Schule gelten: *kleine Zettel*
*We must .../We can .../We mustn't ...*

b) Die Zettel werden auf dem Lehrerpult gesammelt; zwei oder drei S lesen sie abwechselnd vor und bewerten die Regel: *I think this rule is OK because ...* Die MitS stimmen zu oder widersprechen: *I don't agree with you. I think this rule is not OK because ...*

c) In Gruppenarbeit (vier bis fünf S) fertigen die S ein englischsprachiges Poster mit Klassenregeln an.

S vergleichen schriftlich die Schulregeln der *Hendon School* mit ihren Schulregeln. Dazu können sie die Tabelle aus TB B2 b) zu Hilfe nehmen.

**WB B3   Problem page**  Lesen/Schreiben  *WB, S. 63*
Übung zum Leseverstehen und kreativen Schreiben
- Den S sind diese Art der Kummerkastenbriefe aus Jugendzeitschriften bekannt. Sie lesen den Brief, beantworten ihn und tauschen ihn dann mit dem Nachbarn zur Fehlerkontrolle aus: *Correct my mistakes, please!*
- Anschließend vergleichen und diskutieren sie mit ihrem Partner/ihrer Partnerin ihre unterschiedlichen Lösungsstrategien zu Pauls Problem.
- Einige Beispiele von Antwortbriefen werden in der Klasse vorgelesen.

> Erweiterung:
> S schreiben einen Brief über ein gedachtes oder ein wirkliches Problem. Sie tauschen ihre Briefe mit einem Partner/einer Partnerin aus und verfassen als 'Sarah' bzw. 'Harry' ein beratendes Antwortschreiben. Einige Beispiele werden vorgelesen und besprochen.

**WB B4   YOUR favourite school dinner**  Schreiben/Sprechen  *WB, S. 64*
Reaktivierung des Wortfeldes *meals/food*
a) S stellen sich aus den vorgeschlagenen Speisen ein Menü zusammen.
b) S suchen sich nacheinander mehrere Gesprächspartner, die ihr Menü erraten müssen und umgekehrt.

**WB B5   These and those**  Sprechen/Malen  *WB, S. 65*
Reaktivierung des Wortfeldes *clothes*; Vergleiche mit *these/those*.
- L gibt zunächst einige Beispielsätze mit *this/that* vor: *I like this poster better than that poster over there./I think this book is more interesting than that comic./...* L bezieht auch die S mit ein: *What do you think? Is this ruler longer than that one? Are these exercise books bigger than those? Are these pencils longer than those?*
- Die S formulieren aufgrund ihres Wissens über den Gebrauch von *this* und *that* eine Regel für *these* und *those*. Anschließend lesen sie in lif 17 die Bedeutung und Anwendung von *these/those* noch einmal nach.  *TB, S. 148*
- S malen das Bild farbig aus. Danach sprechen sie mit ihrem Partner/ihrer Partnerin über ihre Bilder, indem sie einzelne Gegenstände miteinander vergleichen.

## TB B3  A poem                    Hören/Lesen/Sprechen          TB, S. 99
Übung zur Schulung der Lesefertigkeit und des Leseverstehens
- Vorspielen der CD bei geschlossenem Buch. L: *What is the poem about?*
- Wiederholtes Vorspielen bei geöffnetem Buch, S lesen mit.
- In Partnerarbeit lesen sich die S die Strophen abwechselnd vor und versuchen dabei, die Sprechweise (Intonation, Pausen etc.) des *native speaker* möglichst genau nachzuahmen.
- S denken sich weitere originelle Strophen aus.

Die folgenden Übungen dienen zur Hinführung auf eine spätere Podiumsdiskussion des Themas *school uniforms* (TB B7). Die S lernen verschiedene Argumente (*for and against*) kennen und sammeln Redemittel zur Meinungsäußerung.

## TB B4  School uniforms            Hören/Schreiben/Sprechen       TB, S. 100
Hörverstehensübung
Im Verlauf der beiden Bände des Lehrwerks haben die S in den Lesetexten schon einiges über den englischen Schulalltag erfahren. Die englischen Schuluniformen sind ihnen ebenfalls aus den Illustrationen bekannt. Der Hörtext enthält viele Details, sodass ein mehrfaches Hören nötig ist, um die Aufgaben zu bearbeiten.

Der Hörtext lautet: *Listen to Gillian and Vera:*

*Gillian:* Oh, Vera, look! There are Roger and John. They're on their way home from school.
*Vera:* Wow, Gillian, doesn't John look great? Hey, do you still like Roger?
*Gillian:* Yes, he's cute. But those school uniforms. What do you think? Do the boys look good in their uniforms?
*Vera:* Well, I don't know. They look a bit like penguins. Everyone looks the same in their uniforms. Hey, do you think John will like my jeans?
*Gillian:* Those jeans look great! Isn't it nice that we don't have to wear a school uniform at Holland Park School?
*Vera:* Yes, I hated my uniform at Hendon. Everything was in dark colours: blue skirt, blue blazer, grey trousers. And always a stupid white shirt with the red school tie. The same clothes every day. Boring! Now I can wear my favourite clothes to school. I just have to think about what to wear to school each morning!
*Gillian:* True. But what about girls like Mandy and Kim? They've always got better and more expensive clothes. I hate that. Mum never buys me cool clothes for school.
*Vera:* Oh I don't listen to them. My mum always says that school uniforms are cheaper, too. But I'm happy that I don't look like all the others.
*Gillian:* That's true. Come on. Let's talk to the boys.

- Mehrfaches abschnittsweises Vorspielen der CD bei geöffnetem Buch.
- S fügen die Sätze mithilfe des *switchboard* zusammen. Sie vergleichen ihre Ergebnisse in Partnerarbeit. Mögliche Lösungen: *At Hendon School the boys must wear blue blazers (and white shirts)./At Hendon School the girls and boys must wear blue blazers, grey trousers or blue skirts./At Holland Park School the girls can wear their favourite clothes./At Holland Park School the girls don't have to wear a school uniform.*
- S machen sich beim Hören des Dialogs Notizen zu den Schuluniformen. Anschließend formulieren sie ganze Sätze. Lösungen:
  *The pupils have to wear school uniforms at Hendon School. At Hendon School the pupils have to wear clothes in dark colours. The girls have to wear blue skirts or grey trousers. The boys have to wear grey trousers. All the pupils have to wear white shirts, blue blazers and red ties to school.*
- S erstellen eine Tabelle wie im TB vorgegeben. Sie schreiben Veras Argumente in Kurzform (*note-taking*) in die entsprechenden Spalten. Lösungen:
  <u>for</u>: school uniforms are cheaper; when you wear your own clothes to school, there are always pupils with cooler clothes; / <u>against</u>: everyone looks the same; boys look like penguins in their uniforms; pupils can't wear their favourite clothes; uniforms are boring.

Teil B

**TB B5   What to wear?**   Sprechen   *TB, S. 100*
Festigungsübung zum *simple present*
- S berichten mithilfe des *switchboard* über ihre Vorlieben in Bezug auf ihre Kleidung für die Schule.

**WB B6   School uniforms**   Hören/Malen/Sprechen   *WB, S. 65*
Übung zum Hörverstehen
- Als Vorbereitung auf diese Hörverstehensübung kann im Klassenverband eine *mind map* zu *school uniforms* angefertigt werden (*nouns, adjectives, verbs*). Zwei S arbeiten an der verdeckten Tafel oder schreiben auf Folie. Das Wortfeld wird vorgelesen; in zwei Teams bilden die S um die Wette Sätze mit möglichst vielen der Wörter. L: *Let's have a sentence competition.*

a) Mehrfaches Vorspielen der CD; S kreuzen an, welche Kleidungsstücke an welcher Schule getragen werden müssen und welche Meinung die Sprecher äußern.

Der Hörtext lautet:

*Interviewer: We are talking to three pupils today about school uniforms. Can you tell us about your uniform, please?*
*Boy: Well, I go to a very good school in London, St. Mark's. I think school uniforms are a good idea. We all look the same, you know. Our uniform is a dark blue blazer, a light blue shirt and dark blue pullovers. We must wear grey trousers and the girls wear grey skirts. Oh yes, and black shoes, of course.*
*Interviewer: Thank you very much. And what do you think about school uniforms?*
*Girl 1: I don't like wearing our school uniform but we have to wear it. It's a red blazer and white shirt and then in winter we have to wear a grey pullover. And grey trousers or skirt. The skirt is a bit long, below the knees. Brown shoes, they don't look right with grey trousers. But that's the uniform at Winstrone.*
*Interviewer: Thank you very much. Now, what do you think about school uniforms?*
*Girl 2: I go to Wolvertone Grammar and I hate my school uniform. Terrible. It's like a sack and so boring. Black sweater, black skirt or trousers, black shoes. Then a terrible grey shirt. The only colour is the blazer. It's green but I don't like green. I look ill in green and every morning I ...*

b) S malen die Uniformen nach Hördiktat farbig aus. Sie versprachlichen ihre Ergebnisse: *The boy at St. Mark's School must wear a dark blue blazer. His shirt is ... His trousers are ... He thinks that uniforms are ... The girls must ...*

**Land und Leute 5:   Schuluniformen**   Lesen/Sprechen   *TB, S. 100*
Die S informieren sich mithilfe des Landeskunde-Texts über englische Schuluniformen.
- S befragen auf Englisch ihre ausländischen Mitschüler und Mitschülerinnen nach den Schuluniformen in ihrem Herkunftsland.

> Erweiterung:
> Die S entwerfen eine *dream school uniform*. Ihre Zeichnungen können sie als *picture dictionary* gestalten oder mit einem Text versehen und in ihr Portfolio heften.

*Papier, bunte Stifte*

**TB B6   Uniform or no uniform?**   Sprechen   *TB, S. 101*
- Auch in vielen Berufen wird eine Art Uniform getragen. Die S beschreiben die Kleidung der Personen auf den Fotos und nennen deren Berufe.
  Mögliche Lösungen: *The first person is a street cleaner. He has to wear red trousers (a red overall) and a yellow jacket with white stripes./The second person is a pilot. She has to wear a white shirt and a blue skirt or blue trousers./The third person is a policeman. He has to wear a white shirt, a black hat and black trousers./The fourth person is a bus driver. She has to wear a white shirt, a blue hat, a blue jacket and a blue tie./The fifth person is a doctor. He has to wear white clothes./All the players of the football team wear the same sports kit. They have to put on white socks, dark shorts and a white T-shirt.*

- S beschreiben andere Berufsbekleidungen, die MitS erraten die Berufe, z.B: *She must sometimes wear a black skirt and a white blouse with an apron. She brings you the meals.*

- S formulieren ihre Meinung zu *school uniforms* mithilfe des *switchboard*.

- S bereiten in Partnerarbeit die Diskussion über *school uniforms* (TB B7) vor, indem sie Argumente für und gegen Schuluniformen aufschreiben. Dazu nehmen sie ihre Notizen von TB B4 zu Hilfe.

**WB B7   YOUR opinion**     **Sprechen**     WB, S. 66
Übung zur Sprechfertigkeit; Redemittel zur Meinungsäußerung.

- S wählen innerhalb ihrer Gruppe (vier bis fünf S) eines der vorgeschlagenen Themen (oder einigen sich in der Gruppe auf ein anderes Thema) und machen sich Notizen zum Für und Wider der Fragestellung.

- Anschließend diskutieren sie in der Gruppe mithilfe der vorgegebenen Redemittel.

- S diskutieren die Themen anschließend im Plenum. Jeweils eine Gruppe übernimmt die Gesprächsleitung.

**TB B7   YOUR opinion**     **Malen/Schreiben/Sprechen**     TB, S. 101
Übung zur Sprechfertigkeit (Meinungsäußerung)

- In Form einer Podiumsdiskussion setzen die S ihr (Sprach-) Wissen in verschiedenen Rollen um. Dabei ist es wichtig, dass die S sich an ihre festgelegten Rollen halten und „ihre" (zugeteilte) Meinung überzeugend vertreten.
  Eine Gruppe vertritt die Pro-, eine andere die Contra-Argumente; innerhalb der Gruppen können die Rollen beispielsweise mit Schülervertretern, Elternsprechern, Lehrkräften und Schulleitung besetzt werden; evtl. leitet L oder ein/e S die Diskussion, sodass sichergestellt ist, dass beide Seiten gleichermaßen zu Wort kommen.

- Die S überlegen sich, wie sie in ihrer jeweiligen Rolle argumentieren könnten. Ihre Ideen halten sie in Stichworten auf Spickzetteln fest; z.B. *pupil against school uniforms: boring/parents for uniforms: cheaper/headteacher for uniforms: no other schools have got uniforms/* …
  Eine dritte Gruppe bildet die kritische Zuhörerschaft. Am Ende der Diskussion entscheidet sie durch Handzeichen, ob Schuluniformen eingeführt werden sollten oder nicht. Hier zeigt sich, welche der beiden Gruppen am überzeugendsten argumentiert hat.

- L führt in die Situation ein: *Welcome to our school evening. We are here to discuss about school uniforms. Here are some pupils, parents and teachers who want to tell you what they think about school uniforms. Listen to their arguments and decide for or against a uniform at our school. Let's hear the headteacher first.*

> **Erweiterung:**
> Nachdem die S soviel über das englische Schulsystem erfahren haben, bietet sich ein Projekt über ihre eigene Schule an. Die S erstellen eine Broschüre, in der sie ihre Schule und sich selbst auf Englisch vorstellen. Dazu fotografieren sie beispielsweise das Schulgebäude, den Schulhof, den Sportplatz, ihren Klassenraum, die Turnhalle, einige Lehrer/innen, den Hausmeister, Aktivitäten bei den AGs, etc. Sie ergänzen Infos zu den einzelnen Bildern, Schulregeln und Klassenregeln und vieles mehr. Als Poster kann diese Selbstdarstellung auch am schwarzen Brett der Aula aufgehängt werden.

## Dos and don'ts Teil C

| Medium | Nummer | Seite | Titel | Fertigkeit | Zusatzinfo |
|---|---|---|---|---|---|
| TB | C1 | 104 | Traffic signs | Sprechen | *warming up* |
| TB CD | C2 | 104 | In the street | Lesen/Sprechen | Lesetext |
| WB | C1 | 67 | Opposites | Schreiben | Wortschatz |
| TB | L&L 6 | 105 | Linksverkehr | | Zusatzinformationen |
| TB | C3 | 105 | Traffic chaos | Sprechen | *must/mustn't* (lif 15) |
| WB | C2 | 67 | Breaking the rules | Schreiben | *must/mustn't* (lif 15) |
| WB | C3 | 68 | A traffic puzzle | Schreiben | Wortschatz |
| TB CD | C4 | 106 | The big red double decker | Hören/Singen | Hörverstehen nach CD |
| TB | C5 | 107 | Road safety | Sprechen | Partnerarbeit |
| TB CD | C6 | 107 | Street noises | Hören | Hörverstehen nach CD |
| TB CD ★☾☀ | C7 | 108 | The way to the bike shop | Hören/Lesen | Wegbeschreibung |
| TB | C8 | 108 | An English tourist | Sprechen | Partnerarbeit |
| WB | C4 | 68 | Charlie's new bike | Lesen | Satzstellung |
| WB | C5 | 69 | Where are they? | Sprechen/Schreiben | Wegbeschreibung |
| WB ☀ | C6 | 70 | Soundcheck | Sprechen | Ausspracheschulung; Differenzierung von Lauten |
| TB | C9 | 109 | A safe bike | Sprechen | Wortschatz: *bike* |
| TB Portfolio | C10 | 109 | MY bike | Schreiben | *Me*-Text |

Die grau unterlegten Felder stellen das Pflichtpensum dar, die weißen die Kür.

## 5 — Teil C

Teil C:
- Verkehrsregeln formulieren
- Einen Weg beschreiben
- Ein Fahrrad beschreiben

### TB C1   Traffic signs                    Sprechen                       TB, S. 104
Die S erklären mithilfe des Wortmaterials die Verkehrsschilder.
Lösungen: *A: I mustn't ride a bike here./B: I mustn't enter this street on a bike./C: I must turn left./D: I must turn right./E: I mustn't turn right./F: I must stop.*

> Erweiterung:
> Die S zeichnen weitere Verkehrsschilder eigener Wahl, deren Aufforderung sie selbst formulieren.                                                                                        *bunte Stifte*

### TB C2   In the street                   Hören/Lesen/Sprechen            TB, S. 104
Vielen S wird ähnlicher Verkehrsunterricht mit einem Polizisten bekannt sein. Daher werden sie beim ersten Hören mit geschlossenem Buch rasch die Situation erfassen.
- Hörauftrag: *Who is speaking?* Um beim zweiten Hören und evtl. Mitlesen die Erklärungen besser nachvollziehen zu können, kann der Text immer dann kurz unterbrochen werden, wenn ein neues Schild besprochen wird. So können die S im Anschluss das jeweils passende Schild aus TB C1 suchen und nennen.
Lösungen: *The first sign is picture F./The second sign is picture E./The third sign is picture A./The fourth sign is picture C./The fifth sign is picture B./The sixth sign is picture D.*

### WB C1   Opposites                       Schreiben                       WB, S. 67
a) Die S schreiben die Begriffe im grauen Kasten als Gegensatzpaare auf.
Lösungen: *easier – more difficult; most expensive – cheapest; the smallest – the biggest; boring – interesting; down – up; left – right; before – after; always – never.*

b) Die S finden die Gegensätze zu den vorgegebenen Wörtern.
Lösungen: *forget – remember; quiet – loud; ask – answer; win – lose; come – go; slow – fast; the worst – the best; full – empty; beautiful – ugly.*

### Land und Leute 6: Linksverkehr                                          TB, S. 105
Im Text werden die S zu ihrem Erstaunen erfahren, dass der Linksverkehr auf der Welt sehr weit verbreitet ist. Außer in den aufgeführten Ländern gibt es auf Malta und auf Zypern Linksverkehr. Wer auf einer Reise schon einmal Erfahrungen damit gemacht hat, sollte darüber berichten. Das Überqueren einer englischen Straße kann auf dem Schulhof mit abgekreideten Straßen und Fahrrädern geübt werden. Es ist in der Tat schwierig, internalisierte Verhaltensweisen umzustellen. Der Merkvers zum sicheren Überqueren der Straße bei Linksverkehr lautet: *Look right, look left, look right again. And if it's all clear, you can cross the road.*
Die Fotodoppelseite auf S. 102/103 zeigt den Linksverkehr auf der Oxford Street.                                                                                     TB, S. 102f.

### TB C3   Traffic chaos                   Sprechen                        TB, S. 105
Die S erkennen die Verkehrsverstöße im Bild und formulieren die entsprechenden Regeln mithilfe der Modalverben *must/mustn't*.
Lösungen: *You must look to the right first./You mustn't ride your bike with no hands./You mustn't turn left into this street here./You must stop here!/You mustn't go inline skating on the road./You mustn't play football in the street.*

### WB C2   Breaking the rules              Schreiben                       WB, S. 67
Die S schreiben die Regeln auf, die in den Illustrationen gebrochen werden.
Lösungen: *1. You mustn't enter this street./2. You must stop here (at the stop sign)./3. You mustn't turn right here./4. You mustn't turn left here./5. You mustn't enter this street (with a motorbike)./6. You mustn't turn right here.*

### WB C3   A traffic puzzle                Lesen/Schreiben                 WB, S. 68
Die S lesen die Definitionen und setzen die gesuchten Begriffe aus den angebotenen Silben zusammen.
Lösung: *1 cyclist, 2 policewoman, 3 helmet, 4 brakes, 5 pedals, 6 motorist, 7 handlebar.*

Teil C

| | | | TB, S. 106 |
|---|---|---|---|
| **TB C4** | **The big red double decker** | **Hören/ Singen** | |

- Die S hören sich das Lied an und sagen, was sie verstanden haben. Sie hören es ein weiteres Mal und können dabei den Liedtext im Buch mitlesen.
- Die S proben den Rap-Rhythmus und singen das Lied.

| | | | TB, S. 107 |
|---|---|---|---|
| **TB C5** | **Road safety** | **Sprechen** | |

Übung zum Gebrauch von *must*

- L erklärt den S, dass der vorliegende Text ein Auszug aus einer Broschüre ist, die britische Schulkinder im Verkehrsunterricht erhalten.
- Die S lesen den Text. Anhand der Vorgabe in TB üben sie den Dialog in Partnerarbeit.

| | | | TB, S. 107 |
|---|---|---|---|
| **TB C6** | **Street noises** | **Hören** | |

Übung zum Hörverstehen

- Die S konzentrieren sich auf die Geräusche von der CD und ordnen sie den Verkehrsteilnehmern der Reihe nach zu. Anschließend schlagen sie ihnen unbekannte Bezeichnungen im Wörterbuch nach und notieren sie. Lösungen: What can you hear? 1. aeroplane 2. car 3. police siren 4. lorry 5. barking dog 6. whistle of a Bobby 7. motorbike.

*Wörterbücher*

| | | | TB, S. 108 |
|---|---|---|---|
| **TB C7** | **The way to the bike shop** | **Hören/Lesen** | |

Hör-/Lesetext zu Wegbeschreibungen

- Die S hören den Text zunächst bei geschlossenem Buch.
  Hörauftrag: *What's Vera's problem?*
- Anschließend lesen sie den Text mit einem Partner/einer Partnerin. Der Text kann selbstständig von den S erschlossen werden, da er kaum neues Vokabular enthält.
- Die S kopieren Susans Straßenplan auf ein Blatt Papier/in ihr Heft.
- ★ Die S lesen Susans erste Wegbeschreibung noch einmal und zeichnen mit Rotstift den Weg zu *Holland Cycles* in ihren Straßenplan ein.
- ☾ Die S lesen Susans zweite Wegbeschreibung noch einmal und zeichnen nach ihren Angaben den Weg von der Schule zum *Kensington Bike Shop* in ihren Straßenplan ein.
- ☀ Die leistungsstärkeren S kennzeichnen beide Fahrradläden in ihrem Straßenplan. Anschließend erarbeiten sie selbst eine neue Wegbeschreibung von *Holland Cycles* zum *Kensington Bike Shop*.

Die S vergleichen ihre Ergebnisse in heterogenen Gruppen. So können alle S feststellen, ob sich „ihr" Fahrradladen am richtigen Ort befindet.

Hinweis: Die Aufgaben können mithilfe einer Folie, auf die ein/e S den Straßenplan und den Weg einzeichnet, verglichen werden. Alternativ können die Wege auf dem Stadtplan von **Notting Hill Gate 1** Folie 4 gezeigt werden.

*Projektor*

| | | | TB, S. 108 |
|---|---|---|---|
| **TB C8** | **An English tourist** | **Sprechen** | |

Mithilfe des Wortmaterials erarbeiten die S in Partnerarbeit kleine Dialoge mit Wegbeschreibungen.

> Erweiterung:
> Quartettspiel: *asking the way* – Die S fertigen Kartensets mit Redewendungen zum Wortfeld *traffic*. Vier Karten gehören zusammen, z.B. *Does this bus take me to the police station? museum – hospital – zoo./Do I turn right here for Holland Cycles? The Tower of London – Madame Tussaud's – Segaworld./Can you tell me the way to the elephants? zebras – lions – tigers./etc.* Durch Nennen der angegebenen Redewendung und Einsetzen der fehlenden Begriffe vervollständigen die S ihre Quartette. Hat der gefragte S die Karte nicht, antwortet er/sie mit *Sorry, I can't help you.*

*Blankokarten*

## WB C4  Charlie's new bike — Lesen
*WB, S. 68*

Übung zur Lesefertigkeit
- Die S finden im Leseraster durch Einzeichnen von Pfeilen einen zusammenhängenden Text. Lösungen: *Charlie got a new bike for his birthday. He rode it for three hours and then he needed a cold drink. He went into a shop. But when he came out his bike wasn't there. He saw a man on his bike at the end of the street. Charlie shouted loudly and suddenly a policeman came around the corner. He brought back Charlie's bike!*

## WB C5  Where are they? — Sprechen/Schreiben
*WB, S. 69*

Die S beschreiben je nach Leistungsvermögen (in Partnerarbeit) einer oder mehreren Personen die Wege zu den gesuchten Objekten und notieren die Wegbeschreibung.
Mögliche Lösungen: *Mrs Brown, let me help you. Walk down the street and turn right at the end of the street. Take the third street on the right and turn left at the next corner. Then you'll see your dog Bouncer./Johnny, let me help you. Walk down this road, turn right at the kiosk. Walk past the swimming pool and the playing field. Then walk into the park. Your bike is behind the trees./Officer, let me help you. Turn right and run to the school. Then turn left and follow that street. Turn left again at the swimming pool and take the next street on your left. Turn right at the supermarket/cinema, then turn left at the snack bar. The gangster is behind the bins.*

## WB C6  Soundcheck — Sprechen
*TB, S. 70*

Übung zur Lautschulung
- Die Laute [v] und [w] machen erfahrungsgemäß vielen S Schwierigkeiten. Wenn die S die Laute nicht selbstständig mündlich ergänzen können, liest L die Begriffe vor.
  Lösungen: *vegetables; warm; wait; visitor; what; watch; very; video; way; verb; want; visit; week; village; where.*

- Das schnelle Aufsagen der Zungenbrecher macht Spaß und übt die beiden Laute.

## TB C9  A safe bike — Sprechen
*TB, S. 109*

Ein Fahrrad im Klassenraum wäre selbstverständlich das beste Anschauungsobjekt!
- Ein/e S in der Rolle eines Polizisten/einer Polizistin erklärt der Klasse, wie die Einzelteile beschaffen sein müssen und verwendet dabei die angegebenen Adjektive.

- Alternativ dazu kann ein Kettenspiel (*chain game*) durchgeführt werden. Dabei sollten sich die S bemühen, möglichst alle Fahrradteile zu erwähnen.

  Mögliche Lösungen: *A safe bike must have good brakes./A safe bike must have a well-oiled chain./A safe bike must have clean reflectors./A safe bike must have strong tyres./…*

## TB C10  MY bike — Schreiben
*TB, S. 109*

Die S schreiben einen *Me*-Text über ihr eigenes Fahrrad. Je nach Leistungsfähigkeit geschieht dies frei oder eng in Anlehnung an den im Buch vorgegebenen Text.

## TB Theme 5  detective page — Schreiben/Lesen
*TB, S. 110*

1) Die S reihen die neuen Vokabeln aneinander. Der letzte Buchstabe eines Wortes ist dabei immer der erste des nächsten.

2) Der Wortschatz von *Theme 2* wird in Kombination mit Steigerungsformen wiederholt.
   Lösungen: *The hippo is the fattest animal of all./The elephant is the most interesting animal of all./The crocodile is the most dangerous animal of all./The tiger is the wildest animal of all.*

3) Festigungsübung zu den Steigerungsformen.

4) Das gesamte *Theme 5* wird noch einmal „überflogen" auf der Suche nach Wortschatz und Redemitteln zum Wortfeld *traffic*. Lösungen: *Turn left!; Turn right!; Don't ride a bike here!; Stop!; Don't turn right!; Don't enter this street on a bike!; bike; car; inline skates; traffic sign; traffic rule; people on foot; motorist; cross the road; Look right!; drive; …*

5) Übung zu Leseverstehen und Lautschulung.
   Lösungen: *polite; school, pupils, late, first, must, run.*

## Selbsteinschätzung:
*WB, S. 70*

Die S füllen den Portfolio-Fragebogen „Hören" selbstständig aus.

## Optional 3: Animal book

Die Überzeugung, dass praktisches Handeln zu größerem Lernerfolg führt, ist ein Grundgedanke des Projektunterrichts. Im Fremdsprachenunterricht bietet sich die Herstellung eines Buches zu einem bestimmten Thema an. In der fakultativen Lerneinheit des *Optional 3* wird das Thema *animals* vorgeschlagen, da die S auf Gelerntes zurückgreifen können. Ihr Sprachwissen zu diesem Themenbereich ermöglicht es ihnen, selbstständig und selbsttätig ein Produkt herzustellen.

> **Projektunterricht** ist Ausdruck pädagogischen Pragmatismus. Ihm liegt die Überzeugung zugrunde, dass Lernen in realen Handlungszusammenhängen am wirksamsten ist. Das lernpsychologische und pädagogische Konzept geht auf den Erziehungswissenschaftler John Dewey zurück. Die Hauptzielsetzung des projektbezogenen Unterrichts ist es, die Emanzipation der Lerner zu fördern. Daher hat L die Aufgabe, die Werkzeuge und Hilfestellungen zur Verfügung zu stellen, die die S zur selbstständigen Problembearbeitung benötigen.
>
> Ein Projekt umfasst die folgenden Arbeitsschritte:
> - Finden eines Themas oder – wie im Fall des *animal book* – eines Themenaspekts
> - Gemeinsames Erstellen eines Arbeitsplans (Wer übernimmt welche Aufgaben? Bis wann müssen sie erledigt sein? etc.)
> - Teamarbeit (arbeitsteiliges Vorgehen, gegenseitiges Helfen, gegenseitige Fehlerkontrolle, etc.)
> - Erstellen eines Produktes
> - Präsentation
> - Eigenständige Bewertung (rückblickende Bewertung der Projektarbeit: z.B. Hat die Zusammenarbeit in der Gruppe geklappt? War die Zeit ausreichend? etc.)

### Animal life
Reaktivierung von Wissen
- Die S kennen aus vorangegangenen Kapiteln (**Notting Hill Gate 1** *Theme 3* und **Notting Hill Gate 2** *Theme 2*) bereits viele Tiere. Mithilfe der Illustration und der Leitfragen reaktivieren sie ihren Wortschatz und Detailwissen zum Thema *pets* und *animals*. Die S nennen die Tiere und beschreiben deren Aussehen (Adjektive) und Aktivitäten (Verben). Dieses *warming up* trägt dazu bei, dass die S erkennen, wie viel sie zum Thema *animal life* bereits auf Englisch versprachlichen können.

### Die Umsetzung des Projekts
- Im Anschluss an diesen thematischen Einstieg wird dazu aufgefordert, im Klassenverband ein *animal book* herzustellen. Für dieses Projekt kann jede/r S – allein oder in einer Gruppe – einen Beitrag in Form einer gestalteten Seite leisten. Die folgenden Aufgaben können als Ideenpool für mögliche Textbeiträge genutzt werden. Die S wählen aus diesem Angebot den Aufgabentyp bzw. die Textsorte aus, die ihnen persönlich am meisten zusagt. Diese Aufgaben lassen sich in Gruppenarbeit als Vorbereitung auf den eigenen Textbeitrag erarbeiten. Zum Schluss wird auf S. 114 darauf hingewiesen, dass auch ein Titelblatt, eine Einleitung und ein Inhaltsverzeichnis Bestandteil eines Buches sind. Auch diese Seiten sollten von den S erstellt und gestaltet werden.

- Für die Durchführung des Projekts muss im Plenum geklärt werden, wie die Arbeit organisiert werden soll, wer welche Aufgaben übernimmt und welcher Bearbeitungszeitraum zur Verfügung steht. Wird das Projekt fächerübergreifend durchgeführt, müssen diese Fragen auch mit den anderen Lehrkräften geklärt werden.

- Alle S sollten als Arbeitsergebnis ein *animal book* erhalten. Es kann z.B. ein farbiges Exemplar mit den Originalen der S für die Klassenbibliothek zusammengestellt werden. Die S erhalten dann kopierte Versionen. Eine andere Möglichkeit ist, die jeweilige Schülerarbeit mit Kopien der übrigen Seiten zu einem Buch zu ergänzen. Bei der eigentlichen Herstellung des Buches können im Kunstunterricht verschiedene buchbinderische Verfahren angewendet werden.

## 1. The old lady who swallowed a fly
*TB, S. 112*

Übung zum Hörverstehen, Vertiefung des Wortschatzes: *animals*

Als Vorbereitung erklärt L den S, dass sie ein Lied über Tiere hören werden. Die Aufgabe sei es, alle Tiere, die im Lied vorkommen, in der richtigen Reihenfolge aufzuschreiben. Sollte etwas nicht verstanden werden, mögen die S ein Fragezeichen machen.

- Das Lied wird vorgespielt.
- L fragt, ob außer Tieren noch jemand – *the old lady* – erwähnt werde.
- Nach nochmaligem Hören korrigieren die S ihre Notizen, bzw. füllen die Lücken.
- Die S üben die Melodie des Liedes, dann üben sie den Text, zunächst ohne ihn zu singen.
- Schließlich singen alle das Lied anhand ihrer Notizen.

## 2. A pet portrait
*TB, S. 113*

Bei der Anlage dieser Textseite können die S sich am vorgegebenen Text orientieren und diesen passend zu ihrem ausgewählten Tier umarbeiten. Die S können sich auch ein Fantasietier ausdenken und dieses beschreiben. Eine Erweiterung auf Zootiere ist ebenso denkbar. Z.B. *My favourite animal in the zoo is a polar bear. His name is Paul ...*

## 3. Poems
*TB, S. 113*

Die S haben bereits bei verschiedenen Gelegenheiten das Schreiben von kleinen Gedichten praktiziert (z.B. WB *Theme 1 B7*, WB *Theme 2 A7*). Hier finden sie weitere Anregungen.
Als Vorbereitung zum Schreiben eines Gedichtes können die S zunächst eine *mind map* zu ihrem Lieblingstier erstellen.
Evtl. ist auch eine Zusammenstellung von Reimwörtern hilfreich, z.B.: *cat – fat, mouse – house, hedgehog – dog, fish – wish, bear – scare, rider – spider, crocodile – smile, horse – of course, ...*

## 4. An animal alphabet
*TB, S. 113*
*Wörterbücher*

Mithilfe eines Wörterbuchs erstellen die S ein Tieralphabet. Der Anfangsbuchstabe wird dabei besonders schön gestaltet. Außerdem kann das Alphabet auch mit entsprechenden Tierbildern verschönert werden.

## 5. At the vet's
*TB, S. 114*

Die S ordnen die Texte den Fotos zu und erhalten so einen Bericht über einen Besuch beim Tierarzt. Lösungen: C, E, A, D, B.
Der Text kann als Vorlage für einen Bericht über einen Tierarztbesuch mit ihrem eigenen Haustier dienen oder zu Projekten außerhalb der Schule inspirieren. Die S können z.B. Feldforschung über das Leben von Tieren auf einem Bauernhof oder im Zoo vornehmen.

Leistungsstärkere S beschreiben den Tierarztbesuch aus der Perspektive von Bunny.

Nachdem jede/r S ein Thema für seine/ihre Seite des *animal book* gefunden hat, muss diese Idee nur noch umgesetzt werden.
Im Klassenverband diskutieren die S anschließend die Reihenfolge der Seiten für das Buch. Falls sich die Textbeiträge in Kapiteln zusammenstellen lassen, können Trennblätter gestaltet werden. Außerdem werden Titelblatt und Inhaltsverzeichnis ergänzt.

> **Erweiterungen:**
> - Falls nicht schon zu Beginn des Schuljahres behandelt, kann *Copymaster 3* als zusätzlicher Lesetext für schnellere S herangezogen werden.
> - S schreiben eine Geschichte aus der Tierperspektive *A day in the life of ...*

# Away we go  Teil A

| Medium | Nummer | Seite | Titel | Fertigkeit | Zusatzinfo |
|---|---|---|---|---|---|
| TB | A1 | 116 | Last weekend | Sprechen | *warming up* |
| TB CD | A2 | 116 | The weekend at last! | Hören/Lesen | Lesetext |
| TB | A3 | 116 | Weekend activities | Sprechen/Schreiben | Textverständnis |
| TB | lif 18, 19 | 150/151 | Das Perfekt Das Partizip | | |
| WB | A1 | 71 | Mr Graham's trips | Schreiben | Wortschatz: *cities and countries* |
| TB CD Folie 16 | A4 | 117 | At the music shop | Hören/Lesen | Partnerarbeit; Liste der unregelmäßigen Verben (TB, S. 215f.) |
| TB | lif 20 | 151 | Fragen im Perfekt | | |
| TB CD | A5 | 117 | I've never … | Hören/Singen | Rap mit Playback |
| WB | A2 | 71 | Irregular verbs | Schreiben | Liste der unregelmäßigen Verben (TB, S. 215f.) |
| WB Portfolio | A3 | 72 | Music shops in YOUR town | Schreiben | Beschreibung von Geschäften |
| WB | A4 | 72 | Have you ever …? | Schreiben/Sprechen | Partnerarbeit |
| TB CD | A6 | 118 | The fax | Lesen/Sprechen/ Schreiben | Ansage eines Anrufbeantworters auf CD |
| TB CD ☆☾☀ | A7 | 118 | Capital Radio | Hören | Hörverstehen nach CD |
| WB CD | A5 | 73 | All about Sabrina | Hören | Textverständnis |
| TB Portfolio copy 25 | A8 | 118 | A 'get well' card | Schreiben/Basteln | Redemittel (TB, S. 149) |
| TB ☆☾☀ | A9 | 119 | Saturday | Sprechen/Schreiben | lif 18, 19, 20 |
| WB ☆☾☀ | A6 | 73/74 | What have they done today? | Schreiben | lif 18, 19 |

Die grau unterlegten Felder stellen das Pflichtpensum dar, die weißen die Kür.

# Theme 6: Away we go

Teil A:
- Fragen/sagen, was man schon einmal getan hat
- Jemandem gute Besserung wünschen
- Nachricht auf Anrufbeantworter sprechen

### TB A1  Last weekend  — Sprechen — TB, S. 116
Reaktivierung des Wortfeldes *free time*.

- S erzählen mithilfe des vorgegebenen Wortmaterials, was sie am letzten Wochenende getan haben. Mit diesem *warming up* wird TB A2 thematisch vorbereitet.

- Alternativ dazu können die S in Partnerarbeit ein *Alphabet of free time activities* aufstellen. Auf das Kommando *ready, steady, go!* beantworten die S die Frage *What did you do last weekend?*: A – ate some ice-cream; B – bought a CD; C – … Nach einem festgelegten Zeitraum (ca. sieben Minuten) werden die Aktivitäten vorgelesen und verglichen. Für jede korrekt formulierte Aktivität erhält das Schülerpaar einen Punkt.

### TB A2  The weekend at last!  — Hören/Lesen — TB, S. 116
Lesetext

- Nach wiederholtem Vorspielen der CD überprüft L das Textverständnis durch *right or wrong statements*: *Who can correct the wrong statements?*
1. David and Gillian are sitting in Hyde Park. (Wrong, they are sitting in Holland Park.)/2. They are talking about their friends./3. Vera and her parents have gone to Brighton./4. Vera doesn't like the beach. (No, she loves the beach.)/5. Charlie and his uncle have gone to Liverpool. (Charlie and his father have gone to Liverpool.)/6. Karim and Eddy have gone to a drama workshop. (No, they have gone to a music workshop.)/7. Susan is ill with chickenpox./8. She has been in bed for two days. (Wrong, she has been ill all week.)

- Alternativ dazu kann der Text auch durch das gemeinsame Erstellen eines Tafelbildes erschlossen werden. Die S hören den Text von der CD mit dem Hörauftrag: *Find out where the friends have gone for the weekend.* S nennen die Orte: Brighton, Liverpool, at home. L notiert die Orte an der Tafel. — Tafel

- Wiederholtes Anhören der CD, S lesen mit. L ergänzt das Tafelbild:

|          | Brighton          | Liverpool              | Notting Hill      |          |
|----------|-------------------|------------------------|-------------------|----------|
| Who?     | Vera and parents  | Charlie and his father | Karim and Eddy    | /Susan   |
| Where?   | uncle's house     | football stadium       | music workshop    | /ill in bed |
| Activity?| go swimming       | watch football         | practise music    | /read    |

### TB A3  Weekend activities  — Sprechen/Schreiben — TB, S. 116
Übung zum Textverständnis

- S bilden mithilfe des *sentence switchboard* sinnvolle Sätze zum Text. Dabei benutzen sie das *present perfect* imitativ.

- S schreiben die Sätze auf und markieren die neue Zeitform farbig.

**Diff.** Leistungsstärkere S formulieren Vermutungen über die Bildung des *present perfect*. Mithilfe von lif 18 und 19 finden sie heraus, ob ihre selbst formulierten Regeln zutreffen. — TB, S. 150f.

### Lif 18, 19  Das Pefekt und Das Partizip — TB, S. 150f.
Lesen und Besprechen der Bildung und Verwendung des *present perfect*

- Zur Bewusstmachung, Übung und Festigung des *present perfect* legt L die Folie (*Copymaster 2* auf Folie kopiert) mit dem bereits bekannten Kreisdiagramm auf den Tageslichtprojektor. L erzählt, was er/sie am Wochenende getan hat, wobei keine genauen Zeitangaben gemacht werden, um den Unterschied zum Gebrauch des *simple past* deutlich zu machen. Die Beispiele sollten außerdem so gewählt sein, dass die Gegenwartswirkung der Handlung nachvollziehbar wird. Während der Erzählung ergänzt L entsprechende Stichworte und das *past participle* zu den Infinitiven auf der Folie. — Projektor

Teil A  ■ 115

- L berichtet beispielsweise:
  *This weekend I have done many things. I've cleaned my room, it looks nice now. And I have made a cake, too. There's still some left. I have looked at some of your vocabulary tests! I have talked to my friends. We are going to have a party next week together, great. I'm happy again because I have found my pen. It was a birthday present from my son! But I haven't gone to the fitness studio, that's bad. But worst of all, I haven't seen the film Star Wars yet, so we can't talk about it now. Well, what about you? Have you cleaned your room, Stefan?* L flüstert evtl. die Antwort zu: *Yes, I have./No I haven't.* L bezieht S stärker mit ein: *What have you done?*
  S wählt aus dem Diagramm eine mögliche Antwort aus: *I have seen Star Wars!*
  S fragt den nächsten S: *What have you done?*

**What have I done at the weekend? What haven't I done?**

(Diagramm: Kreis mit acht Sektoren, beschriftet mit: see, do, clean, make, look, talk, find, go)

- S erzählen mithilfe des Diagramms über ihre Wochend-Aktivitäten und finden eigene Beispiele. Anschließend füllen sie *Copymaster 2* mit Stichworten zu ihren *weekend activities* aus. Sie können die *dictionaries* und die Liste der unregelmäßigen Verben zum Nachschlagen verwenden. S erzählen zuerst ihrem Nachbarn/ihrer Nachbarin über ihr Wochenende, anschließend berichten sie der Klasse.

*copy 2*

*TB, S. 215f.*

Erweiterungen:
- S fertigen ein Merkposter für die Klasse über das *present perfect* an. Die Signalwörter können später nach der Besprechung von lif 20 hinzugefügt werden.   *Merkposter*
- Die S basteln Mobiles mit den drei Verbformen, die im Klassenraum ausgehängt werden.   *Nadel, Faden*
- Die S füllen in Partnerarbeit Triminos mit unregelmäßigen Verben aus: Infinitiv und *past participle* müssen aneinander gelegt werden. Die Triminos werden untereinander ausgetauscht und auf Kommando zusammengelegt.

*copy 5*

### WB A1   Mr Graham's trips   Schreiben
Anwendungsübung zum *present perfect*

- S schreiben Sätze im *present perfect* mithilfe der vorgegebenen Verbformen *been, visited, seen*. Die abgebildeten Souvenirs verraten die Reiseziele.
  Lösungen: *Mr Graham has been to Paris, France./He has visited Pisa, Italy./He has seen Berlin, Germany./He has been to New York, U.S.A./He has visited Bremen, Germany.*

*WB, S. 71*

### TB A4   At the music shop   Hören/Lesen
Lesetext

- Vorspielen der CD bei geschlossenem Buch. Hörauftrag: *Who is Rasta?* Wiederholtes Vorspielen bei geöffnetem Buch. S stellen einander Fragen mit *Who? Where? What? Why?* zur Überprüfung des Textverständnisses, z.B.: *Who is Sabrina? Who is in the shop? Who loves Sabrina's songs? Where do they want to go tomorrow? Where do they send the musical request? What does Gillian want to buy for Susan? What do they want to send to DJ Rasta? Why must Susan stay in bed? Why is Susan bored? Why do they send a fax to DJ Rasta?*

- S lesen den Text mit verteilten Rollen (*read-and-look-up*). Anschließend nehmen sie ihn auf Kassette auf.

*WB, S. 117*

*Kassettenrekorder*

**Lif 20  Fragen im Perfekt**  TB, S. 151
Lesen der Erläuterungen zur Fragebildung im *present perfect*
- Die S suchen die Signalwörter aus dem Text heraus und ergänzen dann ihr Merkposter mit eigenen Beispielsätzen.  Merkposter

- Mithilfe des *sentence switchboard* stellen die S in Partnerarbeit abwechselnd *Have you ever*-Fragen. Zur Festigung der Struktur bilden die S anschließend in Partnerarbeit weitere Fragen unter Zuhilfenahme der Liste der unregelmäßigen Verben auf S. 215/216.  TB, S. 215f.

- L legt Folie 16 *Have you ever …?* auf. Die S stellen sich gegenseitig lustige Fragen zu den Bildern und finden weitere Fragen. Dies kann auch in Form eines Wettkampfs geschehen, bei dem die S innerhalb einer vorgegebenen Zeit möglichst viele Fragen aufschreiben.

**TB A5  I've never …**      **Hören/Singen**      TB, S. 117
a) Mehrfaches Vorspielen der CD; die S sprechen singend mit, bis der Rap nur mit dem Playback gespielt werden kann.
b) Jeweils zwei S stellen sich gegenseitig Fragen zum Text.

> Erweiterungen:
> - In Partnerarbeit schreiben die S eine oder mehrere Rap-Strophen mit *I've never …* Sie üben diese mit ihrem Partner/ihrer Partnerin ein und tragen sie mit Playback vor.
> - S schreiben vier bis sechs „wahre Aussagen" über sich selbst auf einen Zettel, z.B.: *I have never kissed a girl/I have never drunk whisky/I have never forgotten my homework/…* Die Zettel werden eingesammelt, vorgelesen, der Verfasser erraten.

**WB A2  Irregular verbs**      **Schreiben**      WB, S. 71
Übung zu den *irregular verbs*
- S füllen die Liste mit den unregelmäßigen Verbformen aus. Anschließend befragen sie sich gegenseitig und bilden Sätze zu den genannten Verbformen im *present perfect*.

**WB A3  Music shops in YOUR town**      **Schreiben**      WB, S. 72
In Anlehnung an die Vorgaben schreiben die S einen Text über Musikgeschäfte in ihrer Gegend.

**WB A4  Have you ever …?**      **Schreiben/Sprechen**      WB, S. 72
Festigungsübung zum *present perfect*
- S bilden Fragen zu den Bildern im *present perfect* mit *ever*, befragen ihre/n Partner/in und kreuzen die entsprechende Antwort an.
  Lösungen: *2. Have you ever flown a balloon?/3. Have you ever spoken to a parrot?/4. Have you ever walked on your hands?/5. Have you ever been to the moon?/6. Have you ever sent a love letter?*

> Erweiterung: *Good experiences – bad experiences*      Tafel
> L schreibt folgende Überschriften und Beispielsätze auf jeweils eine Tafelhälfte:
> **Good experiences I have never had**          **Bad experiences I have never had**
> *I have never won any money.*                  *I have not lost my key.*
> Zwei S schreiben als *secretaries* die von der Klasse vorgeschlagenen Sätze an. Anschließend diskutieren die S in Partnerarbeit die Beispielsätze und schreiben die besten in ihr Heft/ihre Mappe.

Teil A                                                                                           ■ 117

**TB A6   The fax**                           *Lesen/Sprechen/Schreiben*                TB, S. 118

Nachdem die S das Fax von David und Gillian gelesen haben, stellt L *right or wrong statements* zur Textüberprüfung: *1. It's an e-mail for Susan.* (Wrong, it's a fax to DJ Rasta)/*2. Susan is ill in bed with chickenpox.*/*3. Gillian and David have listened to Rasta's programme all week.* (No, Susan has listened to his programme.)/*4. They want DJ Rasta to play a song by the Beatles.* (Wrong, they want DJ Rasta to play a song by Sabrina.)/*5. Gillian and David like the radio show.*

- Anschließend formulieren die S selbst einen *music request*. Dazu wählen sie eine der beiden Aufgaben aus:
  1. Die S schreiben einen Musikwunsch für ihren Freund/ihre Freundin.
  2. Die S sprechen ihren Musikwunsch auf den Anrufbeantworter des Radiosenders.
     Die Ansage lautet:
     *Thank you for calling Capital Radio. For music requests on DJ Rasta's radio show please leave your name, phone number, your request and the title of your favourite song after the beep.*

**TB A7   Capital Radio**                              *Hören*                          TB, S. 118

Übung zum Hörverstehen
- Vorspielen der CD. Der Hörtext lautet:

  *DJ Rasta: And now I'd like to play you a song by a new star in the Top Twenty this week. I met this young lady last week in Notting Hill. She's a wonderful singer, she's got red hair and she's going to be a big star. I'm talking about Sabrina, of course. She's only fifteen, she hasn't finished school yet, but she's already danced in a musical here in London, and she's just finished her first CD. It's really fantastic. Listeners, Sabrina is a name to remember. I'm going to play you a song from her CD but before I do, I've got a fax here from David Williams and Gillian Collins. They've sent a request for Susan Johnson in Notting Hill. Susan is ill in bed with chickenpox at the moment. They want to say they miss you, Susan, and they hope you'll get better soon. So just for you, Susan, here is the song 'Summer Love' by Sabrina.*

- S korrigieren die Aussagen zum Text.
  Lösungen: *1. DJ Rasta met Sabrina in Notting Hill./3. Sabrina is a big pop star./4. Sabrina has finished her first CD.*

- S beantworten die Fragen.
  Lösungen: *1. DJ Rasta met Sabrina in Notting Hill./2. Sabrina is fifteen years old./3. Sabrina hasn't finished school yet./4. Sabrina has made one CD./5. DJ Rasta thinks Sabrina is fantastic./6. DJ Rasta plays the song 'Summer Love' for Susan.*

- a) S beantworten die Fragen in einem zusammenhängenden Text.
  Mögliche Lösungen: *1. Sabrina is a young pop star. She is only fifteen years old. She hasn't finished school but she has already danced in a musical. Sabrina has got red hair and she is good looking. She is a fantastic singer./2. Sabrina has made her first CD. It is called Sabrina. DJ Rasta plays the song 'Summer love' from her CD.*

  b) S schreiben ein kurzes Porträt von ihrem *favourite pop star*. In Partnerarbeit üben sie      *Kassetten-*
     den Vortrag als *radio DJ* und nehmen anschließend ihr eigenes Radioprogramm auf    *rekorder*
     Kassette auf.

> Erweiterung:
> In der Klasse wird eine *DJ competition* durchgeführt: *Who can talk about his favourite pop star for three minutes?*
> In Fünfergruppen bereiten die S eine Musikansage vor. Die Gruppe entscheidet, wer als DJ beim Wettbewerb teilnehmen soll. Die anderen Gruppen bewerten die Ansagen mit Punkten von eins bis zehn, um den besten DJ zu ermitteln.

**WB A5   All about Sabrina**   Hören   WB, S. 73

Die S beantworten die Fragen entweder aus dem Gedächtnis oder nach erneutem Hören von TB A7 von der CD. Anschließend vergleichen sie ihre Antworten mit dem Nachbarn/der Nachbarin.
Lösungen: *1. Yes, she has./2. I don't know./3. I don't know./4. I don't know./5. No, she hasn't./6. Yes, she has./7. Yes, she has./8. No, she hasn't.*

Diff.   S kreuzen die richtigen Antworten an und versprachlichen sie: *Sabrina has acted in a musical ...*

**TB A8   A 'get well' card**   Basteln/Schreiben   TB, S. 118
Schreiben von Genesungswünschen
- Die S basteln mithilfe der Anleitungen von *Copymaster 25* eine *'get well' card* und schreiben an einen Freund/eine Freundin. Ihre Karten heften die S in ihr Portfolio.

**TB A9   Saturday**   Sprechen/Schreiben   TB, S. 119
Festigungsübung zum *present perfect*
- S bilden Sätze im *present perfect* zu den Bild- und Wortvorgaben. Sie schreiben die Sätze auf, vergleichen sie mit ihrem Nachbarn/ihrer Nachbarin.
  Lösungen: *David has helped an old lady./David has put the milk in the fridge./David has cleaned the shelves./He has read a comic./He has tidied the magazines./David has collected the shopping baskets.*

- S sagen/schreiben auf, was Gillian schon getan hat und was noch nicht. Sie vergleichen ihre Sätze mit ihrem Nachbarn/ihrer Nachbarin.
  Lösungen: *Gillian has fed the cat. She has tidied her room. She has found the library books. Gillian hasn't done her history homework. She hasn't called Susan. She hasn't written a letter to Lisa.*

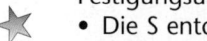

- a) S sagen/schreiben auf, was sie selbst getan, noch nicht oder niemals getan haben.
  Mögliche Lösungen: *1. I haven't eaten Asian food./I've never eaten Asian food./2. I have ridden an elephant./3. I haven't met a famous person./4. I have cooked a meal./ 5. I've never seen a monster./6. I have swum in the sea./7. I haven't driven a car./ 8. I have slept in the garden.*

- b) Die S befragen ihre/n Partner/in und finden weitere Fragen, auch *funny questions*. Sie machen sich Notizen zu den Antworten und schreiben anschließend einen Bericht.

**WB A6   What have they done today?**   Schreiben   WB, S. 73f.
Festigungsübung zum *present perfect*
- Die S entdecken in der Illustration, womit sich Susan bereits die Zeit vertrieben hat und bilden mithilfe des *sentence switchboard* Sätze.
  Lösungen: *Susan has done a puzzle/drawn a picture/listened to the radio all day/made a paper plane/read a comic/looked at photos/written a letter.*

- Die S finden heraus, was die abgebildeten Personen getan haben und schreiben es auf.
  Lösungen: *Butterfly has caught a mouse./Amy has fed a hamster./Mr Johnson has made a cake./Mark has bought a new shirt./Joe has found a dog./Mrs King has won the first prize (a car).*

- Die S schreiben mithilfe der *check list* auf, was DJ Rasta bereits erledigt hat und was nicht.
  Lösungen: *DJ Rasta has read the music requests./He hasn't found the CDs./He has interviewed Sabrina./He has made notes for his show./He hasn't made coffee./He hasn't tidied his desk./He hasn't found questions for the music quiz.*

# Away we go  Teil B

| Medium | Nummer | Seite | Titel | Fertigkeit | Zusatzinfo |
|---|---|---|---|---|---|
| TB CD | B1 | 120 | Making plans | Hören/Lesen | Lesetext |
| TB ★☾☀ | B2 | 121 | Who wants to do what? | Sprechen/Schreiben | Textverständnis |
| WB | B1 | 75 | Entry forms | Schreiben | ein Formular ausfüllen |
| WB ★☾☀ | B2 | 75/76 | An interview with … | Schreiben | Dialoge vervollständigen |
| TB | B3 | 121 | Three days later | Sprechen | lif 18, 19, 20 |
| TB | B4 | 121 | YOUR day | Sprechen/Schreiben | über den bisherigen Tag sprechen |
| WB | B3 | 77 | Before the contest | Schreiben | lif 18, 19, 20 |
| TB | B5 | 122 | Entry forms | Sprechen | zusammengehörende Informationen finden |
| TB | lif 21 | 152 | Einfache Vergangenheit oder Perfekt? | | |
| TB ☀ | B6 | 122 | Getting ready | Sprechen/Schreiben | Unterscheidung von *simple past* und *past perfect* (lif 21) |
| WB ☀ | B4 | 77 | Simple past or present perfect? | Schreiben | lif 21 |
| TB ★ | B7 | 122 | Taking part | Sprechen | Vorübung zu TB B8 |
| TB CD ★☾☀ | B8 | 123 | The contest | Hören/Schreiben | Hörverstehen nach CD |
| WB | B5 | 78 | Talents | Lesen/Sprechen/Schreiben | Umfrage |
| TB Portfolio | B9 | 123 | Showtime | Lesen/Sprechen/Schreiben | Projekt: *talent show* |
| TB Portfolio | B10 | 123 | YOUR hobby | Schreiben | *Me*-Text |
| TB CD | B11 | 124 | The music man | Hören/Singen | Musizieren |
| TB | B12 | 125 | Types of music | Schreiben | Worschatz: *types of music* |
| TB | B13 | 125 | Instruments | Sprechen | Zuordnungsübung |
| WB CD | B6 | 79 | Listening to musical instruments | Hören/Schreiben | Hörschulung |

Die grau unterlegten Felder stellen das Pflichtpensum dar, die weißen die Kür.

**Teil B:**
- Über persönliche Begabungen sprechen
- Einen Wettbewerb organisieren

### TB B1   Making plans                         Hören/Lesen                     TB, S. 120
Als Einstieg in das Thema beantworten die S in einem *brainstorming* die Fragen: *What talents have you got? What are you good at?* S lernen, über ihre Begabungen auf Englisch Auskunft zu geben. Impuls: *Everyone has got one talent at least! I'm good at …*

- Der Text kann bei geschlossenem Buch gehört werden. Anschließend erzählen die S, was sie verstanden haben. Beim zweiten Anhören verfolgen die S den Text im Buch. Anschließend ergänzen sie die *mind map* mit Infos aus dem Text: *What are the children good at? – They can do magic tricks, play comb and paper, act, juggle, tell jokes, …*

- S lesen den Text in Vierergruppen mit verteilten Rollen (*read-and-look-up*). Anschließend nehmen sie ihn auf Kassette auf.                                                Kassetten-
                                                                                                                                                                                rekorder

### TB B2   Who wants to do what?               Sprechen/Schreiben              TB, S. 121
Übung zum Textverständnis

- S beantworten die *who-questions* und stellen weitere Fragen (*where, what, when, why*).

- S beantworten die Fragen zum Poster des *talent contest*.

- S bilden mithilfe des Wortmaterials Sätze zur Geschichte.
  In Partnerarbeit erzählen sie anschließend die Geschichte nach, indem sie mit der Beschreibung des Bildes beginnen, das Poster mit einbeziehen sowie die vorgegebenen Sätze: *The four friends are in a snack bar. They are talking about the talent contest on … at … Karim wants to take part in the contest. He's going to …*

### WB B1   Entry forms                         Schreiben                       WB, S. 75
S lernen ein Anmeldeformular auszufüllen.

- S finden die Angaben für Karim und Eddy in TB *Theme 3* C2 und C9 (s. Tipp). Sie vergleichen ihr Ergebnis mit dem Nachbarn/der Nachbarin. Mögliche Lösungen:
  *Name(s): Karim (Khan), Eddy/Age(s): 12, 12/Home town: Notting Hill, Bayswater/Talent: playing the guitar, playing comb and paper/Hobbies: music, computer, films/Favourite music: blues and rock'n'roll.*

### WB B2   An interview with …                 Schreiben/Lesen                 WB, S. 75f.
Übung zum Leseverstehen

- S ordnen die vorgegebenen Antworten den Fragen zu (evtl. wiederholtes Lesen des Texts TB B1). Lösungen:
  *We want to act a play./Yes, we've already learned the words./Gillian had the idea and we wrote it together./Yes, we have. But it's been good fun./Thank you very much.*

- S beantworten die Fragen mithilfe des vorgegebenen Wortmaterials. Sie vergleichen ihre Antworten mit denen des Nachbarn/der Nachbarin und lesen den Dialog mit verteilten Rollen vor. Mögliche Lösungen:
  *My real name is Charlie Macintosh./I need some cards and small boxes./I have practised one hour every day./I'm going to show my tricks 'Magic box' and 'Clever cards'./Yes, I'm very excited./Thank you very much.*

- S schreiben Karims und Eddys Antworten auf, vergleichen diese mit denen des Nachbarn.   Kassetten-
  In Dreiergruppen nehmen sie das Interview auf Kassette auf.                              rekorder
  Mögliche Lösungen: *My name is Karim and this is my friend Eddy./Karim is going to play the guitar, I'm going to play comb and paper./We have played in the streets (at Piccadilly Circus) before./My favourite music is blues and rock'n'roll./No, we haven't./Yes, we are.*

> **Erweiterung:**
> In Gruppenarbeit schreiben die S ein Interview mit Fragen an Vera, Charlie und Gillian oder an ihre Mitschüler/innen und tragen es frei vor.

Teil B | **121**

**TB B3  Three days later**             **Sprechen**       *TB, S. 121*
Anwendung des *present perfect* nach den Signalwörtern *already, not yet*
- S bilden Sätze zu den Bildern im *present perfect* entweder mit *already* oder *not yet*.

**TB B4  YOUR day**             **Sprechen/Schreiben**       *TB, S. 121*
Anwendung des *present perfect* nach den Signalwörtern *already* oder *not yet*
S sprechen mithilfe des Wortmaterials über die Dinge, die sie heute schon getan haben und die sie noch nicht erledigt haben. Sie finden weitere Beispiele, schreiben wenigstens acht Sätze auf.

**WB B3  Before the contest**             **Schreiben/Lesen**       *WB, S. 77*
Festigungsübung zum *present perfect* mit den Signalwörtern *already* und *not yet*
- Bildvorlage: S schreiben auf, was Sharon und Michael schon getan haben und was sie noch nicht getan haben.
  Lösungen: *They have made cakes and sandwiches. They haven't found CDs. They have brought some money. But they haven't brought a box for the money. They haven't made a price list. They haven't bought make-up. They have brought a stereo. They have hung up a poster. They haven't bought paper cups and plates.*

**TB B5  Entry forms**             **Lesen/Sprechen**       *TB, S. 122*
Zuordnungsübung zum Leseverstehen
- S lesen die Informationen und ordnen sie den passenden Bildern zu.
  Lösungen: *Annabel is 13 years old. She lives in Notting Hill. She likes to play the piano. Her hobbies are music and dance. Her favourite music is piano music./Jo is 12 years old. Alison and Liz are 13 years old. They live in Notting Hill. Their talent is ballet (dancing). Their hobbies are dance and drama. They like pop music./Colin is 12 years old. He lives in Bayswater. He is good at telling jokes. His hobbies are funny films and football. He likes pop music./John and Harry are 14 and 13 years old. They live in Kentish Town. Their talent is juggling. Their hobbies are sport and juggling. Their favourite music is rock'n'roll and rap.*

> Erweiterung:
> Ein/e S beschreibt eine/n Mitschüler/in ohne Namensnennung (Alter, Größe, Haarfarbe, Hobbys, besondere Neigungen usw). Die Klasse errät, wer es ist.

**Lif 21  Einfache Vergangenheit oder Perfekt?**       *TB, S. 152*
S lernen die Zeitformen *simple past* und *present perfect* zu unterscheiden.
- L schreibt die folgenden beiden Beispielsätze an die Tafel:       *Tafel*
  *I have written to my friend. – I wrote a letter to her last week.*

- L fordert die S auf, Sätze mit gleichen grammatischen Strukturen zu finden: *Can you think of more sentences like these?*

- Die S schreiben Sätze an die Tafel, ohne dass sie von L korrigiert werden. Anschließend fordet L die S auf, zu entscheiden, welche der Sätze falsch sind und diese zu verbessern: *Which sentences are not correct? What is wrong about them?* Die Methode des *silent way* bietet sich zur Reaktivierung schon bekannter grammatischer Strukturen an, die in einen neuen Zusammenhang gebracht werden sollen. L greift auch in die Diskussion der S nicht ein, sondern verweist bei Schwierigkeiten auf lif 21.

- S erkennen den Unterschied der Anwendung des *simple past* (genaue Zeitangabe) und des *present perfect* (die Handlung ist wichtig). Sie erläutern den Gebrauch der Zeitformen auf Deutsch. Anschließend fertigen sie ein Merkposter an, auf dem sie die Zeitfomen und die Zeitangabe im *simple past*-Satz farbig unterstreichen.

> copy 26
>
> xErweiterung:       *Schere,*
> Mithilfe des Würfels von *Copymaster 26* können die Zeiten (*simple present, simple past, present progressive, present perfect, will future, going to future*) in spielerischer Form wiederholt       *Klebstoff*
> werden. Die Klasse wird in Fünfer-Gruppen eingeteilt, ein *secretary* notiert die Gruppen und deren Punkte für jeden richtigen Satz. Spielbeginn: Ein/e S der Gruppe I würfelt, sagt die geforderte Zeitform an, die anderen denken sich einen Satz aus. Ist der Satz falsch, können die anderen Gruppen ihn verbessern und den Punkt erhalten.

## 6   122                                                                                               Teil B

### TB B6   Getting ready                  Sprechen/Schreiben                TB, S. 122
Übung zum *present perfect* und *simple past*
- S öffnen das Buch und schreiben die Sätze mithilfe des Wortmaterials von TB B6 in ihr Heft/ihre Mappe. S unterstreichen die Signalwörter farbig.
  Lösungen: *1. Charlie has tried a few tricks. He tried them yesterday afternoon./2. David has got the entry forms. He got them two days ago./3. Karim has written a new song. He wrote it last Saturday./4. Gillian has bought some make-up. She bought it three days ago./5. Eddy has found a new comb. He found it last weekend.*

### WB B4   Simple past or present perfect?      Schreiben              WB, S. 77
Festigungsübung zur Anwendung des *simple past* und des *present perfect*
- S ergänzen die Lücken mit der entsprechenden Zeitform; sie vergleichen ihr Ergebnis in Partnerarbeit.
  Lösungen: *No, I haven't; didn't have; Yes, I have; read; Yes, I did; haven't seen; have seen; saw; No, I didn't.*

### TB B7   Taking part                    Sprechen                       TB, S. 122
S ordnen die Teilnehmer des *talent contest* den Bildern zu.
Lösungen: *Karim and Eddy are the Notting Hill Buskers./Charlie is the Incredible Charles./Vera, Gillian and David are Stageworks./Picture number four is Johnny Juggler./Picture number five is the Rap Shakers.*

### TB B8   The contest                    Hören/Schreiben                TB, S. 123
Hörverstehensübung, Übung zum *note-taking*
**a)** Vorspielen der CD. Hörauftrag: *Who won the contest?*
  Lösung: *Vera, Gillian and David as Stageworks won the contest.*

Der Hörtext lautet:
*Who won the contest?*

| | |
|---|---|
| Announcer: | And here is the next entry: The Notting Hill Buskers with "Pocket money blues" |
| Buskers: | I'm just a poor boy playing music in the streets 'cause all I need is a T-shirt and some sweets ... |
| Announcer: | Here comes the Incredible Charles, the great magician from Hendon. |
| Charlie: | Ladies and Gentlemen! I'm sorry, but I can't find my wand. Can you help me ...? |
| Announcer: | Let's welcome our neighbours from Camden. Put your hands together for The Rap Shakers. |
| Rap Shakers: | Our parents hate us. We are the Rap Shakers, yo yo ... |
| Announcer: | Gillian, Vera and David are from Notting Hill and they are Stageworks. They are going to act the play: "Behind the masks". |
| David: | Aah! |
| Gillian: | Who's that? Help?! |
| Announcer: | And all the way from Bayswater, please welcome Johnny Juggler. |
| Johnny: | I'm going to catch not two balls, not three balls, but four balls ... in my mouth! |
| Announcer: | Well, it's time to announce the winner. It's been a very difficult decision. Everyone was so good. But! ... ladies and gentlemen, the winners are ... Stageworks and their play, "Behind the masks". Congratulations Gillian, Vera and David. You have won an evening backstage with the Magic Boys at Wembley Arena. |
| Vera: | That's fantastic! |
| Gillian: | We won, We won! |
| David: | I can't believe it. |

**b)** Wiederholtes Vorspielen der CD bei geöffnetem Buch.

- Die Bilder von TB B7 erleichtern es den S, die richtige Reihenfolge der Auftritte aufzuschreiben (*Notting Hill Buskers, The Incredible Charles, The Rap Shakers, Stageworks, Johnny Juggler*). S erzählen auf Englisch, was sie verstanden haben.

- S schreiben die Reihenfolge der Auftritte auf und ergänzen, was die einzelnen Gruppen aufführen. Mithilfe dieser Angaben gestalten Sie ein Programm für den *contest*.

Teil B                                                                                                                    ■ 123

Lösungen: *Notting Hill Buskers – The pocket money blues/The Incredible Charles – Magic tricks/ The Rap Shakers – Song: Our parents hate us we are the Rap Shakers/Stageworks – Play: Behind the masks.*

- S machen sich Notizen zu den auftretenden Gruppen, ihren Vorführungen und schreiben einen Zeitungsartikel über den *talent contest*. Sie lesen und korrigieren ihre Artikel in Partnerarbeit.

### WB B5   Talents                                    Lesen/Sprechen                         TB, S. 123
a) S sortieren die durcheinander geratenen Spickzettel mit Harrys *jokes*. Lösungen:
   *Can you play the piano? – I don't know. I've never tried./Well, how do you like school? – Closed./How were the test questions? – They were easy but I had problems with the answers./Where did you learn how to swim? – In the water./What are the names of your parents? – Mum and Dad.*

b) Die S schreiben zehn Fragen auf, um die Talente ihrer Mitschüler/innen herauszufinden. TB B9 kann als Hilfestellung für Redemittel und als Ideenpool genutzt werden.

c) S befragen ihre Mitschüler/innen nach ihren Talenten und notieren die *yes-answers*.

### TB B9   Showtime                                   Sprechen/Spielen
Die S wählen eine der beiden *choose an activity*-Aufgaben.
- In der Klasse kann eine *talent show* als Projekt in ca. drei Unterrichtsstunden durchgeführt werden. Erste Stunde: Umfrage über Begabungen (WB B5b), Gruppenfindung; Zweite Stunde: Vorbereitung der Auftritte: Die S üben ihre Auftritte in Partner- oder Gruppenarbeit ein. Dabei geben sich sich gegenseitig Tipps und machen Verbesserungsvorschläge; Dritte Stunde: Showtime (Ansager/in nicht vergessen!). S, die nichts vorführen wollen, können das Programm oder ein Poster gestalten (Reihenfolge der Auftritte, Zeitdauer notieren), die Ansagen für die Künstler schreiben u. v. m.
Die Show sollte mit der Videokamera aufgezeichnet werden.                                    *Videokamera*

### TB B10   YOUR hobby                                Schreiben                              TB, S. 123
- S schreiben einen *Me*-Text für ihr Portfolio über ihr Hobby/ihre Hobbys. Dabei orientieren sie sich an der Buchvorlage und den Leitfragen.

### TB B11   The music man                             Hören/Singen                           TB, S. 124
Die S hören sich die erste Strophe des Liedes an. Beim zweiten Vorspielen singen sie mit.
- Sie variieren den Gesang, indem sie verschiedene Sänger, bzw. Chöre bestimmen.

- Sie begleiten ihren Gesang mit Instrumenten ihrer Wahl oder indem sie den Rhythmus mit beliebigen Gegenständen klopfen.

### TB B12   Types of music                            Schreiben                              TB, S. 125
Die S suchen aus den vier Buchstabenschlangen unterschiedliche Musikrichtungen zusammen.
Lösung: *reggae, folk, country, western, pop, rock, Indian, African, jazz, classical, steelband, blues, ballet.*

### TB B13   Instruments                               Sprechen                               TB, S. 125
Die S ordnen die jeweiligen Instrumente den verschiedenen Personen zu.
Lösung: *1. trumpet, 2. accordion, 3. flute, 4. violin, 5. piano, 6. saxophone, 7. guitar.*

### WB B6   Listening to musical instruments          Hören/Schreiben                         WB, S. 79
Die S hören sich die acht Musikinstrumente an. Beim zweiten Hördurchgang notieren sie, welche Instrumente sie zu hören glauben.
Lösung: *1. violin, 2. drum kit, 3. saxophone, 4. accordion, 5. trumpet, 6. flute, 7. electric guitar, 8. piano.*

# Away we go

| Medium | Nummer | Seite | Titel | Fertigkeit | Zusatzinfo |
|---|---|---|---|---|---|
| TB CD | C1 | 126 | Holidays at last | Sprechen | *going to*-Futur |
| TB | C2 | 126 | How can you get there? | Sprechen/Schreiben | Wortschatz: *transfer and countries* |
| WB | C1 | 80 | A busy week | Sprechen/Schreiben | Gebrauch des *present perfect* |
| TB | C3 | 127 | A holiday friend | Sprechen | Gelenktes Rollenspiel |
| WB | C2 | 80 | Hello there! | Sprechen | Gelenktes Rollenspiel |
| TB | C4 | 127 | YOUR cassette | Projekt | |
| WB | C3 | 81 | The Notting Hill holiday game | Sprechen | Brettspiel |

Die grau unterlegten Felder stellen das Pflichtpensum dar, die weißen die Kür.

Teil C

## Teil C: • Urlaubspläne

**TB C1   Holidays at last**   Sprechen   *TB, S. 126*

Die nahenden Sommerferien sind Anlass zu einem Gespräch über die Pläne bzw. Träume, die man für den Urlaub hat.

- L berichtet von seinen Vorhaben:
  *The summer holidays are near. Time to do wonderful things! I'd like to tell you about my plans for the holidays. Well, I'm going to visit a friend in Hamburg. Then …*

- L fragt die S nach ihren Plänen: *What are you going to do in the holidays?* Die S beginnen zu erzählen. Sie können TB C1 zu Hilfe nehmen, um Anregungen für die Aussagen zu bekommen.

- Die S versprachlichen die Illustrationen, z.B.: *The boy is going to clean his room.*

**TB C2   How can you get there?**   Sprechen/Schreiben   *TB, S. 126*

Anhand der vorgegebenen Versatzstücke formulieren die S mindestens acht Sätze darüber, wie sie wo hingelangen.

**WB C1   A busy week**   Sprechen/Schreiben   *WB, S. 80*

Übung zum Gebrauch des *present perfect* im Textzusammenhang.

- Die S schreiben zunächst auf, was sie die Woche über getan haben und lesen ihre Texte vor – auch als Anregung für den zweiten Teil der Übung.

- An dieser Stelle kann L lif 18, 19, 20 aufgreifen und weitere erforderliche Erklärungen abgeben. Auch sollte L die S hier nochmal auf die Liste der unregelmäßigen Verben, TB, S. 215f., hinweisen.

**TB C3   A holiday friend**   Sprechen   *TB, S. 127*

Die S wenden die ihnen bekannten Konversationsstrukturen an. Sie können sich auch auf WB C2, S. 80 beziehen.
Die Dialoge können auf Kassette aufgenommen und den Mitschülern vorgespielt werden.

**WB C2   Hello there!**   Sprechen   *WB, S. 80*

Wiederholung von Konversationsstrukturen.

- S finden die englischen Entsprechungen für die deutschen Vorgaben.

- Sie entwickeln mithilfe der vorgegebenen Strukturen Dialoge.

**TB C4   YOUR cassette**   Projekt   *TB, S. 127*

Das hier vorgeschlagene Projekt hat für die S einen ungeheuren Motivationswert. Es kann zum Ausklang des Schuljahres die Freude am Umgang mit der englischen Sprache aufrechterhalten und als Ferienvergnügen für S angeboten werden, die daheim bleiben, sofern sie über die technische Ausstattung verfügen.

- L liest gemeinsam mit den S die Aufgabenangebote, aus denen sich jede/r S bzw. jede Kleingruppe je nach Können und Neigung etwas aussuchen kann.
- Bei Bedarf werden spontane Ideen, das Vorgehen bei der Durchführung eines Projekts und die technische Ausstattung besprochen. Die S haben völlige Freiheit in Bezug auf die Gestaltung. Sie können auch Elemente wie Interviews und Reportagen einbeziehen.
- Ein Termin für die Präsentation sollte vorher vereinbart werden. Er kann noch am Ende des laufenden Schuljahrs liegen oder aber zu Beginn des neuen. Als besonderer Höhepunkt könnte das Material einer breiteren Öffentlichkeit vorgeführt werden, z.B. der Schule, den Eltern oder gar örtlichen Einrichtungen (Jugendklub, Volkshochschule o.Ä.).

*Camcorder, Kassettenrekorder*

**WB C6   The Notting Hill holiday game   Sprechen**
In spielerischer Form werden Redemittel, Wortschatz und landeskundliche Details wiederholt.

*WB, S. 80*
*Würfel*
*Spielfiguren*

**TB Theme 6   detective page**
Die S „verabschieden" sich mit einem abschließenden Quiz von **Notting Hill Gate**.
Mögliche Lösungen:
*Karim's friend's name is Eddy. He likes crazy cowboy hats.*
*Robin Hood helped the poor./He stole from the rich and gave to the poor./He caught the Sheriff of Nottingham.*
*David went to Wales on holiday.*
*Before you cross a street in Great Britain you must look right.*
*Lisa Nauman is Charlie's friend from Germany.*
*Gillian cooked a meal for her mother and her friends, Vera and Charlie, helped her. She gave her mum some handkerchiefs.*
*The name of the language people speak in Wales is Welsh.*
*Susan had to stay in bed because she had chickenpox.*
*Patsy Mulloy won the pony camp race on her pony Flame.*
*David and Gillian sent a fax to DJ Rasta.*
*The lions at the zoo usually get their food at 12.30pm.*
*Many pupils in British schools have to wear school uniforms./The pupils at Hendon School and at William Ellis School have to wear school uniforms.*
*Diwali is the New Year festival for the Hindus.*
*Karim and Eddy played music in Piccadilly Circus/in the street.*
*The policemen caught the tiger in Kensington Gardens.*
*The winner of the talent contest was 'Stageworks'.*

*TB, S. 128*

**Selbsteinschätzung: Gesamtbewertung**
Nach zwei Jahren Englisch ziehen die S mithilfe der Portfolio-Fragebögen im Workbook Bilanz über ihre Lernerfolge. Zunächst füllen sie einen allgemeinen Fragebogen zum vergangenen Schuljahr aus. Anschließend schätzen sie ihre Leistungen in Bezug auf die einzelnen Fertigkeiten rückblickend noch einmal ein.
Hier ist ein Vergleich mit den im Verlauf des Schuljahres bearbeiteten Bögen zu den einzelnen Fertigkeiten sicher spannend, um die eigene Entwicklung zu reflektieren. L kann durch die Frage „Was nehmt ihr euch für das Fach Englisch im nächsten Schuljahr vor?" einen weiteren Anstoß zur Selbstreflexion geben.
Die Fragebögen können kopiert und ins Portfolio geheftet werden.

*WB, S. 82*

*Kopien*

# Jahresplan

| Woche | Theme | Sprechabsichten | Grammatische Strukturen |
|---|---|---|---|
| 1 | **Introduction:**<br>**Back to Notting Hill Gate!**<br><br>Textbook pages 10-12<br>Workbook A1-A2<br>Copymaster 1, 3-4 | Aktivierung des Vorwissens aus dem ersten Lernjahr: über Lehrwerksfiguren und Ereignisse sprechen | rezeptiver Bebrauch des *simple past* |
| 2 | **Theme 1: After the holidays**<br>**Theme 1A:** Postcards from …<br><br>Textbook A1-A3<br>Workbook A3-A4<br>Copymaster 2, 5 | Über den vergangenen Urlaub reden (Reiseziel, Aktivitäten) | *Simple past (regular verbs/was, were)*<br>Vergleiche: *Simple present, present progressive, simple past* |
| 3 | **Theme 1A:** Brighton Summer Festival<br><br>Textbook A4-A6<br>WorkbookA5-A7 | Fotos beschreiben<br>Über das Wetter sprechen | Revision: *Present progessive* |
| 4 | **Theme 1B:** At a pony camp<br><br>Textbook B1-B5<br>Workbook B1-B2<br>Transparency 1<br>Copymaster 2 | Über ein Ereignis berichten<br>Jemanden loben | *Simple past: regular and irregular verbs* |
| 5 | **Theme 1B:** Who went where?<br><br>Textbook B6-B10<br>Workbook B3-B6<br>Transparency 2, 3<br>Copymaster 6 | Notizen versprachlichen<br>Sich über vergangene Ereignisse unterhalten | Fragen und Kurzantworten im *simple past*<br>*Simple past* in verneinten Sätzen<br>Fragen mit Fragewort |
| 6 | **Theme 1B:** My holidays<br><br>Textbook B11<br>Workbook B7<br>Copymaster 7<br><br>**Theme 1C:** Back to school<br><br>Textbook C1-C3<br>Workbook C1-C3<br>Transparency 4 | Über den eigenen Urlaub berichten<br><br><br><br><br>Über den Schultag und die Schule reden<br>Die Uhrzeit nennen | Revision: Uhrzeit |
| 7 | **Theme 1C:** Vera's new school<br><br>Texbook C4-C8<br>Workbook C4-C7 | Ein Klassenzimmer beschreiben<br>Eine Person beschreiben | Revision: Präpositionen des Raumes, Ortsangaben<br>neu: *at the front/back, on the left/right, in the middle* |

# Jahresplan

| Woche | Theme | Sprechabsichten | Grammatische Strukturen |
|---|---|---|---|
| 8 | **Theme 1:** Detective page<br><br>Selbsteinschätzungsbogen<br>Sprechen<br>Test 1 | Revision: die Uhrzeit nennen | Revision: *Simple past (regular and irregular verbs)* |
|   | **Optional 1:** I can do magic<br><br>Textbook Optional 1-5 | Über Zauberkunststücke sprechen<br>Bastelanleitungen folgen<br>Zaubersprüche formulieren<br>Zaubertricks lernen und vorführen | |
| 9 | **Theme 2:** Around London<br>**Theme 2A:** Catch the tiger!<br><br>Textbook A1-A4<br>Workbook A1-A4<br>Transparency 5-6 | Tiere beschreiben<br>Angst/Erleichterung ausdrücken | Vergleich: *Simple present/present rogressive* |
| 10 | **Theme 2A:** The tiger's holiday<br><br>Textbook A5-A11<br>Workbook A5-A8<br>Copymaster 8 | Von Erlebnissen berichten<br>Eine Geschichte in ihrem Aufbau erfassen | Vergleich: *Simple resent/present progressive*<br>Revision: *Simple past* |
| 11 | **Theme 2B:** Meeting friends<br><br>Texbook B1-B5<br>Workbook B1-B4<br>Transparency 7, 8<br>Copymaster 9, 11 | Vorschläge machen<br>Freizeitaktivitäten planen<br>Wegbeschreibungen geben | Revision: Präpositionen des Raumes, Ortsangaben |
| 12 | **Theme 2B:** Zoo animals<br><br>Textbook B6-B10<br>Workbook B5-B8<br>Transparency 4 | Wünsche äußern und begründen<br>Tiere beschreiben | Revision: Fragen und Verneinung mit *do* |
| 13 | **Theme 2C:** Kid's London<br><br>Textbook C1-C4<br>Workbook C1-C5<br>Copymaster 10, 12 | Sightseeing in London planen<br>Meinungen äußern und begründen | |
| 14 | **Theme 2C:** My town<br><br>Textbook C5-C6<br>Workbook C6<br><br>**Theme 2:** Detective page<br><br>Selbsteinschätzungsbogen:<br>Schreiben<br>Test 2 | Den Heimatort beschreiben | Revision: *Simple past* |

# Jahresplan

| Woche | Theme | Sprechabsichten | Grammatische Strukturen |
|---|---|---|---|
| 15 | **Theme 3: Dreams**<br>**Theme 3A:** Fortune-tellers<br><br>Textbook A1-A5<br>Workbook A1-A3 | Jemandem die Zukunft voraussagen<br>Über Träume/Zukunft sprechen | *will*-Futur |
| 16 | **Theme 3A:** Your future<br><br>Textbook A6-A10<br>Workbook A4-A8<br>Transparency 9 | Vorschläge machen<br>Sagen, was man gern/nicht gern tut | *will*-Futur<br>Revision: Kurzantworten |
| 17 | **Theme 3B:** The big hero<br><br>Textbook B1-B3<br>Workbook B1-B3<br>Transparency 10 | Vorbilder beschreiben<br>Eigene Zukunftspläne formulieren<br>Meinungen begründen | *will*-Futur |
| 18 | **Theme 3B:** Robin Hood<br><br>Textbook B4-B8<br>Workbook B4-B7<br>Copymaster 13-15 | Eine Geschichte nacherzählen und darstellen | Adverbien der Art und Weise |
| 19 | **Theme 3C:** Buskers<br><br>Textbook C1-C6<br>Workbook C1-C3<br>Copymaster 16 | Ideen äußern<br>Bastelanleitungen folgen | |
| 20 | **Theme 3C:** Spotlight on<br><br>Textbook C7-C9<br>Workbook C4-C6 | Stärken und Schwächen ausdrücken<br>Sagen, woran man Interesse hat<br>Sich und seine Interessen und Pläne vorstellen | |
| 21 | **Theme 3**: Detective page<br><br>Selbsteinschätzungsbogen:<br>Lesen<br>Test 3 | Gegensatzpaare bilden | Revision: *Present, past, future* |
|  | **Optional 2: Ghost stories**<br><br>Textbook Optional 1-5<br>Transparency 11<br>Copymaster 17-18 | Eine Geschichte planen und schreiben<br>Eine Geschichte vorlesen | |
| 22 | **Theme 4: Celebrations**<br>**Theme 4A:** New Year<br><br>Textbook A1-A3<br>Workbook A1-A3 | Über Feiertage sprechen<br>Eine Befragung durchführen | Revision: Fragen und Kurzantworten im *simple past*<br>Revision: *will*-Futur |

# Jahresplan

| Woche | Theme | Sprechabsichten | Grammatische Strukturen |
|---|---|---|---|
| 23 | **Theme 4A:** My favourite festival<br><br>Textbook A4-A5<br>Workbook A4-A6<br>Copymaster 19 | Ein Projekt planen und durchführen<br>Über Bräuche sprechen | |
| 24 | **Theme 4B:** Birthday presents<br><br>Textbook B1-B4<br>Workbook B1-B3<br>Copymaster 5 | Über Geburtstage und Geschenke sprechen<br>Etwas vergleichen<br>Seine Meinung äußern | Steigerung von Adjektiven mit *-er, -est*<br>Vergleiche |
| 25 | **Theme 4B:** A last-minute idea<br><br>Textbook B5-B8<br>Workbook B4- B8<br>Transparency 12<br>Copymaster 20-22 | Personen beschreiben und vergleichen<br>Mengen angeben<br>Über Feste und deren Vorbereitung sprechen | Steigerung von Adjektiven mit *-er, -est*<br>Vergleiche<br>*some* und *any* |
| 26 | **Theme 4B:** A special birthday<br><br>Textbook B9-B10<br>Workbook B9-B10<br><br>**Theme 4C:** The woman in black<br><br>Textbook C1-C2<br>Workbook C1 | Sich bei Tisch unterhalten | *some* und *any* |
| 27 | **Theme 4C:** What are they going to do?<br><br>Textbook C3-C7<br>Workbook C2-C4<br>Transparency 13 | Sagen, was man vorhat<br>Über Einkäufe berichten | *going to*-Futur |
| 28 | **Theme 4:** Detective page<br><br>Selbsteinschätzungsbogen:<br>Vokabeln lernen<br>Test 4 | Über Absichten sprechen | Revision: *going to*-Futur |
| 29 | **Theme 5:** Dos and don'ts<br>**Theme 5A:** Mum's rules<br><br>Textbook A1-A4<br>Workbook A1-A4<br>Transparency 14 | Um Erlaubnis bitten<br>Erlaubnis und Verbot ausdrücken<br>Über Probleme mit den Eltern sprechen | Modale Hilfsverben:<br>*must, have to, mustn't, don't have to, can und can't* |

# Jahresplan

| Woche | Theme | Sprechabsichten | Grammatische Strukturen |
|---|---|---|---|
| 30 | **Theme 5A:** My opinion<br><br>Textbook A5-A9<br>Workbook A5-A6<br>Transparency 15<br>Copymaster 23-24 | Seine Meinung äußern<br>Einen Brief schreiben<br>Personen und Dinge beschreiben und vergleichen | Steigerung von Adjektiven mit *more, most*<br>Revision: *some* und *any* |
| 31 | **Theme 5B:** School rules<br><br>Textbook B1-B3<br>Workbook B1-B5 | Über Verhalten sprechen | Modale Hilfsverben: *must, have to, mustn't, don't have to, can* und *can't*<br>*these* und *those* |
| 32 | **Theme 5B:** School uniforms<br><br>Textbook B4-B7<br>Workbook B6-B7 | Über Kleidung sprechen<br>Seine Meinung äußern, Pro und Contra abwägen |  |
| 33 | **Theme 5C:** Traffic<br><br>Textbook C1-C10<br>Workbook C1-C6 | Verkehrsregeln formulieren<br>Einen Weg beschreiben<br>Ein Fahrrad beschreiben | Revision: Imperativ<br>Revision: *must, mustn't*<br>Steigerung von Adjektiven mit *more, most* |
| 34 | **Theme 5:** Detective page<br><br>Selbsteinschätzungsbogen:<br>Hören<br>Test 5 | Revision: Über Straßenverkehr sprechen | Revision: Steigerung von Adjektiven |
|  | **Optional 3: Animal book**<br><br>Textbook Optional 1-5<br>Copymaster 3-4 | In Projektarbeit ein Buch über Tiere schreiben |  |
| 35 | **Theme 6:** Away we go<br>**Theme 6A:** Weekend activities<br><br>Textbook A1-A5<br>Workbook A1-A4<br>Transparency 16 | Fragen/sagen, was man schon einmal getan hat | *Present perfect* |
| 36 | **Theme 6 A:** Get well<br><br>Textbook A6-A9<br>Workbook A5-A6<br>Copymaster 25 | Jemandem gute Besserung wünschen<br>Eine Nachricht auf Anrufbeantworter sprechen | *Present perfect* |
| 37 | **Theme 6B:** Making plans<br><br>Textbook B1-B5<br>Workbook B1-B3 | Pläne und Vorhaben entwickeln<br>Ein Formular bearbeiten | *Present perfect* |

# Jahresplan

| Woche | Theme | Sprechabsichten | Grammatische Strukturen |
|---|---|---|---|
| 38 | **Theme 6B:** The talent contest<br><br>Textbook B6-B9<br>Workbook B4-B5<br>Copymaster 26 | Über persönliche Begabungen sprechen<br>Einen Wettbewerb organisieren | Vergleich:<br>*Present perfect/simple past* |
| 39 | **Theme 6B:** Musical instruments<br><br>Textbook B10-B13<br>Workbook B6 | Sagen, was man gut kann | Revision: *can* und *can't* |
| 40 | **Theme 6C:** Holiday plans<br><br>Textbook C1-C4<br>Workbook C1-C3<br><br>**Theme 6:** Detective page<br><br>Selbsteinschätzungsbogen: Gesamtbewertung<br>Test 6 | Urlaubspläne äußern | Revision: *going to*-Futur |

# Notting Hill Gate 2: Introduction

copymaster 1

# Notting Hill Gate 2: Theme 1

copymaster 2

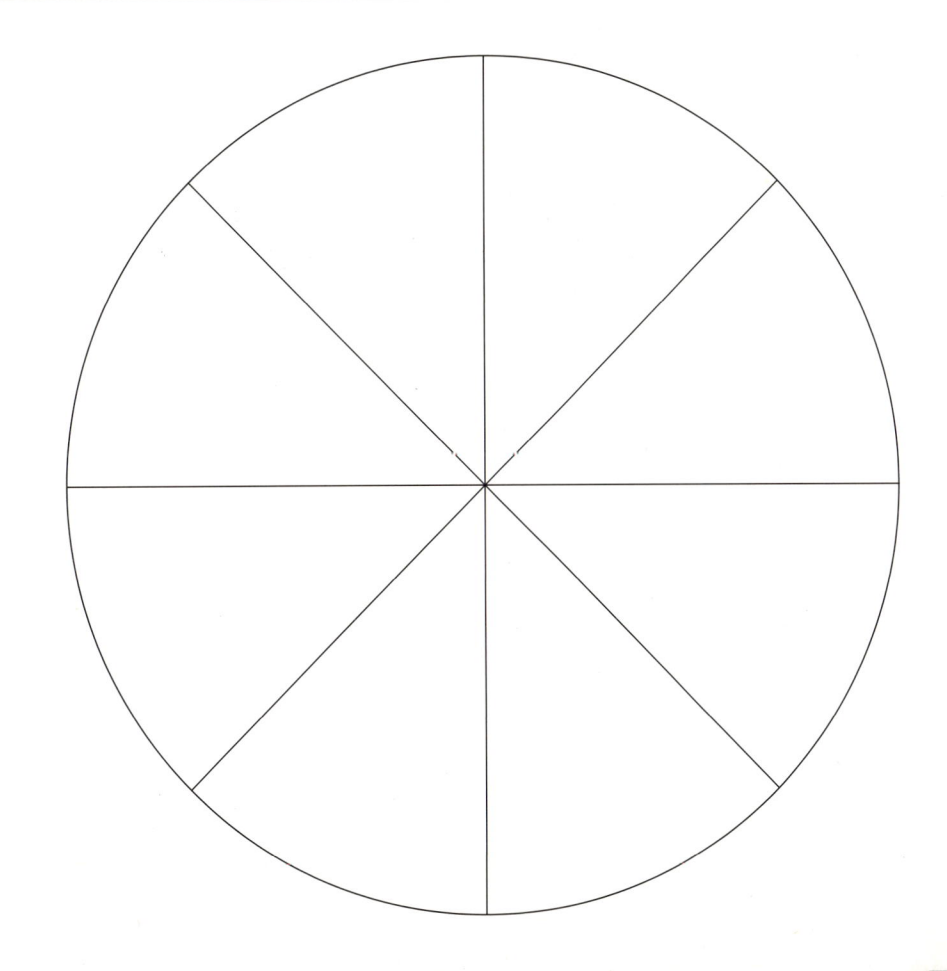

# Notting Hill Gate 2: Introduction

## On the farm

"I think it's my turn to win the competition this year," says Pig and looks at the other farm animals.
"I don't think so," says Cow and laughs. "I think I'll win it again."
"But you win every year. You're the farmer's favourite animal," says Horse. "It isn't fair."
"Hello! Are you having a farm meeting?" asks Goat. "What are you talking about?"
"Hello, Goat. We're talking about the farm competition," answers Pig. "Every year the farmer gives the prize to Cow."
"Well, that's because I'm so beautiful and I give him a lot of milk," answers Cow and walks away.
"Ugh, Cow thinks she's wonderful," says Horse.
"She thinks she's so clever, but she's wrong," says Pig.

Just then the farmer walks into the field. "Hello animals! It's time for dinner. And after that you must go into the barn for the night. There's bad weather on the way," he says and gives the animals some food.
"Bad weather!" laughs Cow. "I don't think so. I can see the sun high up in the sky. I think the farmer's wrong. And I don't want to sleep in a barn with all you animals." So Cow decides to sleep out in the field.
"Are you crazy?" asks Goat. "The farmer is always right. You can't sleep in the field."
"Oh, forget Cow," says Pig. "She always thinks she knows better but she doesn't."
"Yes, let her sleep in the field. Then we don't need to listen to her this evening," says Horse.
The animals have dinner and then they go to the barn. It is nice and warm there and soon they go to sleep. But Cow stays out in the field.

In the middle of the night there is a strong wind. It is very loud and the animals can't sleep. "The door is open!" cries Horse.
"Quick, close it!" says Pig.
Goat runs to the open door. "But what about Cow?" he asks. "Where is she?"
Suddenly there is a terrible loud noise.

"What's happening?" asks Horse.
"It's the big tree in the field," answers Goat.
"Oh no, it's falling … on Cow. Come on we must help her."
"What?" cries Horse. "Help that silly cow? Ha, not me. She's never nice to me. Get the farmer."
"No time for that," says Goat and runs to the field.

"Cow, Cow, are you OK?" he asks.
"Go away!" cries Cow. "I can't move. The tree is on my tail. I don't want to lose my beautiful tail."
"Don't be silly, Cow," answers Goat. "Do you want me to help you?"
Then Goat runs to the end of the field.
"Come back, come back!" cries Cow. "Where are you going?"
Goat runs to the tree. He pushes it with his head but it doesn't move.
"Oof!" says Goat.
"Help!" cries Cow. "Help!"
Goat pushes the tree again and again and again. Suddenly the tree moves and Goat lands on Cow.
"Ow!" says Goat. "Well, come on. Can you walk?"
Goat and Cow walk to the barn. Cow doesn't speak to the other animals and they don't speak to her.

The next morning the farmer comes into the barn. "Well," says the farmer. "Today is prize day. And the winner this year is … Goat!"
"Me?" asks Goat. "Why me?"
"Well, last night I was in my living-room and there was a good film on TV," answers the farmer. "But suddenly there was a terrible loud noise. I looked out of the window and I watched you help Cow. I think you were very clever. Cow, you were very silly. Next time sleep in the barn. All you animals must learn to live together. So Goat, the prize is yours – a field full of the best green grass. Well done!"
Goat is very happy. "Really? But that's too much for me. Come on everyone, how about a party in the field? Eat until you're full! You too, Cow."
The animals cheer and Cow looks at Goat.
"I was very silly yesterday," she says.
"Thank you for your help."

---

**1** **Make a mind map with farm words.**

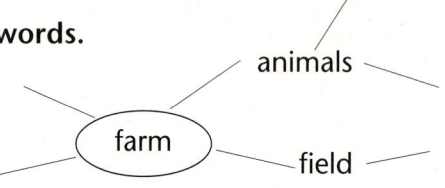

animals — farm — field

# Notting Hill Gate 2: Introduction — copymaster 4

**2** Find the opposites of these words in the story.

night – _____  evening – _____
wrong – _____  open – _____
give – _____  win – _____
loud – _____  ugly – _____

**3** Find the rhyming words in the story.

pink – …   mice – …   arm – …   how – …   snail – …   fun – …
high – …   fast – …   free – …   boys – …   right – …   road – …

**4** Match the titles to the parts of the story. You can find your own titles, too.

Prize cow   The weather report   Party time   The competition
In the barn   A WINDY NIGHT   A short tail   …

**5** The next day the goat tells the story to his neighbours. Fill in the simple past forms.

be (4x) – push – stay – decide – happen – open

Last night it _____ very windy and so all the animals _____ in the barn. But Cow _____ to sleep in the field. In the middle of the night something terrible _____. There _____ a loud noise and I _____ the door to look for Cow. There _____ a big tree on Cow's tail and I _____ it again and again until Cow _____ free. So, this year I'm the winner of the farm competition!

## Words

other [ˈʌðə] – andere(r,s)
I don't think so. [aɪ ˌdəʊnt ˈθɪŋk səʊ] – Ich glaube nicht.
cow [kaʊ] – Kuh
I'll win. [aɪl ˈwɪn] – Ich werde gewinnen.
farmer [ˈfɑːmə] – Bauer, Bäuerin
fair [feə] – gerecht
goat [gəʊt] – Ziege
meeting [ˈmiːtɪŋ] – Treffen, Versammlung
prize [praɪz] – Preis (Gewinn)
clever [ˈklevə] – klug, schlau
You're wrong. [jɔː ˈrɒŋ] – Du irrst dich.
field [fiːld] – Feld
barn [bɑːn] – Scheune
night [naɪt] – Nacht, Abend
sun [sʌn] – Sonne
high [haɪ] – hoch
up [ʌp] – oben, hinauf
sky [skaɪ] – Himmel

decide [dɪˈsaɪd] – beschließen, entscheiden
crazy [ˈkreɪzi] – verrückt
better [ˈbetə] – besser
have dinner [ˌhæv ˈdɪnə] – zu Abend essen
out [aʊt] – (nach) außen, draußen
in the middle (of) [ɪn ðə ˈmɪdl(əv)] – in der Mitte, mitten in
strong [strɒŋ] – stark
wind [wɪnd] – Wind
open [ˈəʊpən] – offen
close [kləʊz] – zumachen, schließen
suddenly [ˈsʌdnli] – plötzlich
noise [nɔɪz] – Lärm, Geräusch
happen [ˈhæpən] – geschehen, passieren
tree [triː] – Baum
silly [ˈsɪli] – albern, dumm, blöd
move [muːv] – (sich) bewegen

tail [teɪl] – Schwanz
lose [luːz] – verlieren
end [end] – Ende
push [pʊʃ] – schieben
last [lɑːst] – letzte(r,s)
was [wɒz] – war
were [wɜː] – waren, war(s)t
on TV [ɒn ˌtiːˈviː] – im Fernsehen
next time [ˈnekst taɪm] – das nächste Mal
learn [lɜːn] – lernen
live [lɪv] – leben, wohnen
together [təˈgeðə] – zusammen
full [fʊl] – voll
grass [grɑːs] – Gras
Well done! [ˌwel ˈdʌn] – Gut gemacht!
really [ˈrɪəli] – wirklich
How about …? [ˌhaʊ əˈbaʊt] – Wie wäre es mit …?
yesterday [ˈjestədeɪ] – gestern

**Notting Hill Gate 2: Theme 1**　　　　　　　　　　　　　　　copymaster 5

# Notting Hill Gate 2: Theme 1 — copymaster 6

| | |
|---|---|
| *1. Where did you spend your holidays?*  <br><br>My room? I tidied it on Wednesday. | Our summer holidays? We went to Wales.  <br><br>*Was Charlie in the race?* |
| No, he wasn't. He was the commentator.  <br><br>*Where did you go shopping?* | First we went to the supermarket, then to the market.  <br><br>*When did you come home yesterday?* |
| I came home from school at two o'clock.  <br><br>*Did you play ball yesterday?* | I didn't play ball, I played tennis.  <br><br>*Did Charlie win the race?* |
| No, he didn't. Patsy Mulloy won the race.  <br><br>*Did you see Jane on Monday?* | No, I didn't see Jane but I called her on the phone.  <br><br>*When did the race begin?* |
| The race? It began at ten o'clock.  <br><br>*What did you do on Sunday?* | We watched a play on Sunday.  <br><br>*When did you clean the stables?* |
| We cleaned the stables at 5pm.  <br><br>*Which job did your brother do yesterday?* | He helped mum and then he took my sister to the playcentre. Why do you ask?  <br><br>*Did you play video games with your dad?* |
| No, I didn't. I hate video games.  <br><br>*When did you talk to your teacher about the party?* | I talked to her last Monday about the party.  <br><br>*Did you go to the park in the afternoon?* |
| Yes, I did. I went to the park with Tina.  <br><br>*Where did you go yesterday?* | Yesterday? I went to a drama workshop.  <br><br>*Which horse was first in the race?* |
| Flame was first.  <br><br>*Did Susan enjoy the drama workshop?* | Who? Susan? Yes, she enjoyed the workshop.  <br><br>*Was Wednesday a good day?* |
| Wednesday was terrible. I fell off my chair.  <br><br>*Where did you sing that stupid song?* | What stupid song? We sang it at the drama workshop. I liked it.  <br><br>*When did you tidy your room?* |

**Notting Hill Gate 2: Theme 1**  copymaster 7

# Notting Hill Gate 2: Theme 2 — copymaster 8

I _____ bored after my meal this afternoon. I _____ , "What about a walk around London?" I _____ the door of the cage and _____ away from the zoo. Nobody _____ me. Then I _____ swimming in the canal – but I _____ like it. The water _____ so dirty, ugh. I _____ to a park but that _____ terrible. There _____ a lot of people there. I _____ to say hello to them but they _____ away from me. So I _____ to Madame Tussaud's. I _____ to buy a ticket because I _____ to see all the famous people – but they _____ let me in. Suddenly I _____ very hungry and I _____ I _____ him first, of course. Then I _____ around in the streets and _____ at the shops. There _____ a lot of nice things there. After that I _____ really tired so I _____ in Kensington Gardens. Then the police _____ me and _____ me back to the zoo.

What an interesting day!

**Notting Hill Gate 2: Theme 2**  copymaster 9

### Monster mirror

Monster mirror is it true?

I look at _____

And all I see

Is just a funny picture of _____

My nose is long – but I like _____

My two new teeth?

You can see _____ a bit.

What about my monster friends?

There is monster Slim – just look at _____

And monster Lizzy has got ugly fur – I don't want to be next to _____

When we are all going by bus people are really frightened of _____ . Uaaaah!!!!

---

**Notting Hill Gate 2: Theme 2**  copymaster 10

### At the tourist information

- Excuse me, I'm in London for the weekend. What can I do here?
- Oh, there are so many sights to see in London. What kind of sights would you like to see?
- Where can I go when it's nice and sunny?
- What can I do on a rainy day?
- What are the opening times?
- You can go to Tower Bridge and the Tower. But be careful, the Tower is closed on Sundays.
- Have fun in London! Goodbye.
- There are many museums you can go to on a rainy day. You can go to the London Transport Museum, for example.
- Well, you can listen to the speakers in Hyde Park or you can go to Portobello Market. The markets are open on Sundays, too.
- What can I do on Sunday?
- It is open from 10am – 5.30pm.
- Thank you very much. Goodbye.

Diesterweg

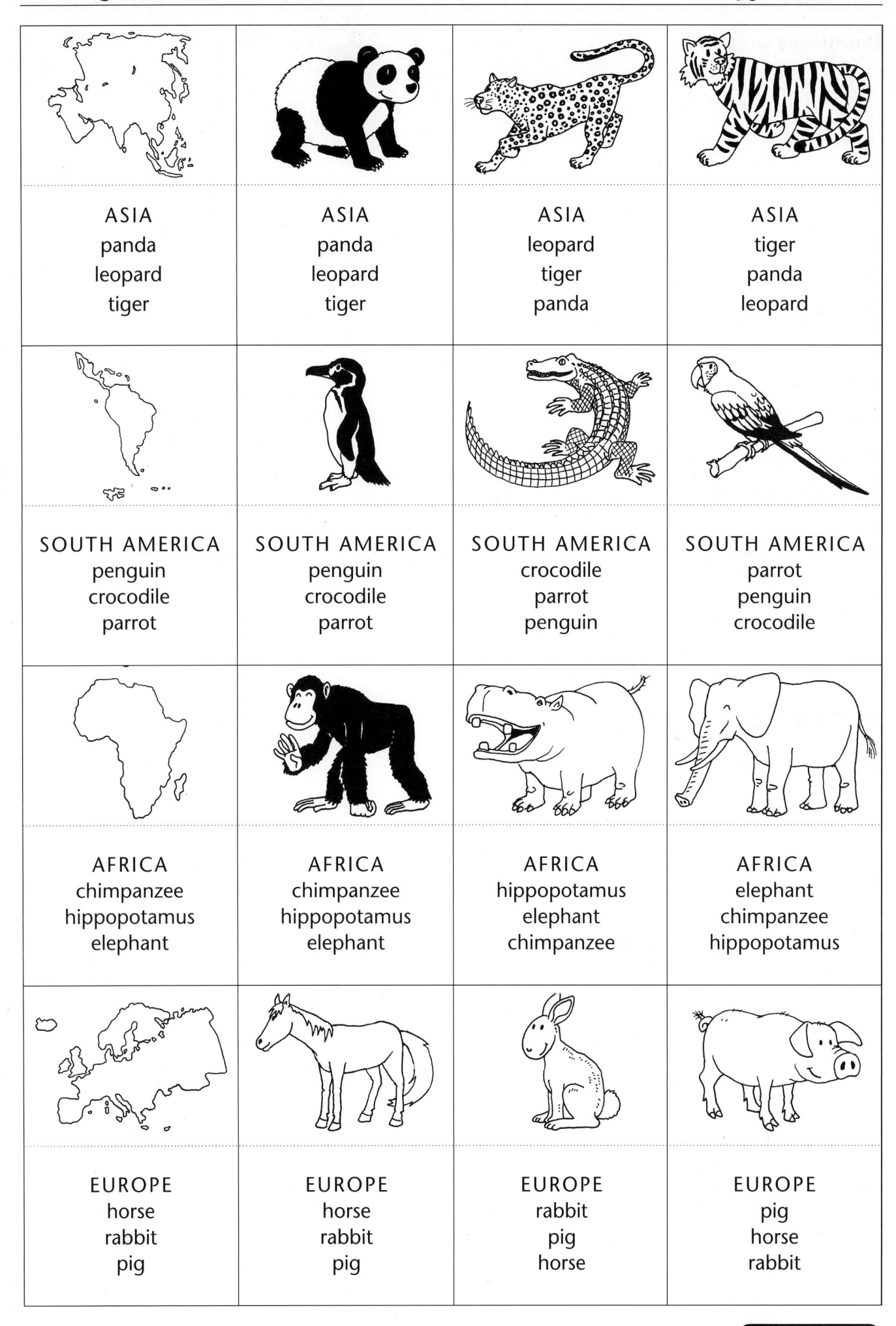

| | | | |
|---|---|---|---|
| ASIA<br>panda<br>leopard<br>tiger | ASIA<br>panda<br>leopard<br>tiger | ASIA<br>leopard<br>tiger<br>panda | ASIA<br>tiger<br>panda<br>leopard |
| SOUTH AMERICA<br>penguin<br>crocodile<br>parrot | SOUTH AMERICA<br>penguin<br>crocodile<br>parrot | SOUTH AMERICA<br>crocodile<br>parrot<br>penguin | SOUTH AMERICA<br>parrot<br>penguin<br>crocodile |
| AFRICA<br>chimpanzee<br>hippopotamus<br>elephant | AFRICA<br>chimpanzee<br>hippopotamus<br>elephant | AFRICA<br>hippopotamus<br>elephant<br>chimpanzee | AFRICA<br>elephant<br>chimpanzee<br>hippopotamus |
| EUROPE<br>horse<br>rabbit<br>pig | EUROPE<br>horse<br>rabbit<br>pig | EUROPE<br>rabbit<br>pig<br>horse | EUROPE<br>pig<br>horse<br>rabbit |

## Ten little corgies

© Printha Ellis

Ten little corgies went on the Central Line,
one missed a stop and travelled on,
so now there are only nine.

Nine little corgies went into town very late,
one couldn't find his way to bed,
so now there are only eight.

Eight little corgies thought chocolates were heaven[1],
one ate too many and it was ill,
so now there are only seven.

Seven little corgies knew many magic tricks[2],
one counted to three and it was gone,
so now there are only six.

Six little corgies went to the Thames to dive[3],
one couldn't swim or dive at all,
so now there are only five.

Five little corgies walked through a door,
one was too fat and didn't fit[4],
so now there are only four.

Four little corgies ran up an apple tree,
they chased[5] a cat and one fell down,
so now there are only three.

Three little corgies walked through London Zoo,
one jumped into a monkey's cage,
so now there are only two.

Two little corgies went out to have some fun,
one laughed and laughed and couldn't stop,
now there is only one.

One little corgie went looking for his friends,
It found them all in London town,
that's how the story ends.

[1] heaven ['hevən] – Himmel
[2] magic tricks [ˌmædʒik 'triks] – Zaubertricks
[3] dive [daɪv] – tauchen
[4] fit [fɪt] – passen
[5] chase [tʃeɪs] – jagen

Notting Hill Gate 2: Theme 3 — copymaster 13

**Notting Hill Gate 2: Theme 3**

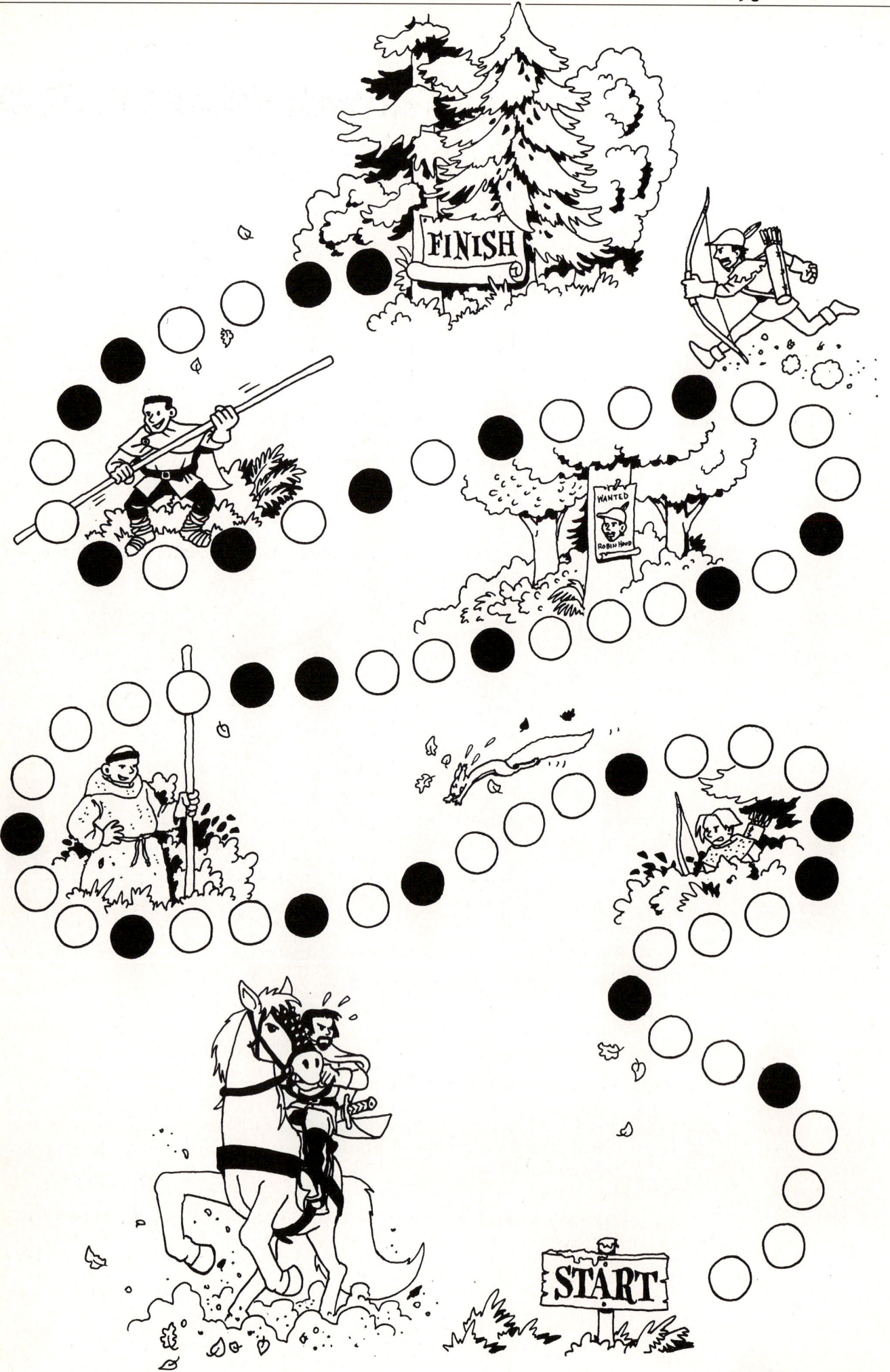

copymaster 14

**Notting Hill Gate 2: Theme 3** copymaster 15

| | | |
|---|---|---|
| **1** What colour were Robin Hood's clothes? ○ | **2** Robin Hood lived near Nottingham. Do you know where? ○○ | **3** Robin Hood helped … people. ○○ |
| **4** There is a photo of Robin Hood in your book. Who is the film star? ○○ | **5** Who was Robin Hood's girlfriend? ○○ | **6** Did Robin Hood have a revolver? ○○ |
| **7** Who tried to hang Robin Hood? ○ | **8** Why did Robin and his men laugh about the Sheriff? ○○○ | **9** The Sheriff was fast because he had … ○ |
| **10** What did the farmer need the money for? ○ | **11** Why did the old woman help Robin Hood? ○○○○ | **12** Where did Robin Hood find the Sheriff? ○○○ |
| **13** What did Robin Hood give to the old woman for her help? ○○ | **14** Why did the farmer cry? ○ | **15** Robin Hood had many friends. Do you know two names? ○○ |

Diesterweg

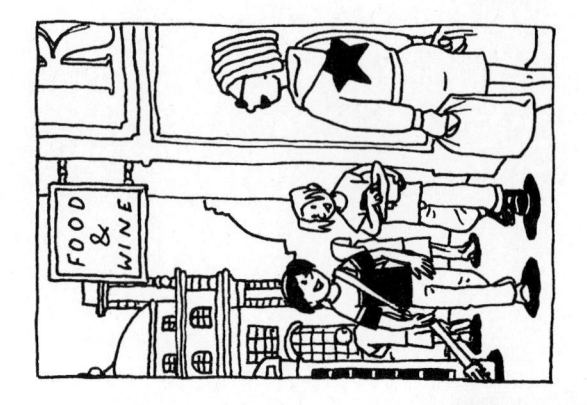

# Notting Hill Gate 2: Theme 3 — copymaster 16

**Notting Hill Gate: Optional 2**     copymaster 17

## A family of ghosts
The Spooks family are a family of ten ghosts.
Can you fill in their family tree?

Boo is Poo's father.
Wee is Boo's wife.
Gee is Wee's daughter.
Poo is Gee's brother.
Lee is Poo's aunt.
Loo is Wee's brother.
Boo is Moo's uncle.
Roo is Moo's sister.
Hoo is Roo's grandfather.
Bee is Wee's mother.

---

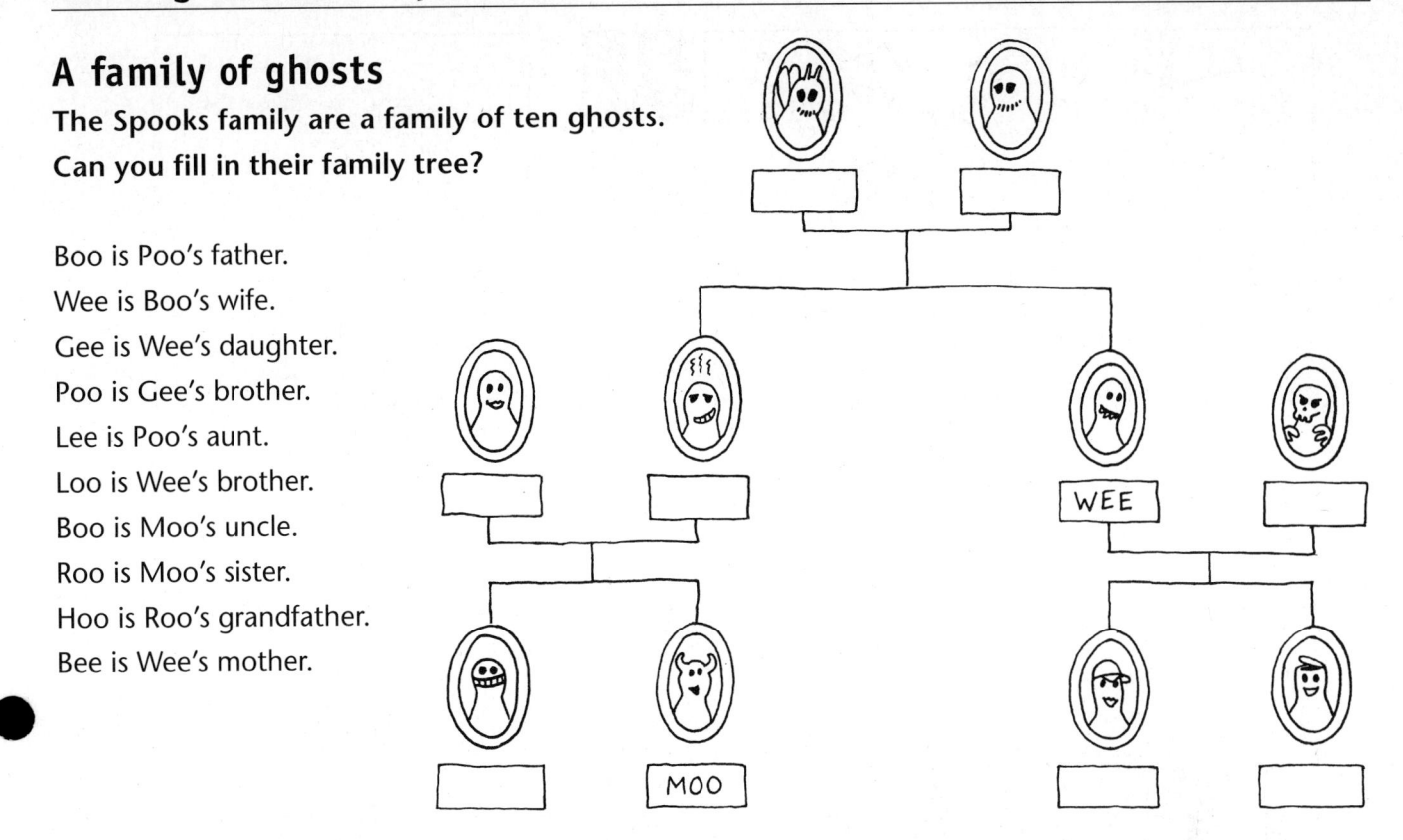

**Notting Hill Gate 2: Optional 2**     copymaster 18

## YOUR ghost story
Answer all the questions and you will get a ghost story. You can add ideas and details, of course. You can use a dictionary for your story. Draw a picture, too.

1. Where was Spooktington Castle?
2. Was it old / big / small / dark / grey / on a hill / in a forest / …?
3. Who lived there? How many people? How old?
4. What was the time?
5. Where in the castle were the people?
6. What did they hear?
7. What did they see?
8. What did the ghost do?
9. What did the people do?
10. Did the ghost go away?
11. Did he speak to the people?
12. Did he come again?

# Notting Hill Gate 2: Theme 4 — copymaster 19

## A festival calendar

Look at this international calendar. Find out when these people celebrate the New Year. Write down the dates.

> Chinese celebrate ... on ...

Chinese: _____

Hindus: _____

Jews: _____

Muslims: _____

Christians: _____

### Important dates and religious festivals in Great Britain in 2000

| | |
|---|---|
| New Year's Day | January 1 |
| Ash Wednesday | March 8 |
| Mothering Sunday | April 2 |
| Good Friday | April 21 |
| Easter | April 23-24 |
| Father's Day | June 18 |
| Halloween | October 31 |
| Christmas Day | December 25 |

| **Buddhist** | |
|---|---|
| Losar (Tibetan New Year) | February 19 |
| Wesak (Buddha Day) | May 29 |
| Birthday of 14th Dalai Lama Tenzin Gyatso | July 6 |

| **Chinese** | |
|---|---|
| Yuan Tan (New Year, 4698, Year of the Dragon) | February 5 |

| **Hindu** | |
|---|---|
| Holi | March 1 |
| Navrati (first day) | October 10 |
| Diwali | Oktober 26 |

| **Muslim** | |
|---|---|
| Id-ul-Adha | March 17 |
| Hegira (New Year, 1421) | April 6 |
| Ashoora | April 15 |
| Ramadan (first day) | November 27 |

| **Jewish** | |
|---|---|
| Pesach (Passover, first day) | April 20 |
| Rosh Hashanah (New Year, 5761) | September 30 |
| Yom Kippur (Day of Atonement) | Oktober 9 |
| Hanukkah | December 22-29 |

| **Sikh** | |
|---|---|
| Vaisakhi | April 14 |
| Martyrdom of Guru Arjan Dev | May 2 |
| Birthday of Guru Nanak Dev | November 23 |
| Martyrdom of Guru Tegh Bahadur | November 24 |

Diesterweg

**Notting Hill Gate 2: Theme 4**     **copymaster 20**

## A colour cake

**Gillian wants to make a birthday cake for her mum. She is reading a cookbook to find the perfect birthday cake. Has she got everything she needs for the cake? Fill in 'some' and 'any'.**

**Gillian:** What kind of cake can I make for mum's birthday? Let's see. Apple pie? No. What about a chocolate cake? Hm. Wow – a colour cake! That's a great idea. What do I need? What does it say in the cook book?

100 grams of flour. Let me check. Yes, there's _____ flour in the cupboard. And there's _____ baking powder, too. Have we got _____ sugar? No, there isn't _____ sugar left. What else? 100 grams of butter. No, there isn't any butter in the fridge. And two eggs. Hm, I broke one egg this morning. How many eggs are there in the fridge? Two! That's enough. I don't need to buy _____. And I need the colours, of course. I need a teaspoon of cocoa to make the cake look brown. Yes, there's _____ in the cupboard. The white colour is easy. That's just what the cake looks like. But I need red and green food colouring. No, we haven't got _____ in the cupboard. And I need some peppermint, too. Now, what's on my shopping list?


**Notting Hill Gate 2: Theme**     **copymaster 21**

## Shopping

Write down ten articles in the shopping bag.
Work with a partner.
Ask and answer questions like this:

*I've got some apples. Have you got any?*

*No, I haven't any apples. But I've got some ...*

Did you buy the same things?
Cross out the articles which are
the same in both shopping bags.
The person with the most articles left
at the end is the winner.

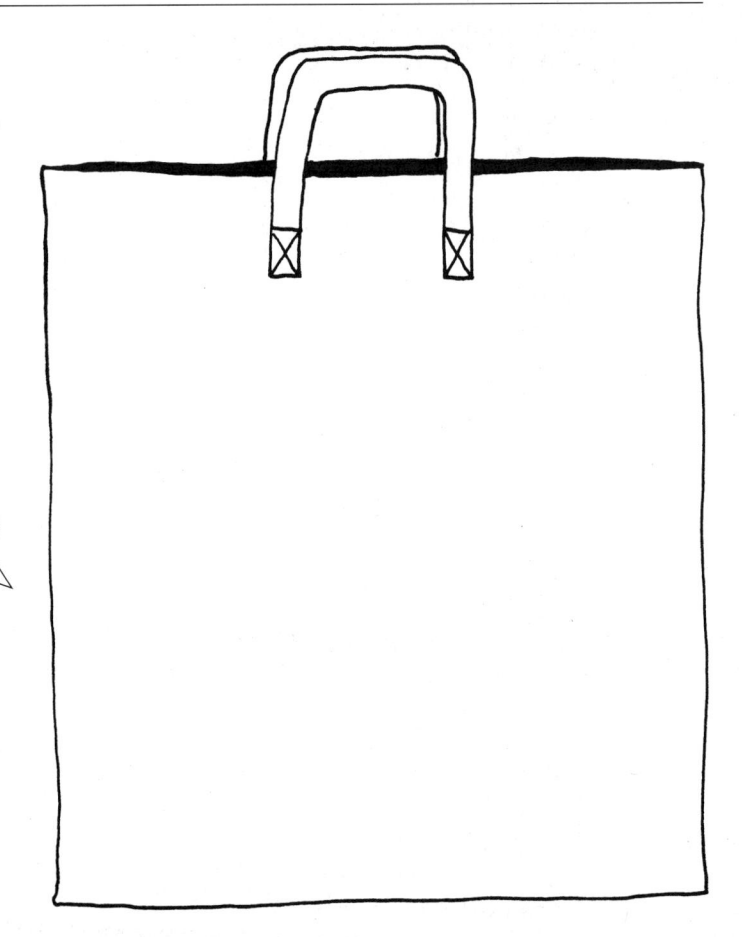

Diesterweg

# Notting Hill Gate 2: Theme 4 — copymaster 22

## A) Find out the missing information from your partner.
**A monster party**

Last Saturday six monsters had a wild party. There was loud music and monster Shaggy danced with his _____ friends. Monster Muncher ate a lot of food. Well, that isn't difficult for him – he has got two mouths and _____ hands. He ate _____ big Monsterburgers, twelve sandwiches and _____ sausages. His friend, Slim, only ate one small piece of cake but he drank _____ litres of lemonade. Lizzy and Milly drank tea. They put seven spoons of sugar in their cups. Later they went to the bathroom to put on new make-up. They spent _____ hours in front of the mirror. Their boyfriends waited for them. They were the ugliest monsters at the party. Macky has got three eyes and _____ teeth. Larry has got ugly fur all over his body and two long tails. He has got _____ different hands. His left hand has only got _____ fingers, his right hand has got six. At midnight there wasn't any food left and the monsters felt very tired from dancing. But what a great party!

*How much cake did monster Slim eat?*

*How many monsters were at the party?*

---

## B) Find out the missing information from your partner.
**A monster party**

Last Saturday _____ monsters had a wild party. There was loud music and monster Shaggy danced with his five friends. Monster Muncher ate a lot of food. Well, that isn't difficult for him – he has got _____ mouths and four hands. He ate three big Monsterburgers, _____ sandwiches and eleven sausages. His friend, Slim, only ate _____ cake but he drank fifteen litres of lemonade. Lizzy and Milly drank tea. They put _____ spoons of sugar in their cups. Later they went to the bathroom to put on new make-up. They spent two hours in front of the mirror. Their boyfriends waited for them. They were the ugliest monsters at the party. Macky had _____ eyes and no teeth. Larry had ugly fur all over his body and _____ long tails. He has got two different kinds of hands. His left hand has only got three fingers, his right hand has got _____. At midnight there wasn't any food left and the monsters felt very tired from dancing. But what a great party!

*How much cake did monster Slim eat?*

*How many monsters were at the party?*

**Diesterweg**

# Notting Hill Gate 2: Theme 5

## Who's the cleverest?

Tick (✔) the correct answer.

1. Which is the largest ocean?
   - ☐ Pacific
   - ☐ Atlantic
   - ☐ Indian

2. Which is the longest river?
   - ☐ Mississippi
   - ☐ Nile
   - ☐ Amazon

3. Which is the fastest animal?
   - ☐ antelope
   - ☐ horse
   - ☐ cheetah

4. Which is the smallest country?
   - ☐ Vatican City
   - ☐ Monaco
   - ☐ Andorra

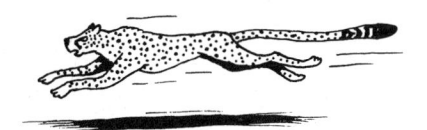

5. Which is the largest planet?
   - ☐ Saturn
   - ☐ Jupiter
   - ☐ Venus

6. Which is the highest mountain?
   - ☐ Mount Everest
   - ☐ Kilimanjaro
   - ☐ Aconcagua

7. Which is the biggest city? (with the most people)
   - ☐ New York
   - ☐ Sao Paulo
   - ☐ Tokyo

8. Which is the oldest underground?
   - ☐ the London tube
   - ☐ the Berlin U-Bahn
   - ☐ the Paris Metro

You are not sure? Check your answers here.

| S | C | H | E | E | T | A | H | E | B | U | T |
|---|---|---|---|---|---|---|---|---|---|---|---|
| O | L | U | A | P | O | A | S | K | A | N | D |
| E | L | I | N | Y | C | I | F | I | C | A | P |
| T | S | E | R | E | V | E | T | N | U | O | M |
| A | V | A | T | I | C | A | N | C | I | T | Y |
| N | E | R | E | T | I | P | U | J | N | O | T |

Diesterweg

**Notting Hill Gate 2: Theme 5** — copymaster 24

a) Look at the pictures and write about the grandfather's past.

_____
_____
_____
_____
_____
_____

b) Do you think the grandfather's story is true? Talk to a partner.

c) Find the opposites of the adjectives. Then change the story.

# Notting Hill Gate 2: Theme 6 — copymaster 25

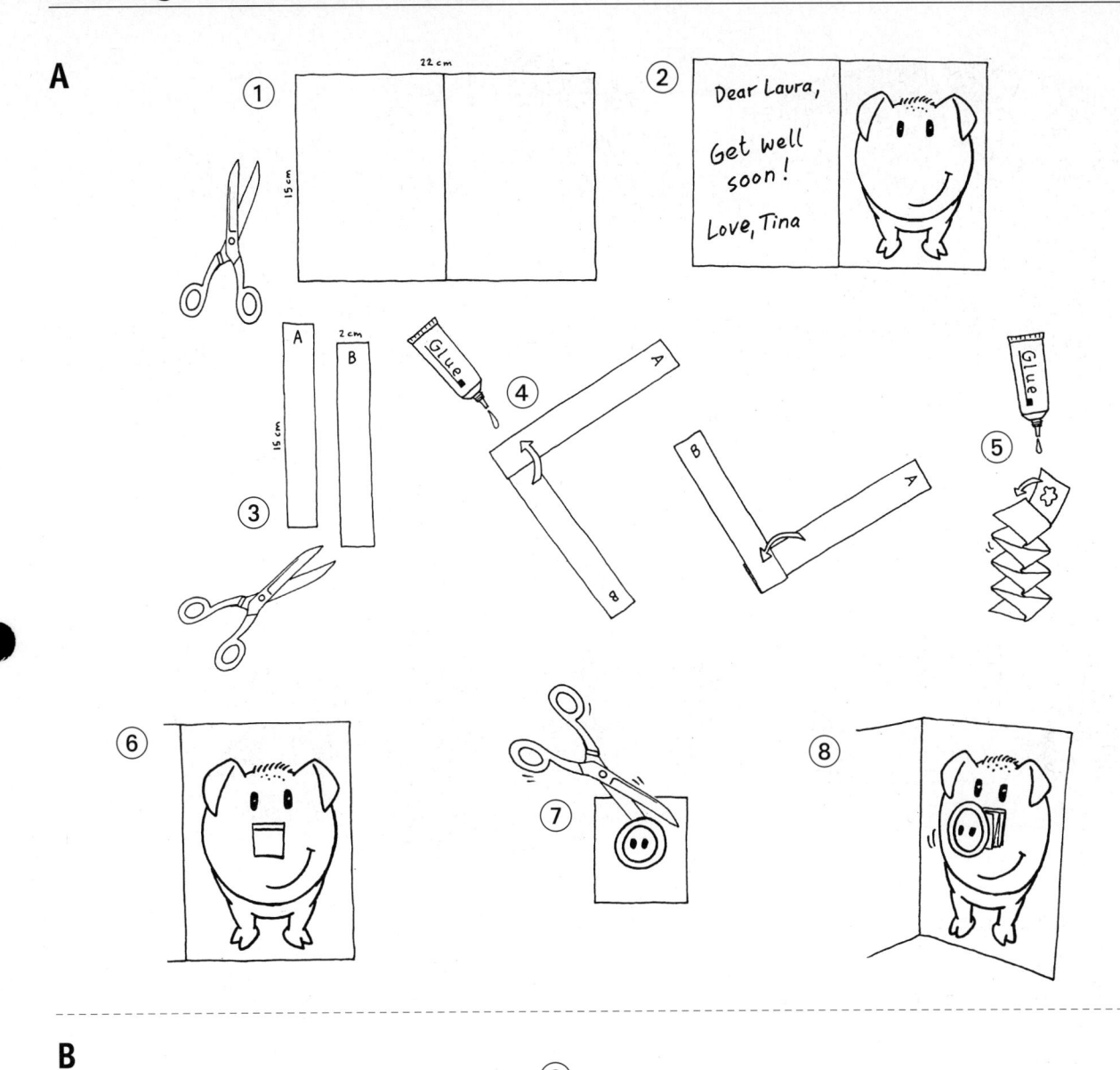

## A

1. 22 cm × 15 cm
2. Dear Laura, Get well soon! Love, Tina
3. A / B — 15 cm, 2 cm
4. Glue
5. Glue
6.
7.
8.

## B

1. 15 cm × 22 cm
2. TO MAX: CHEER UP! FROM TOM
3.
4. 14 cm × 2 cm
5.
6.

# Notting Hill Gate 2: Theme 6 — copymaster 26

- simple present
- present progressive
- will future
- present perfect
- going to future
- simple past

# Notting Hill Gate 2: Work plan

copymaster 27

Name: _____
Year: _____
Date: _____

Days / Lessons

| This is | what I must do | what I can do | what I need | | | | what I do with it | | | completed? | my score/ mark |
|---|---|---|---|---|---|---|---|---|---|---|---|
| | | | TB | WB | CD/ Cass. | and | present to the class | record | hand in | | |
| | | | | | | | | | | | |
| | | | | | | | | | | | |
| | | | | | | | | | | | |
| | | | | | | | | | | | |
| | | | | | | | | | | | |
| | | | | | | | | | | | |
| | | | | | | | | | | | |
| | | | | | | | | | | | |
| | | | | | | | | | | | |
| | | | | | | | | | | | |
| | | | | | | | | | | | |
| | | | | | | | | | | | |
| | | | | | | | | | | | |
| | | | | | | | | | | | |
| | | | | | | | | | | | |

ISBN 3-425-10413-6

Diesterweg

**Notting Hill Gate 2: Work plan**  copymaster 28

Name: Thomas
Year: 6c
Date: 15 Jan.

| This is | what I must do | what I can do | what I need | | | | what I do with it | | | com-pleted? | my score/mark |
|---|---|---|---|---|---|---|---|---|---|---|---|
| | | | TB | WB | CD/Cass. | and | present to the class | record | hand in | | |
| TB ③B4 | ✓ | | ✓ | | | dictionary Internet | ✓ | | | | |
| WB ③B4 | ✓ | | | ✓Ⓒ | | | | | ✓ | | |
| WB ③B5 | ✓ | | | ✓ | | | | | ✓ | | |
| TB ③B5 | | ✓ | ✓ | | | lif 11 | | | ✓ | | |
| WB ③B6 | | ✓ | | ✓ | | lif 11 | | | ✓ | | |
| TB ③B6 | ✓ | | ✓ | | | | | | | | |
| TB ③B7 | ✓ | | ✓Ⓒ | | | keywords from TB B6 | ✓ | | | | |
| TB ③B8 | | ✓① | ✓ | | | cassette-recorder | | ✓ | | | |
| Copy 13 | | ✓ | | | | felt tips | | | | | |
| Copy 14+15 | | ✓ | | | | counters dice | | | | | |
| | | | | | | | | | | | |
| | | | | | | | | | | | |
| | | | | | | | | | | | |
| | | | | | | | | | | | |
| | | | | | | | | | | | |

Diesterweg

# Notting Hill Gate 2 — Test 1

**HV-Text zum Vorlesen für Lehrer/in:**
"Hi Charlie! This is Vera. Listen, I must tell you about Emma Thompson. She went to a pony camp in the summer holidays, too. The camp was in Scotland. There were twelve boys and girls. They had twenty ponies. Emma stayed there for two weeks. She looked after the ponies and rode every day.
On the last day they had a race. Emma was the winner. She had a wonderful time …"

**Lösungen:**

⭐ 1. siehe HV-Text
2. came; spent; ran; began; won; rode; fell; made; sat; sent
3. Individuelle Lösungen
4. 1d; 2c; 3b; 4e; 5a
5. David fed his dog./He took Kenny for a long walk./He did his homework./He helped his dad at the supermarket./He found his computer game.
6. Uncle Ben; Aunt Sarah; James; grandmother; grandfather; grandfather; Polly; Sylvester; John; parents; Tina
7. subjects; ruler; blackboard; lessons; eraser; break; books; schoolbag; map; Lösungswort: classroom

🌙 1. siehe HV-Text
2. have; went; was/were; run; fall; sent; ride; threw; leave; flew; think
3. Where were you on holiday?/What did you do?/ What was the food like?/ Where did you stay?/ When did you come back?/How long did you stay?/ Did you meet new friends?/ Did you learn the language?
4. David fed his dog./He didn't do his homework./He took Kenny for a long walk./He didn't tidy his room./ He helped his dad at the supermarket./ He didn't clean his shoes./He found his computer game.
5. subjects; ruler; blackboard; lessons; eraser; break; books; schoolbag; map; Lösungswort: classroom
6. On the left; next to; between; In the middle; on; at the back; On the right; in front of
7. Individuelle Lösungen

☀ 1. siehe HV-Text
2. a) enjoy – enjoyed; stop – stopped; laugh – laughed; tidy – tidied; dance – danced; cry – cried; stay – stayed / leave – left; make – made; sing – sang; fly – flew; come – came; say – said; meet – met
   b) Individuelle Lösungen
3. Mögliche Fragen: Where did you spend your holiday? Where did you stay? What was the weather like? What did you do? What was the food like? When did you come back? How did you like the beach? What did you see? etc.
4. David fed his dog./ He didn't do his homework./He took Kenny for a long walk./He didn't tidy his room./ He helped his dad at the supermarket./ He didn't clean his shoes./He found his computer game.
5. subjects; ruler; blackboard; lessons; eraser; break; books; schoolbag; map; Lösungswort: classroom
6. Mögliche Lösungen s.o.
7. Individuelle Lösungen

**Mögliche Erweiterungen:**
- Write a portrait of Charlie.
- Look around and write down fifteen different things you can see in your classroom.
- Find the questions to these answers. (Mögliche Antworten: Karim spent his holidays in Bombay. Vera met Victor in Brighton. Susan went to a drama workshop. Her birthday was on 5th August. Mr Graham was Charlie's maths teacher last year.)
- Write about last week's weather. (Mithilfe der Illustration aus WB A6)
- Write down ten things you can do when you stay at home in your summer holidays.
- ☀ Back at home David's dog Kenny tells his friends about about his adventure on Mount Snowdon. Write down his story. You can use these words: highest mountain – nice walk – suddenly – fog – black dog – find way back to hotel
- Uhrzeitendiktat: Draw the time in the clocks. (Mithilfe der Illustrationen von Blanko-Uhren aus WB C2)

# Notting Hill Gate 2 — Test 1

## 1 ★ The telephone call

Vera talks to Charlie about her friend on the phone. Listen to Vera and tick (✔) the right answers.

1. Vera tells Charlie about
   - ☐ Annie Dixon
   - ☐ Emma Thompson
   - ☐ Jenny Potter

2. The girl went to
   - ☐ a girls camp
   - ☐ a pony camp
   - ☐ a language class

3. The camp was in
   - ☐ Scotland
   - ☐ Wales
   - ☐ Germany

4. How many ponies did they have?
   - ☐ 22
   - ☐ 20
   - ☐ 12

5. What did Vera's friend do?
   - ☐ She cleaned the rooms.
   - ☐ She looked after the ponies.
   - ☐ She fed the cats.

6. Who won the race?
   - ☐ Charlie
   - ☐ Annie
   - ☐ Emma

## 2 ★ Irregular verbs

Find the simple past forms of the following verbs. Just change one letter.

| C | O | M | E |   |   |   |   |   | S | P | E | N | D |   |   |   |   |   |
| R | U | N |   |   |   |   |   |   | B | E | G | I | N |   |   |   |   |   |
| W | I | N |   |   |   |   |   |   | R | I | D | E |   |   |   |   |   |   |
| F | A | L | L |   |   |   |   |   | M | A | K | E |   |   |   |   |   |   |
| S | I | T |   |   |   |   |   |   | S | E | N | D |   |   |   |   |   |   |

## 3 ★ Summer

Write down eleven summer words.

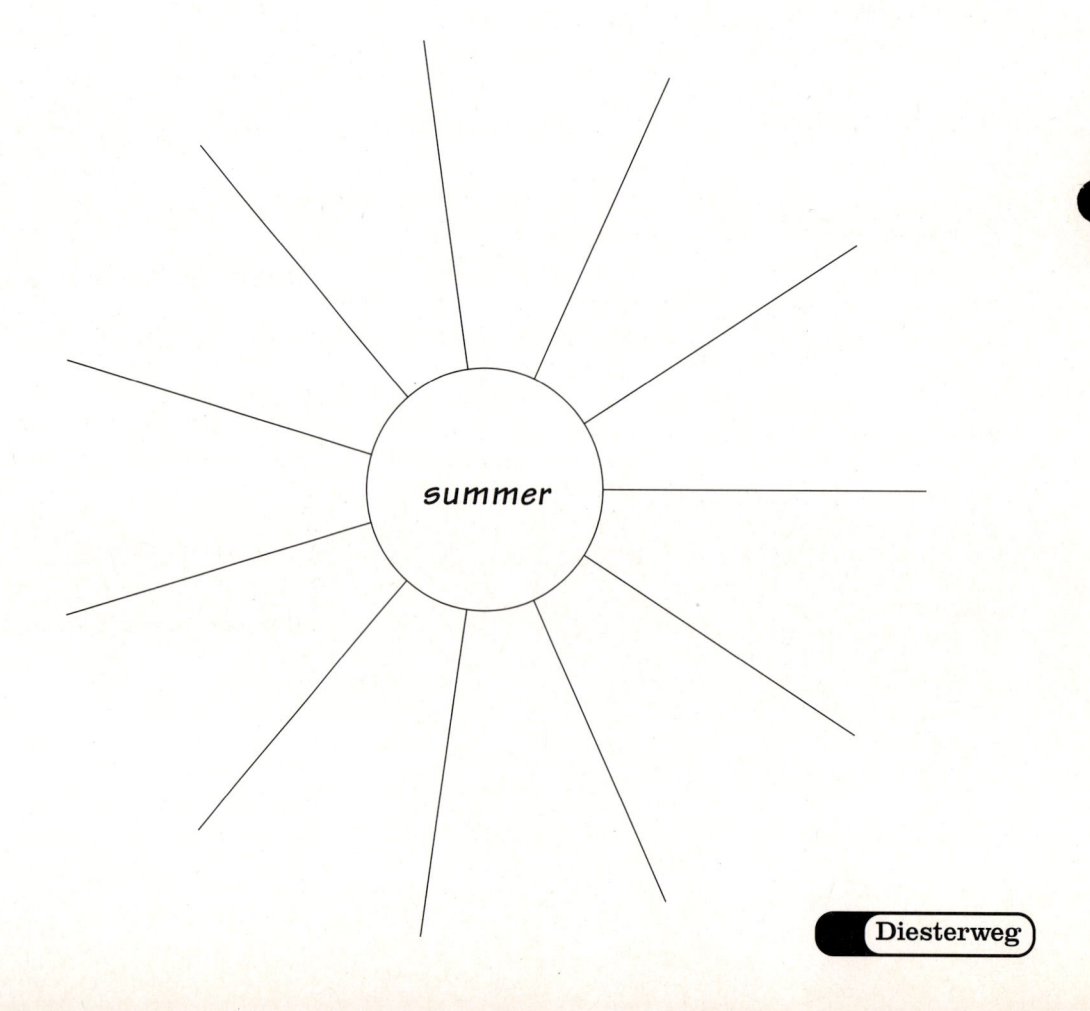

(summer word web — centre: summer)

# Notting Hill Gate 2 — Test 1

## 4 ★ Talking about holidays

**Match the questions with the answers. Draw lines.**

1) Were you at the pony camp again?
2) Where did you go on holiday?
3) Was the weather nice?
4) Did you stay in a hotel?
5) Did you have a nice time at your aunt's house?

a) No, we didn't. We stayed in a holiday apartment.
b) No, it wasn't. It was terrible. It rained all the time.
c) I went to Italy.
d) Yes, I was. I looked after the ponies.
e) Yes, I did. I played with my cousin.

## 5 ★ Yesterday

Look at David's checklist. Which jobs did he do? Write sentences like this:

<u>Yesterday David fed his dog.</u>

---

**Thursday:**

feed dog ✔

do homework ✔

take Kenny for a long walk ✔

tidy room

help dad at the supermarket ✔

clean shoes

find computer game ✔

# Notting Hill Gate 2

## 6 ⭐ Where are they?

Describe the family photo.
Fill in the names of
the family members.

On the left there is _____ , next to him is _____ , their little son _____ is standing between them. In the middle of the photo you can see my _____ and _____ . My _____ always takes his parrot _____ with him. My _____ has got her cat _____ on her knees. My brother _____ is at the back of the photo. On the right of the photo you can  you can see my _____ . And can you see me? I'm sitting in front of my parents. My name is _____ .

## 7 ⭐ Back to school

**Read the sentences and find the missing words. What do the letters in the boxes spell?**

1. History, maths, English are  s __ __ __ ☐ __ __  at school.
2. It is long and has got numbers on it  r __ ☐ __ __
3. The teacher writes on it:  b __ __ __ __ __ ☐ __
4. Every day you have got four or more  l __ ☐ __ __ __
5. You can correct words with it:  e __ __ ☐ __ __
6. Between two lessons you have got a  b ☐ __ __ __
7. You read many  b __ ☐ __ __  for school.
8. You put your exercise books, pencils and sandwiches in a  s __ __ ☐ __ __ __ __
9. There are different countries and cities on a  ☐ __ p

# Notting Hill Gate 2 — Test 1

## 1. The telephone call

Vera talks to Charlie about her friend on the phone. Listen to Vera and tick (✔) the right answers.

1. Vera tells Charlie about
   - ☐ Annie Dixon
   - ☐ Emma Thompson
   - ☐ Jenny Potter

2. The girl went to
   - ☐ a girls camp
   - ☐ a pony camp
   - ☐ a language class

3. The camp was in
   - ☐ Scotland
   - ☐ Wales
   - ☐ Germany

4. How many ponies did they have?
   - ☐ 22
   - ☐ 20
   - ☐ 12

5. What did Vera's friend do?
   - ☐ She cleaned the rooms.
   - ☐ She looked after the ponies.
   - ☐ She fed the cats.

6. Who won the race?
   - ☐ Charlie
   - ☐ Annie
   - ☐ Emma

## 2. Verbs

Fill in the missing simple present or simple past forms.

| simple present | simple past |
| --- | --- |
| | had |
| go | |
| am/is | |
| | ran |
| | fell |
| send | |
| | rode |
| throw | |
| | left |
| fly | |
| | thought |

## 3. Questions

Find the questions to the answers.

1. _____ I was in Italy.

2. _____ I played beach volley ball and I went swimming.

3. _____ The food was fantastic! I had spaghetti, pizza and ice-cream.

4. _____ We stayed in a small hotel.

5. _____ I came back yesterday.

# Notting Hill Gate 2 — Test 1

## 4  Yesterday

Look at David's checklist. Which jobs did he do – which didn't he do? Write sentences.

**Thursday:**
- feed dog ✔
- do homework ✔
- take Kenny for a long walk ✔
- tidy room
- help dad at the supermarket ✔
- clean shoes
- find computer game ✔

## 5  Back to school

Read the sentences and find the missing words. What do the letters in the boxes spell?

1. History, maths, English are __ __ __ __ __ ☐ __ __ at school.
2. It is long and has got numbers on it __ __ ☐ __ __
3. The teacher writes on it: __ __ __ __ __ __ ☐ __ __
4. Every day you have got four or more __ __ ☐ __ __ __ __
5. You can correct words with it: __ __ __ ☐ __ __ __
6. Between two lessons you have got a __ ☐ __ __ __
7. You read many __ __ ☐ __ __ for school.
8. You put your exercise books, pencils and sandwiches in a __ __ __ __ ☐ __ __ __
9. There are different countries and cities on a __ ☐ __ __

# Notting Hill Gate 2

## 6 Where are they?

Describe the family photo.
Fill in these words:

- on the left/right
- between
- at the back
- on
- in the middle
- next to
- in front of

_____ there is Uncle Ben, _____ him is Aunt Sarah, their little son James is standing _____ them. _____ of the photo you can see my grandmother and grandfather. My grandfather always takes his parrot Polly with him. My grandmother has got her cat Sylvester _____ her knees. My brother John is _____ of the photo. _____ of the photo you can you can see my parents. And can you see me? My name is Tina. I'm sitting _____ my parents.

## 7 My school day

Write about your school day.
Write about subjects, lessons, time, breaks, teachers.

# Notting Hill Gate 2 — Test 1

## 1 ☼ The telephone call

Vera talks to Charlie about her friend on the phone. Answer the questions.

1. Where was the pony camp? _____
2. How many boys and girls were there? _____
3. How long did she stay? _____
4. How many ponies did they have? _____
5. What did Vera's friend do? _____
6. Who won the race? _____

## 2 ☼ Two lists

a) Find the simple past forms for these verbs and write them in the correct list. Be careful some verbs change from -y to -ied, some just need -d and some need an extra letter.

leave, make, enjoy, stop, sing, laugh, tidy, come, fly, say, dance, cry, meet, stay

| regular verbs | | irregular verbs | |
|---|---|---|---|
| simple present | simple past | simple present | simple past |
|  |  |  |  |
|  |  |  |  |
|  |  |  |  |
|  |  |  |  |
|  |  |  |  |
|  |  |  |  |
|  |  |  |  |

b) Choose five verbs and write sentences in the simple past.

_____
_____
_____
_____

## 3 ☼ An interview

Look at Simon's holiday photos. Write down six interview questions.

# Notting Hill Gate 2 — Test 1

## 4 Yesterday

Look at David's checklist. Which jobs did he do – which didn't he do? Write sentences.

_____

_____

_____

_____

_____

_____

_____

**Thursday:**
feed dog ✔
do homework ✔
take Kenny for a long walk ✔
tidy room
help dad at the supermarket ✔
clean shoes
find computer game ✔

## 5 Back to school

Read the sentences and find the missing words. What do the letters in the boxes spell?

1. History, maths, English are __ __ __ __ |__| __ __ at school.

2. It is long and has got numbers on it __ __ |__| __ __

3. The teacher writes on it: __ __ __ __ __ __ __ |__| __ __

4. Every day you have got four or more __ __ |__| __ __ __

5. You can correct words with it: __ __ __ |__| __ __

6. Between two lessons you have got a __ |__| __ __

7. You read many __ __ |__| __ __ for school.

8. You put your exercise books, pencils and sandwiches in a __ __ __ __ |__| __ __ __ __ __

9. There are different countries and cities on a __ |__| __ __

# Notting Hill Gate 2

## 6 Where are they?

Describe the family photo.
You can use these words:

> on the left/right
> between
> at the back
> on
> in the middle
> next to
> in front of

## 7 My school day

Write about your school day.
Write about subjects, lessons, time, breaks, teachers.

# Notting Hill Gate 2 — Test 2

**HV-Text zum Vorlesen für Lehrer/in:**
Last weekend I went to London Zoo. I saw a lot of animals. – Let's have a quiz about them. I'll describe six animals, you must find them on the map and write the numbers next to the pictures.
Animal number one is very strong, grey and it has got a trunk. It likes to have a bath.
Animal number two is a big cat that lives in Africa. It can run very fast and it has got light brown fur. It eats meat.
Animal number three has got long arms and often makes funny faces. It likes bananas very much.
Animal number four is grey and big. It lives near the water. When it swims you can only see its big nose and small ears and eyes.
Animal number five is very dangerous. It lives in South America. It has got a big mouth and sharp teeth. It likes to swim.
Animal number six is black and white and it can swim under water. It likes fish.

**Lösungen:**

★
1. 1. elephant ; 2.lion; 3. chimpanzee; 4. hippopotamus; 5. crocodile; 6. penguin.
2. does; play; go; eats; plays; sleeps.
3. feet – shoes; hamster – cage; early – late; spider – small; tigers – meat; uncle – aunt; zoo – keeper.
4. Yes, it can./Yes, they are./No, they don't./No, they can't./Yes, it is./Yes, it does.
5. tiger: It is dangerous. It lives in Asia. It eats meat. It has got yellow and black fur. It is strong.
   penguin: It can swim and walk. It eats fish. It comes from South Africa. It is black and white. It looks funny.
6. Individuelle Lösungen
7. a) went; wanted; started; walked; took; walked; heard; was; felt; bought; felt; sat; rained; decided; saw; flew; rode; had.
   b) He saw eight sights.

☾
1. siehe oben
2. does; is playing; play; are watching; go; am going; eats; is eating; plays; is listening; sleeps; is talking.
3. siehe oben
4. vgl. TB S. 36/37
5. Individuelle Lösungen
6. No, she wasn't./Yes, it did./No, it didn't./Yes, they were./ No, it didn't./Yes, they did.
7. siehe oben
8. Individuelle Lösungen

☀
1. siehe oben
2. siehe oben
3. Individuelle Lösungen
4. Mögliche Lösungen: homework, break, lesson, subject, pupil/wild, dangerous, big, fast/museum, park, school, sights/happy, angry, frightened, sleepy, friendly, scared/aunt, uncle, parents, brother, sister
5. 1c; 2e; 3g; 4b; 5h; 6a;7d; 8f.
6. Lösungen siehe Prospekttext
7. siehe oben
8. Individuelle Lösungen

**Mögliche Erweiterungen:**
– Wortarten sortieren
– kreatives Schreiben: Write about a fantasy animal.
– Textverständnisfragen zu einem Lesetext beantworten, z.B. WB B7 Penguins: How many different kinds of penguins are there? Where do the penguins in London Zoo come from? Why do people watch them? What can penguins do?
– Write a letter to a friend and tell him/her about your town. You can use these words:
  There is/are … – You can … – My favourite place is … – … is near … – … has got …
– Write a portrait about a person you know: a friend, a cousin, a …
  Write about • where he/she is from • what he/she looks like • his/her school • his/her hobbies • what languages he/she speaks • his/her family
– Opposites für Adjektive finden lassen
– Eine mind map zum Thema 'A tourist in London' erstellen lassen

**Notting Hill Gate 2**  Test 2

# 1 ★ A visit to the zoo

a) Listen to the text. Find the animals on the map and write the number next to them.

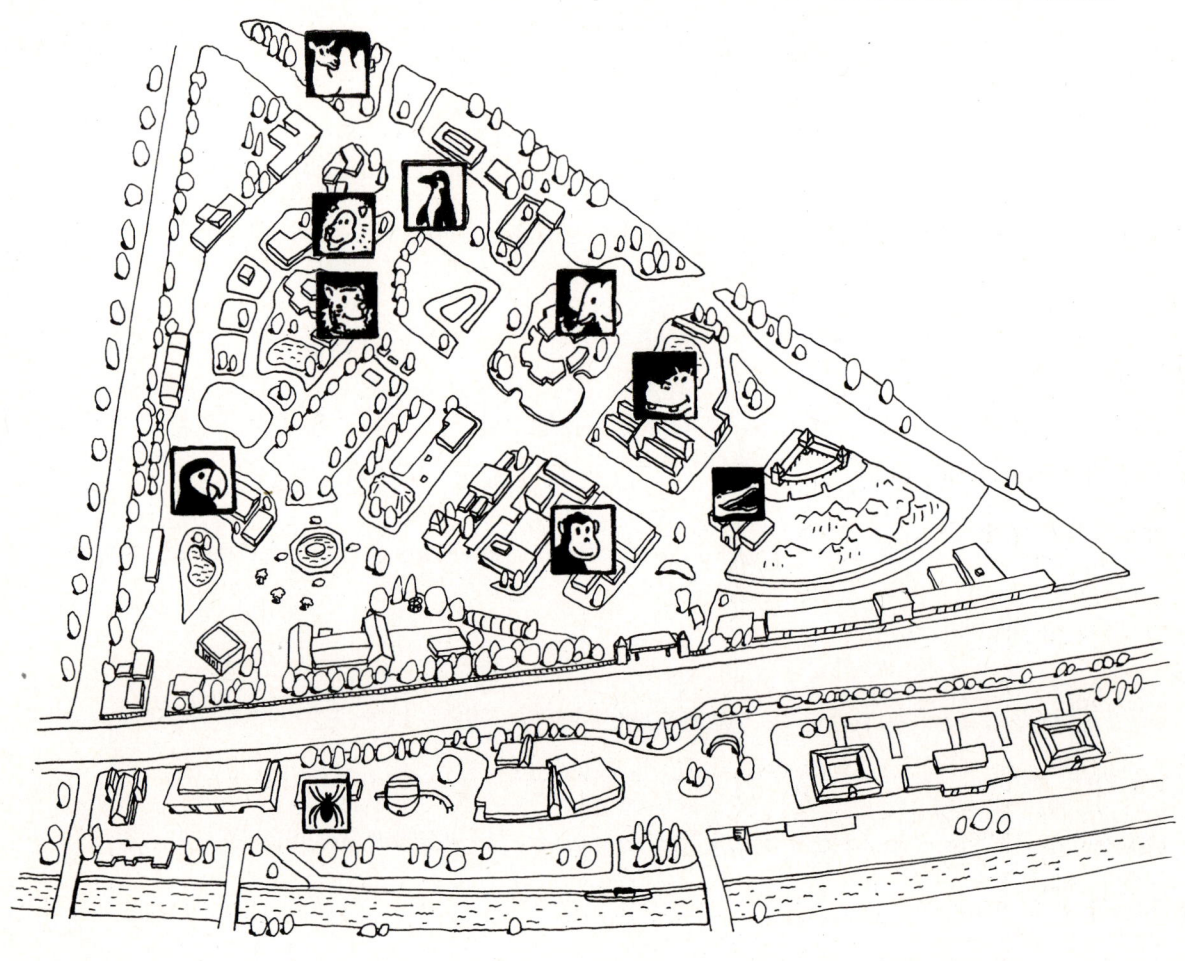

b) Write down the animals' names.

1. _____  2. _____  3. _____

4. _____  5. _____  6. _____

# 2 ★ Usually and now

Fill in the verb in the simple present.

1. Karim usually (do) _____ his homework in the afternoon. But now he is playing tennis.

2. We often (play) _____ cards in the evening. But at the moment we are watching TV.

3. Every morning I (go) _____ to school by bus. But today I'm going by bike.

4. He never (eat) _____ vegetables. But now he is eating cauliflower.

5. She often (play) _____ the guitar. But now she is listening to the radio.

6. Vera usually (sleep) _____ at 9pm. But now she is talking on the phone.

**Notting Hill Gate 2**  Test 2

## 3 ★ What is missing?

Find the missing words and write down the pairs.

| legs – jeans | goldfish – bowl | before – after | elephant – big |
| feet – _____ | hamster – _____ | early – _____ | spider – _____ |

| penguins – fish | mother – father | radio – newsreader |
| tigers – _____ | uncle – _____ | zoo – _____ |

## 4 ★ An animal quiz

Can you answer these questions? Use short answers.

1. Can a hippopotamus swim? _____
2. Are tigers wild animals? _____
3. Do elephants come from South America? _____
4. Can penguins fly? _____
5. Is a snail a fast animal? _____
6. Does a crocodile eat meat? _____

## 5 ★ Two animals

These two animal portraits are mixed up.
Which sentences describe the penguin – which the tiger?

It can swim and walk. It is dangerous. It lives in Asia. It eats fish. It eats meat. It comes from South Africa. It has got yellow and black fur. It is strong. It is black and white. It looks funny.

*tiger* _____  *penguin* _____

# Notting Hill Gate 2 — Test 2

## 6 ⭐ Animal portraits

Write about two animals.

My animal number one is a _____

It comes from _____

It has got _____

It can _____

I like it because _____

My animal number two is a _____

_____

_____

_____

## 7 ⭐ Last year in London

**a) Fill in the missing verbs in the simple past.**

Last year I (go) _____ to London for a weekend because I (want) _____ to see all the famous sights. On my first day I (start) _____ my tour at Tower Bridge. I (walk) _____ over the bridge to look at the Tower of London. And of course I (take) _____ a photo of one of the Beefeaters. Then I (walk) _____ along the river to Big Ben. There I (hear) _____ the big clock. My next stop (be) _____ Buckingham Palace. There I (feel) _____ very hungry – so I (buy) _____ a pizza. After my meal I (feel) _____ tired. So I (sit) _____ down in Hyde Park for some time.

The next day it (rain) _____. So I (decide) _____ to go to the museums. First I (see) _____ the famous people in wax at Madame Tussaud's. Then I (fly) _____ like Superman at the MOMI. At the London Transport Museum I (ride) _____ an old locomotive. I (have) _____ two very exciting days in London. What a fantastic city!

**b) Underline all the sights Sherlock Bear saw in London.**

How many sights did he see? _____

# Notting Hill Gate 2 — Test 2

## 1  A visit to the zoo

a) Listen to the text. Find the animals on the map and write the number next to them.

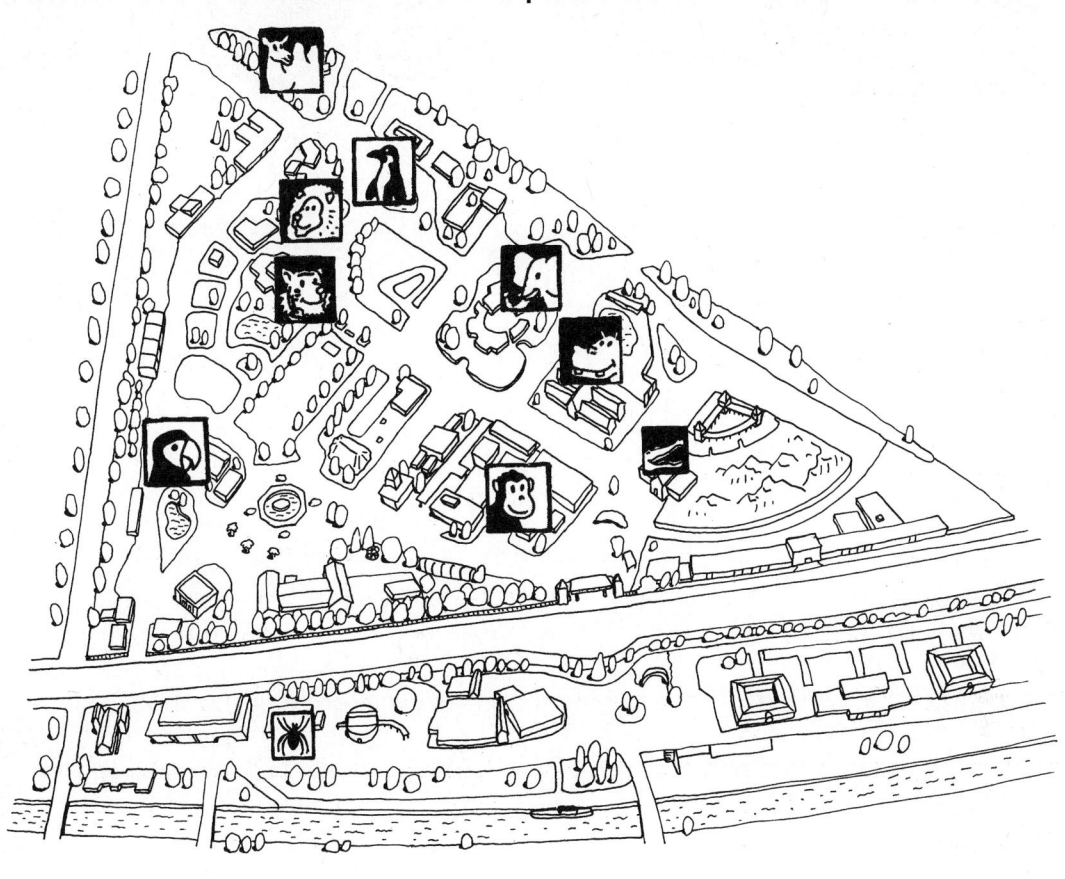

b) Write down the animals' names and what they eat.

1. _____  4. _____
2. _____  5. _____
3. _____  6. _____

## 2  Usually and now

**Fill in the verb in the right tense – simple present or present progressive?**

1. Karim usually (do) _____ his homework in the afternoon. But now he (play) _____ tennis.
2. We often (play) _____ cards in the evening. But at the moment we (watch) _____ TV.
3. Every morning I (go) _____ to school by bus. But today I (go) _____ by bike.
4. He never (eat) _____ vegetables. But now he (eat) _____ cauliflower.
5. She often (play) _____ the guitar. But now she (listen) _____ to the radio.
6. Vera usually (sleep) _____ at 9pm. But now she (talk) _____ on the phone.

# Notting Hill Gate 2 — Test 2

## 3  What is missing?

Find the missing words and write down the pairs.

| legs – jeans | goldfish – bowl | before – after | elephant – big |
| feet – _____ | hamster – _____ | early – _____ | spider – _____ |

| penguins – fish | mother – father | radio – newsreader |
| tigers – _____ | uncle – _____ | zoo – _____ |

## 4  The tiger's holiday

Make sentences.

The tiger felt bored one afternoon
It didn't like the canal
It wanted to say hello to some people
Then it was very hungry
It tried to buy a ticket at Madame Tussaud's
Then it walked around in the streets
Afterwards it felt tired

because
and
so
but

they were frightened.
it ate a tourist's sandwich.
it ran away from the zoo.
the water was so dirty.
looked at the shops.
it slept in Kensington Gardens.
it wanted to see all the famous people.

## 5  Animal portraits

Write an animal portrait.

Write about
- what animal it is
- where it is from
- what it looks like
- what it eats
- what it can do
- why you like it/don't like it

# Notting Hill Gate 2 — Test 2

## 6  What about the tiger?

**Can you answer these questions? Use short answers.**

1. Was Gillian happy about the run-away tiger? _____

2. Did the tiger swim in the canal? _____

3. Did it look at Buckingham Palace? _____

4. Were the people in the park scared of the tiger? _____

5. Did the tiger eat a tourist? _____

6. Did the policemen catch the tiger? _____

## 7  Last year in London

**a) Fill in the missing verbs in the simple past.**

Last year I (go) _____ to London for a weekend because I (want) _____ to see all the famous sights. On my first day I (start) _____ my tour at Tower Bridge. I (walk) _____ over the bridge to look at the Tower of London. And of course I (take) _____ a photo of one of the Beefeaters. Then I (walk) _____ along the river to Big Ben. There I (hear) _____ the big clock. My next stop (be) _____ Buckingham Palace. There I (feel) _____ very hungry – so I (buy) _____ a pizza. After my meal I (feel) _____ tired. So I (sit) _____ down in Hyde Park for some time.

The next day it (rain) _____. So I (decide) _____ to go to the museums. First I (see) _____ the famous people in wax at Madame Tussaud's. Then I (fly) _____ like Superman at the MOMI. At the London Transport Museum I (ride) _____ an old locomotive. I (have) _____ two very exciting days in London. What a fantastic city!

**b) Underline all the sights Sherlock Bear saw in London.**

How many sights did he see? _____

## 8  London sights

**Write down your top five sights of London. Say why you would like to see them.**

# Notting Hill Gate 2 — Test 2

## 1 ☀ A visit to the zoo

a) Listen to the text. Find the animals on the map and write the number next to them.

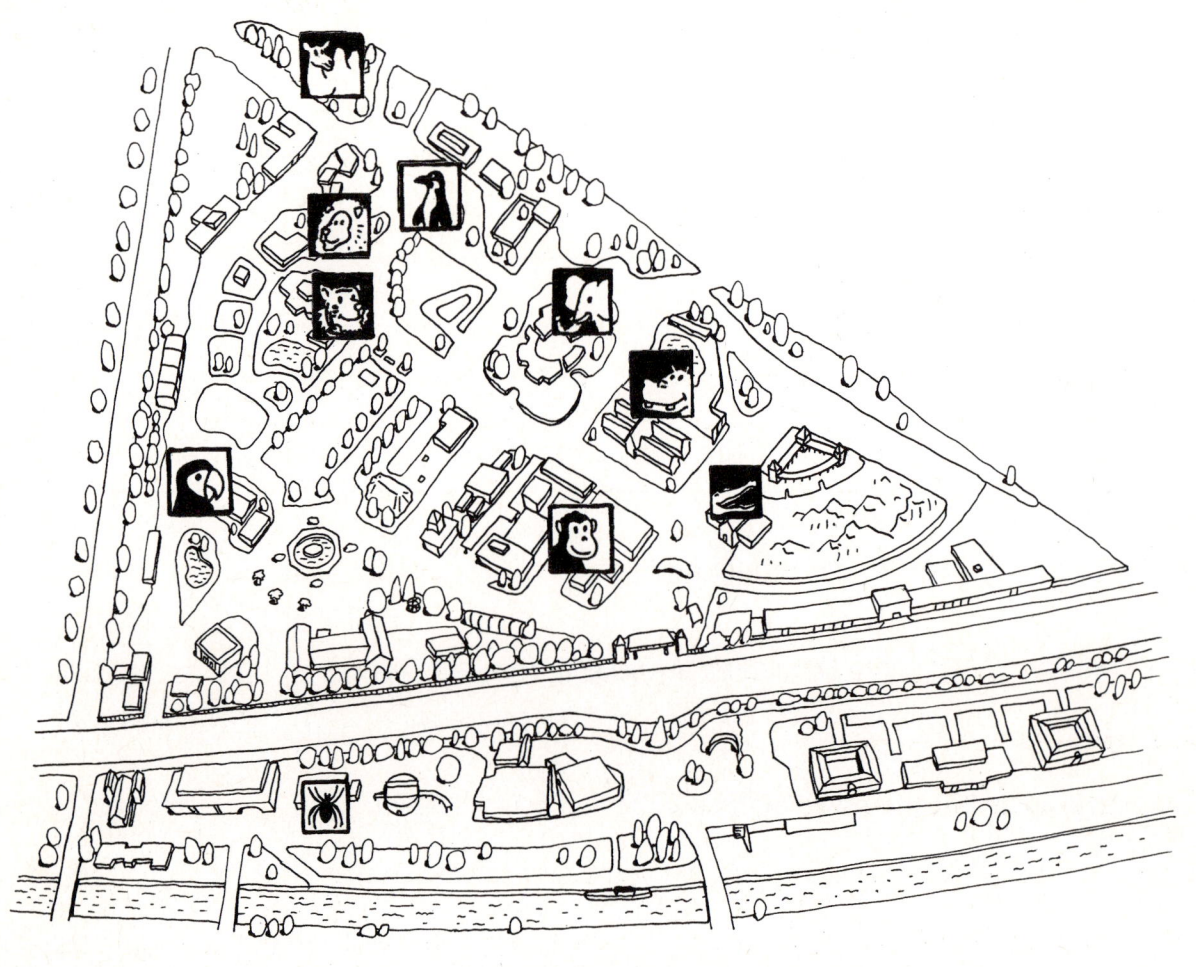

b) Write down the animals' names, what they eat and where they come from.

## 2 ☀ Usually and now

**Fill in the verb in the right tense – simple present or present progressive?**

> talk   play (3x)   go   be
> sleep
> eat (2x)   do   watch   listen

1. Karim usually _____ his homework in the afternoon. But now he _____ tennis.

2. We often _____ cards in the evening. But at the moment we _____ TV.

3. Every morning I _____ to school by bus. But today I _____ by bike.

4. He never _____ vegetables. But now he _____ cauliflower.

5. She often _____ the guitar. But now she _____ to the radio.

6. Vera usually _____ at 9pm. But now she _____ on the phone.

# Notting Hill Gate 2          Test 2

## 6 Kentish Town City Farm

Read about Kentish Town City Farm.
Then answer the questions.

1. What can you do at Kentish Town City Farm?
2. How much is the admission?
3. When can you go there?
4. Can you get to the farm by tube? Where do you get off?
5. What animals can you see on the farm?
6. What can you do on rainy days on the farm?

---

**Enjoy real farm life in North West London!**

**Visit Kentish Town City Farm**

1 Cressfield Close • Grafton Road
NW5 (0171-916 5421)
Kentish Town tube

Open: 9am – 5.30pm / Tues – Sun
Admission free

- The perfect place for outdoor activities!
- Walk through an old farm house and stables. Look at cows, pigs, goats and chickens. Buy your breakfast eggs on the farm!
- There are many clubs and activities you can join, for example a riding club and a gardening club.
- Have fun at the all-weather riding area.
- Come on a school trip and ask all the questions on farm life you can think of. And do the animal quiz at the end of the day.

---

## 7 Last year in London

**a) Fill in the missing verbs in the simple past.**

Last year I _____ to London for a weekend because I _____ to see all the famous sights. On my first day I _____ my tour at Tower Bridge. I _____ over the bridge to look at the Tower of London. And of course I _____ a photo of one of the Beefeaters. Then I _____ along the river to Big Ben. There I _____ the big clock. My next stop _____ Buckingham Palace. There I (feel) _____ very hungry – so I _____ a pizza. After my meal I _____ tired. So I _____ down in Hyde Park for some time.

The next day it _____. So I _____ to go to the museums. First I _____ the famous people in wax at Madame Tussaud's. Then I _____ like Superman at the MOMI. At the London Transport Museum I _____ an old locomotive. I _____ two very exciting days in London. What a fantastic city!

**b) Underline all the sights Sherlock Bear saw in London.**

How many sights did he see? _____

## 8 London sights

Write down your top five sights of London. Say why you would like to see them.

**Notting Hill Gate 2**  Test 2

### 3 Animal portraits

Write an animal portrait.

Write about
- what animal it is
- where it is from
- what it looks like
- what it eats
- what it can do
- why you like it/don't like it

_____
_____
_____
_____
_____
_____

### 4 Words

**Find words. Look at the example for help.**

four verbs that mean 'go':   _run, ride, walk, fly_

five nouns that go with school: _____

four adjectives to describe an animal: _____

four nouns that go with town: _____

four adjectives for feelings: _____

four family members: _____

### 5 London Zoo needs friends like you

**Match the sentence parts. Draw lines first. Then write the answers here:**

1. ☐   2. ☐   3. ☐   4. ☐   5. ☐   6. ☐   7. ☐   8. ☐

1. London Zoo is
2. First there were
3. Today you can see
4. Many of the 12,000 animals were
5. In London Zoo you can
6. Then you pay
7. An elephant is
8. An elephant drinks

a) … for the meals of your animal.
b) … born in zoos.
c) … more than 150 years old.
d) … a very hungry animal.
e) … huts for animals from Africa.
f) … 100 litres of water every day.
g) … very rare animals, like the giant Panda, in the zoo.
h) … adopt an animal for a year.

# Notting Hill Gate 2 — Test 3

**HV-Text zum Vorlesen für Lehrer/in:**
One day the Sheriff of Nottingham stole money from a man. The man asked Robin Hood for help. So Robin followed the Sheriff.
The Sheriff heard Robin so he rode faster, into Sherwood Forest. After a long time he stopped. He didn't know where he was. It was very quiet and dark in the forest. Suddenly there was a noise. An arrow landed at his feet with a note on it. "Put the money next to the oak tree and I'll give you a map," it said. The Sheriff looked for a man with a bow and arrow but he only saw trees. The Sheriff was frightened so he put the money next to the tree. Then another arrow landed with a map. "Robin Hood," the Sheriff shouted loudly. "One day I'll catch you!"

**Lösungen:**

★ 1. siehe HV-Text
2. pilot; farmer; astronaut; policeman; teacher; taxi driver.
3. Will Robin Hood steal more money from me?/Will people always help Robin Hood?/Will I meet Robin Hood and his men?/Will I find Robin and his men in Sherwood Forest?/Will I catch Robin Hood?
4. Individuelle Lösungen
5. Individuelle Lösungen
6. 1c; 2f; 3a; 4e; 5b; 6d.
7. easily; terribly; happily; angrily; fast; loudly; well; beautifully; carefully; slowy; badly; hard; quickly.

☾ 1. siehe HV-Text
2. Will the Sheriff catch Robin Hood?/Will Robin Hood help many poor people?/Will I meet Robin Hood?/Will Robin like me?/Will Robin and I marry?/Will Robin and I live in a nice house in Sherwood Forest?
3. candle; cattle; hate; parents; angry.
4. Individuelle Lösungen
5. 1. Yes, they do./2. Yes, he did./3. No, he can't./4. No, she hasn't./5. No, she won't./6. No, she didn't./7. Yes, they have./8. Yes, he does./9. Yes, he can./10. No, they aren't.
6. Mögliche Lösungen: Karim will be a famous film star. He will earn a lot of money. He will marry a beautiful girl. He will fly to India to visit his cousin Anwar. But he won't stay in India. He will live in London. He will have many friends. …
7. well; loudly; easily; beautifully; angrily; quickly; carefully; happy; angry; wonderful.

☀ 1. siehe HV-Text
2. Individuelle Lösungen
3. Mögliche Lösungen: A busker plays music in the street to earn money./ A fortune-teller looks into a glass bowl and tells your fortune./A cowboy lives in the wild West and looks after cattle./ Sights are interesting and famous places./When you work for money you earn money.
4. was; lives; goes; have got; helps; plays; spent; reads; is; dreams; thinks; will be; will look after; will live; will save.
5. Individuelle Lösungen
6. 1. Yes, they do./2. Yes, he did./3. No, he can't./4. No, she hasn't./5. No, she won't./6. No, she didn't./7. Yes, they have./8. Yes, he does./9. Yes, he can./10. No, they aren't.
7. well; loudly; crazy; funny; easily; beautifully; slowly; angrily; quickly; carefully; happy; angry; wonderful.
8. Individuelle Lösungen

**Mögliche Erweiterungen:**
– Bilduntertitel zu Robin Hood Comic (Copymaster 13) zuordnen bzw. schreiben lassen.
– Kim's game (anhand von Folie 10); S schreiben Wörter bzw. Sätze zu Davids Zukunftsträumen.
– Einen kurzen Dialog schreiben: Vorschläge zur Freizeitgestaltung machen – befürworten – ablehnen.
– Aufgabe: What do you know about Robin Hood? Write his portrait.
– Aufgabe: Write a portrait of your favourite hero or heroine. Say why you like him/her.
– Aufgabe: Gillian's cat Butterfly wants to know all about her future. What could her future be like? Make a mind map first. Then write her fortune.
– Spelling dictation: cowboy; perhaps; chimpanzee; Thursday; recognize; joke; crazy; enough; towards; chase; maybe; count.

**Notting Hill Gate 2**  Test 3

## 1 ★ A frightened Sheriff

Listen to the story of Robin Hood and tick (✔) the right answers.

1. The Sheriff of Nottingham stole …
- ☐ … money from a man.
- ☐ … clothes from a man.
- ☐ … money from a woman.

2. The man asked …
- ☐ … Robin Hood for help.
- ☐ … the Sheriff for help.
- ☐ … Robin Hood for money.

3. The Sheriff rode …
- ☐ … into London.
- ☐ … into Nottingham.
- ☐ … into Sherwood Forest.

4. An arrow landed …
- ☐ … near the Sheriff's teeth.
- ☐ … near the Sheriff's feet.
- ☐ … near the Sheriff's head.

5. The Sheriff put the money …
- ☐ … next to the tree.
- ☐ … next to the horse.
- ☐ … next to the arrow.

6. The second arrow had …
- ☐ … a map on it.
- ☐ … a note on it.
- ☐ … a bow on it.

## 2 ★ Jobs

Do you know these jobs? Write them down under the pictures.

Do you know more jobs?

# Notting Hill Gate 2 — Test 3

## 3 ★ The Sheriff's future

The Sheriff wants to know all about his future from a fortune-teller.
Write down his questions.

1. _____
   (more money – will – from me – Robin Hood – steal – ?)
   Yes, he will. And he will give it back to the poor people you stole it from.

2. _____
   (people – will – always – Robin Hood – help – ?)
   Oh yes. People will help Robin. He is their hero.

3. _____
   (I – will – Robin Hood – meet – and his men –?)
   Yes, you will. You'll meet him and his men very soon.

4. _____
   (in Sherwood Forest – will – Robin and his men – I – find–?)
   No, you won't. Sherwood Forest is too big to find Robin and his men.

5. _____
   (Robin Hood – I – will – catch?)
   Oh no. You won't catch Robin. He's too clever for you.


## 4 ★ YOUR future

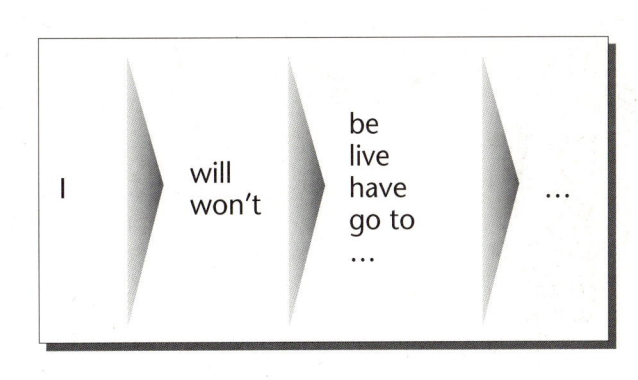

What about your future?
Write eight sentences with will/won't.

| I | will / won't | be / live / have / go to ... | ... |

# Notting Hill Gate 2 — Test 3

## 5 ★ What about you?

Use short answers to answer these questions.

Can you walk on your hands? Yes, I can./No, I can't.

Did you go to Spain last summer? _____

Have you got a pet? _____

Has your school got a gym? _____

Will you fly to the moon? _____

Do you like milk? _____

Does your teacher speak English? _____

Is your hair black? _____

Are your eyes green? _____

Can you tell a joke? _____

Are you interested in music? _____

## 6 ★ An interview with Sue Richards

Sue Richards is a famous singer in a pop group. A reporter from 'Star' magazine is interviewing her. Match the questions to the answers. Draw lines.

1) Hello Sue! You are a very young pop star. How old are you?
2) What about your hobbies?
3) Do you like school?
4) Who is your hero? Or is it a heroine?
5) Are you interested in TV shows, too?
6) Now, what about your future? What do you think – will you always be a singer?

a) Well, my mum teaches me at home. So I don't have a problem with school.
b) Yes, I am. I'd love to be in a TV show.
c) I'm thirteen.
d) Well, I don't know. It's fun to sing in a band. But first, I'll finish school.
e) I think, Lilly Vega is fantastic! I've got all her films on video.
f) I'm interested in books. I read a lot. And, of course, I listen to music all the time.

## 7 ★ Word snake

Find all the adverbs in this snake. Write them down.

easily terribly happily angrily fast loudly well beautifully carefully slowly badly hard quickly

_____

_____

# Notting Hill Gate 2 — Test 3

## 1 A frightened Sheriff

**Listen to the story of Robin Hood and tick (✓) the right answers.**

1. The Sheriff of Nottingham stole …
   - ☐ … money from a man.
   - ☐ … clothes from a man.
   - ☐ … money from a woman.

2. The man asked …
   - ☐ … Robin Hood for help.
   - ☐ … the Sheriff for help.
   - ☐ … Robin Hood for money.

3. The Sheriff rode …
   - ☐ … into London.
   - ☐ … into Nottingham.
   - ☐ … into Sherwood Forest.

4. An arrow landed …
   - ☐ … near the Sheriff's teeth.
   - ☐ … near the Sheriff's feet.
   - ☐ … near the Sheriff's head.

5. The Sheriff put the money …
   - ☐ … next to the tree.
   - ☐ … next to the horse.
   - ☐ … next to the arrow.

6. The second arrow had …
   - ☐ … a map on it.
   - ☐ … a note on it.
   - ☐ … a bow on it.

## 2 Maid Marian's future

Maid Marian wants to know all about her future from a fortune-teller. Write down her questions.

1. _____
   Yes, he will. The Sheriff will catch Robin Hood. But Robin will find a way out!

2. _____
   Oh yes. Robin will help many poor people. He's a hero.

3. _____
   Yes, you will. You'll meet Robin very soon.

4. _____
   Of course, he will. He'll like you very much. He will love you!

5. _____
   Yes, you will. You and Robin will live in a nice house and be very happy in Sherwood Forest.

# Notting Hill Gate 2 — Test 3

## 3  Odd one out

**Write down the wrong word.**

film – cinema – film star – candle  _____

music – guitar – cattle – rock'n'roll  _____

interested in – good at – love – hate  _____

fortune-teller – parents – stuntman – model  _____

angry – happily – terribly – carefully  _____

## 4  MY future

What will your life be like in twenty years? What do you think? Write eight sentences about your future. These questions can help you:
- Where will you live?
- What will your job be?
- Will you have a family and children?
- What will your life be like?

_____

_____

_____

_____

_____

_____

_____

_____

## 5  How much do you know?

**Can you answer these questions? Use short answers.**

1. Do Karim and Eddy like music? _____
2. Did the Sheriff steal the farmer's money? _____
3. Can Eddy play the guitar? _____
4. Has Vera got a cat? _____
5. Will Gillian marry a tall, dark, handsome man? _____
6. Did the old woman help the Sheriff? _____
7. Have David's parents got a shop? _____
8. Does Eddy like crazy cowboy hats? _____
9. Can Karim speak Urdu? _____
10. Are Vera and Gillian interested in Scrabble? _____

# Notting Hill Gate 2 — Test 3

## 6 Karim's future

**Write a fortune for Karim.**
**You can use these words:**

- earn a lot of money
- ...
- famous film star
- marry a beautiful girl
- fly to India to visit cousin Anwar
- not stay in India
- have many friends

_____
_____
_____
_____
_____
_____

## 7 How do they do it?

**Read the story about Karim and Eddy. Adjective or adverb? Fill in the correct words.**

Karim and Eddy like blues and rock'n'roll. Karim plays the guitar (good/well) _____ and

Eddy plays the comb and paper. Sometimes he sings (loud/loudly) _____ , too.

Last week they decided to play music in Piccadilly Circus because as buskers they could earn money

(easy/easily) _____ . They played their favourite songs (beautiful/beautifully)

_____ . But then a policeman looked at them (angry/angrily) _____ .

He told them to run away (quick/quickly) _____ because they didn't have a licence.

In front of the cinema Eddy counted the money (careful/carefully) _____ . They saw a

film and had an ice-cream, too. They were (happy/happily) _____ . But at home Karim

thought about the (angry/angrily) _____ policeman again and he wrote a

(wonderful/wonderfully) _____ song, "The pocket money blues".

**Notting Hill Gate 2**  Test 3

## 1 A frightened Sheriff

Listen to the story of Robin Hood and the Sheriff carefully. You can take notes. Then answer the questions in full sentences.

What did the Sheriff steal from the man? _____

Who did the man ask for help? _____

Where did the Sheriff ride? _____

Where did the arrow land? _____

Where did the Sheriff put the money? _____

What did the second arrow have on it? _____

## 2 The future

Nobody knows what the future will be like. Imagine you can ask a fortune-teller about your future. Write down six questions.

_____
_____
_____
_____
_____
_____

## 3 Words

Explain these words.

**Example:** goalkeeper: A goalkeeper is a football player. He stands in front of the goal and stops the balls.

busker: _____

fortune-teller: _____

cowboy: _____

sights: _____

earn: _____

# Notting Hill Gate 2

Test 3

## 4 Spotlight on David

**Read the portrait of David and fill in the correct verb forms in the simple present, simple past or will future.**

Use these verbs:
live (2x) – think – save – help – be (2x) – have – read – play – dream – go – spend – look after

David Williams _____ born in London. He _____ in Hendon and _____ to Hendon School. His parents _____ a supermarket in Brent Street. David often _____ his father in the shop. After school he usually _____ with his dog Kenny. Last summer he _____ his holidays in Wales. David always _____ books and comics in his free time. His favourite hero _____ Tarzan. He sometimes _____ about his future. Then he _____ that maybe he _____ a cowboy. Then he _____ cattle. Or perhaps he _____ in the rainforest. There he _____ wild animals. Or perhaps …

## 5 Supermouse

**Look at the pictures and write the story. Find a title, too. Is Supermouse a hero?**

_____
_____
_____
_____
_____

# Notting Hill Gate 2 — Test 3

## 6 How much do you know?

**Can you answer these questions? Use short answers.**

1. Do Karim and Eddy like music? _____
2. Did the Sheriff steal the farmer's money? _____
3. Can Eddy play the guitar? _____
4. Has Vera got a cat? _____
5. Will Gillian marry a tall, dark, handsome man? _____
6. Did the old woman help the Sheriff? _____
7. Have David's parents got a shop? _____
8. Does Eddy like crazy cowboy hats? _____
9. Can Karim speak Urdu? _____
10. Are Vera and Gillian interested in Scrabble? _____

## 7 Adjective or adverb?

**Adjective or adverb? Fill in the right forms.**

Karim and Eddy like blues and rock'n'roll. Karim plays the guitar (good) _____ and Eddy plays the comb and paper. Sometimes he sings (loud) _____ , too. Eddy likes (crazy) _____ cowboy hats and his T-shirts look (funny) _____ , too. Last week the two friends decided to play music in Piccadilly Circus because as buskers they could earn money (easy) _____ . They played their favourite songs (beautiful) _____ . Suddenly a policeman walked (slow) _____ towards them. He looked at them (angry) _____ . Then he told them to run away (quick) _____ because they didn't have a licence. In front of the cinema Eddy counted the money (careful) _____ . They saw a film and had an ice-cream, too. They were (happy) _____ . But at home Karim thought about the (angry) _____ policeman again and he wrote a (wonderful) _____ song, "The pocket money blues".

## 8 MY future

What will your life be like in twenty years? What do you think? Write eight sentences about your future. These questions can help you:
- Where will you live?
- What will your job be?
- Will you have a family and children?
- What will your life be like?

# Notting Hill Gate 2 — Test 4

**HV-Text zum Vorlesen für Lehrer/in:**

**Susan's birthday presents**

It's Susan's birthday party tomorrow. Vera, Gillian, David, Charlie and Karim wanted to go shopping for presents together but then everyone was busy last Saturday. Vera spent the weekend in Brighton so she went shopping on Wednesday. She wanted buy a book but then she thought that was too boring. It had to be something nicer. In the stationery department she found a box of pencils. It was the perfect present because Susan likes drawing. Gillian and David went shopping on Monday. They wanted to buy perfume but it was too expensive. They walked through many shops and then they found some nice stationery. Charlie thought about a goldfish as a present – but Susan had a goldfish already. So he bought a poster on Tuesday. Karim went to get a present on Thursday. He didn't have enough money for a CD, so it had to be something cheaper. At the supermarket he saw some really cool sunglasses. He was sure, Susan would love them.

**Lösungen:**

★
1. siehe HV-Text
2. some; any; some; some; some; any; any; some.
3. Individuelle Lösungen
4. bathroom; living-room; dining-room; bedroom; kitchen; window; door; garden.
5. were; celebrated; let off; put; had; joined; played; gave made; took; liked; danced; went; brought; smelled; were.
6. Mögliche Lösungen: The elephant is bigger than the mouse. The mouse is faster than the snail. The snail is the slowest animal of all. The lion is as big as the tiger. The chimpanzee is the funniest animal of all. The mouse is smaller than the chimpanzee.
7. 1. plate, candles, table/2. Charlie, head/3.(birthday) card/4. Charlie, chicken.

☾
1. siehe HV-Text
2. Susan has got some lemonade but she hasn't got any orange juice. She has got some bread, but she hasn't got any butter. She has got some cheese but she hasn't got any salami. She has got some balloons but she hasn't got any flowers.
3. Individuelle Lösungen
4. were; celebrated; let off; put; had; joined; played; gave made; took; liked; danced; went; brought; smelled; were.
5. Mögliche Lösungen: The elephant is bigger than the mouse. The mouse is faster than the snail. The snail is the slowest animal of all. The lion is as big as the tiger. The chimpanzee is the funniest animal of all. The mouse is smaller than the chimpanzee.
6. 1. dinner, plate, candles, table/2. Charlie, head/3.(birthday) card/4. Charlie, chicken.

☀
1. siehe HV-Text
2. some; any; some; any; some; some; some; any.
3. siehe Wortmaterial
4. were; celebrated; let off; put; had; joined; played; gave made; took; liked; danced; went; brought; smelled; were.
5. Mögliche Lösungen: The elephant is bigger than the mouse. The mouse is faster than the snail. The snail is the slowest animal of all. The lion is as big as the tiger. The chimpanzee is the funniest animal of all. The mouse is smaller than the chimpanzee.
6. Individuelle Nacherzählung

**Mögliche Erweiterungen:**
- Für leistungsschwächere S kann der Artikel 'Karim's Super Candles' aus TB A2 als Hörtext vorgelesen werden. S beantworten die Fragen: Who has got big plans for the festival? What is the name of the festival? What are Karim's plans for the festival? What do his parents usually do?
- Write a newspaper article about your favourite festival.
- Write about a special birthday.
- What do you think of when you hear the word 'time'? Make a mind map.
- What are your plans for the weekend? What are you going to do? Write five sentences.
- Daten und Zahlen ausschreiben bzw. zuordnen lassen.

# Notting Hill Gate 2 — Test 4

## 1 ★ Susan's birthday presents

Listen to the story and find out when the friends went shopping for presents and what they bought. Draw lines.

Saturday          perfume
        Wednesday    Vera
Monday                       box of pencils    book
        Tuesday   Gillian and David
                                            stationery
Sunday                           poster
        Thursday    Charlie
                                      sunglasses
        Friday    Karim      CD
                                goldfish

## 2 ★ Susan's party

Susan is writing a checklist for her party. Fill in 'some' and 'any'.

I need _____ music – but I haven't got _____ good CDs. I'll ask Karim to bring _____ of his. Oh, I must get _____ games, too. And I need _____ balloons to decorate the room. I haven't got _____ flowers yet. I need different drinks, of course. We've always got water, but we haven't got _____ lemonade or orange juice. And I must remember to buy _____ prizes for the winners of the games.

## 3 ★ Your birthday

Write about your birthday. These questions can help you:
- When is your birthday?
- What do you usually do on your birthday?
- Do you eat special food?
- What was your best birthday present?

# Notting Hill Gate 2 — Test 4

## 4 ★ Words
Look at the plan of the house and write down the words.

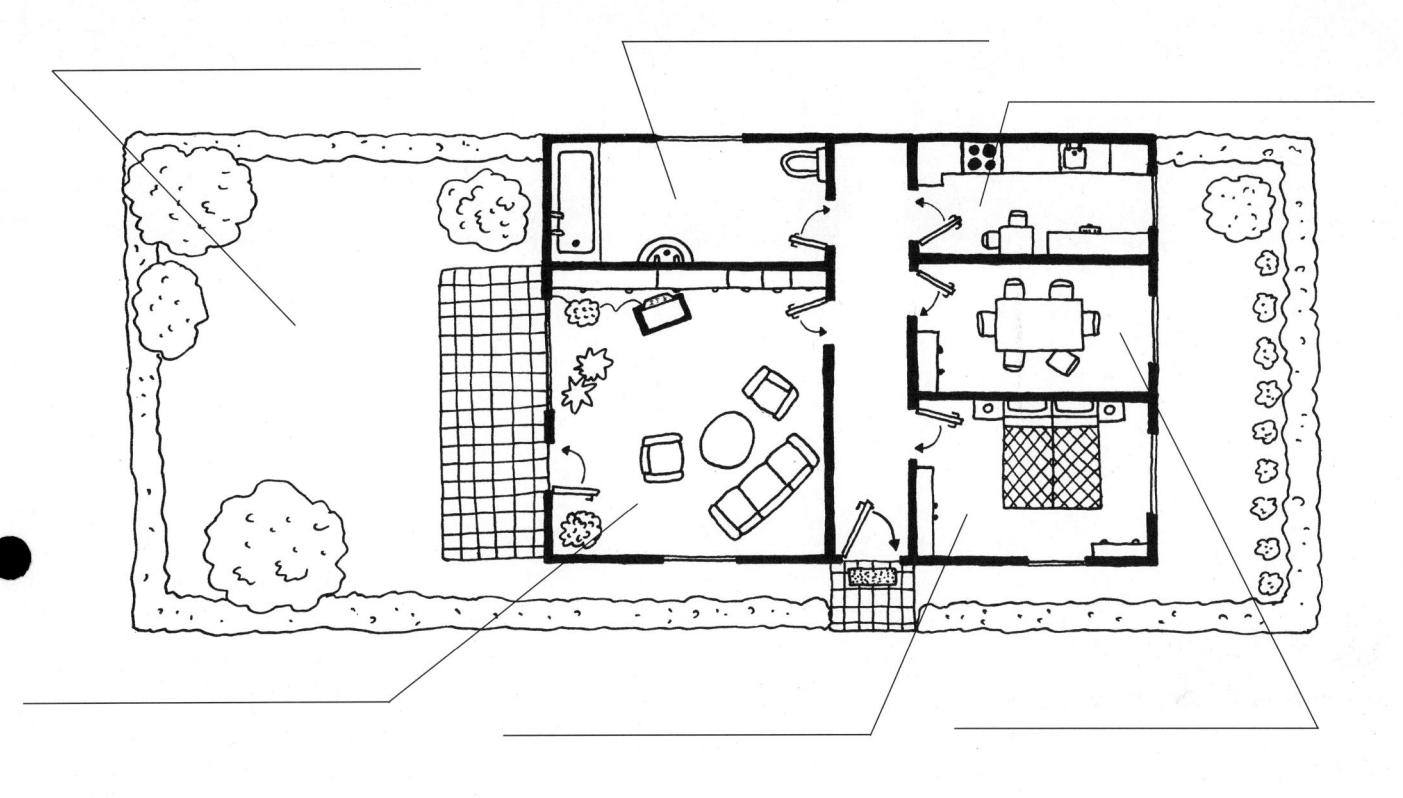

## 5 ★ Karim's letter
Complete Karim's letter to his cousin Anwar.

Hi Anwar,
Happy New Year to you! The Diwali celebrations in London (be) _____ great! Last Monday we (celebrate) _____ the Festival of Lights. A lot of people (let off) _____ fireworks and my parents (put) _____ candles in the windows. But I (have) _____ a real light and sound show. I (join) _____ some lights to my stereo and computer and I (play) _____ Indian music and rock'n'roll. My parents (give) _____ me a new pen as a present and I (make) _____ a pretty card for them.
On Tuesday I (take) _____ my friends to a dance. They (like) _____ it very much. The girls really (dance) _____ beautifully for the goddess Lakshmi.
On Wednesday we (go) _____ to a family dinner at the sports centre. Everyone (bring) _____ special Indian food – it (smell) _____ so good.
How (be) _____ the Diwali celebrations in India? Write back soon.
Yours, Karim

# Notting Hill Gate 2 — Test 4

## 6 ★ Different animals

Compare the animals. Write six sentences.

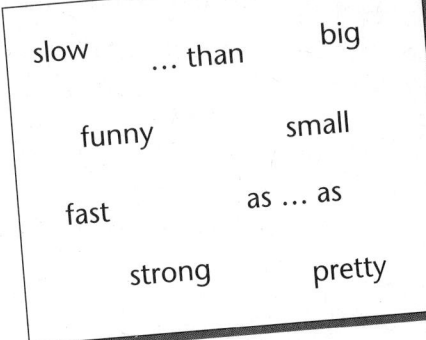

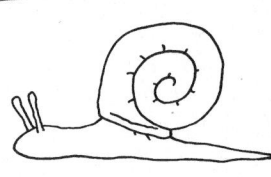

| slow | ... than | big |
| funny | | small |
| fast | | as ... as |
| | strong | pretty |

_____
_____
_____
_____
_____
_____

## 7 ★ A special birthday

Compare the text with the pictures. Find the mistakes and correct them.

1. Charlie and Vera helped Gillian with the special *dinner* breakfast for her mum. They put bowls and flowers on the chair.

2. Then the waitress put a paper crown on Mrs Collins' hand.

3. Gillian gave her mum a poster that smelled of roses.

4. Then Vera served spaghetti and cream sauce.

**Notting Hill Gate 2**  Test 4

## 1  Susan's birthday presents

Listen to the story and find out when the friends went shopping for presents and what they bought. Take notes first. Then write full sentences.

| | when? | what? |
|---|---|---|
| Vera | | |
| Gillian | | |
| David | | |
| Charlie | | |
| Karim | | |

## 2  Susan's shopping list

Compare Susan's shopping list with the things in the basket. What has she got – what hasn't she got?

**drinks:**
lemonade
orange juice

**for sandwiches:**
bread
butter
salami
cheese
balloons
flowers

Susan has got some lemonade but she hasn't got any

Notting Hill Gate 2 — Test 4

## 3 Words

a) What do you think of when you hear the word 'festival'? Collect words.

_____   _____   _____

_____                    _____

_____                    _____

_____   _____   _____

b) Write about your favourite festival. These questions can help you:
- When is it?
- What's special about it?
- What do you do?

## 4 Karim's letter

Complete Karim's letter to his cousin Anwar.

Use the simple past forms of these verbs:
have – dance – smell – celebrate – bring – go – give – be (2x) – play – let off – like –
make – like – join – put – take

Hi Anwar,
Happy New Year to you! The Diwali celebrations in London _____ great!
Last Monday we _____ the Festival of Lights. A lot of people _____ fireworks and my parents _____ candles in the windows. But I _____ a real light and sound show. I _____ some lights to my stereo and computer and I _____ Indian music and rock'n'roll. My parents _____ me a new pen as a present and I _____ a pretty card for them. On Tuesday I _____ my friends to a dance. They _____ it very much. The girls really _____ beautifully for the goddess Lakshmi.
On Wednesday we _____ to a family dinner at the sports centre.
Everyone _____ special Indian food – it _____ so good.
How _____ the Diwali celebrations in India? Write back soon.
Yours, Karim

# Notting Hill Gate 2 — Test 4

## 5 Different animals

Compare the animals. Write six sentences.

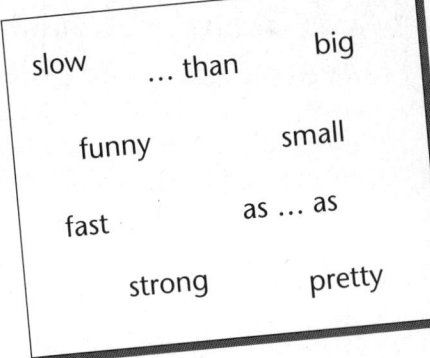

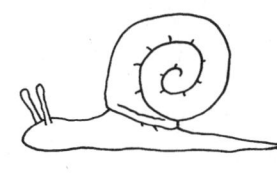

| slow | ... than | big |
| funny | | small |
| fast | | as ... as |
| strong | | pretty |

## 6 A special birthday

Compare the text with the pictures. Find the mistakes and correct them.

1. Charlie and Vera helped Gillian with the special breakfast for her mum. They put bowls and flowers on the chair.

2. Then the waitress put a paper crown on Mrs Collins' hand.

3. Gillian gave her mum a poster that smelled of roses.

4. Then Vera served spaghetti and cream sauce.

# Notting Hill Gate 2 — Test 4

## 1 ☀ Susan's birthday presents

Listen to the story and find out when the friends went shopping for presents and what they bought. Take notes first. Then write full sentences.

| | when? | what? |
|---|---|---|
| Vera | | |
| Gillian | | |
| David | | |
| Charlie | | |
| Karim | | |

_____

_____

_____

_____

_____

_____

_____

## 2 ☀ At the restaurant

Madam Rich is at the restaurant. She is a difficult guest. This is what she tells the waitress. Fill in 'some' and 'any'.

I'd like a big English breakfast, please. First I'll have _____ cornflakes with milk – but I don't want _____ sugar on them. Then I'd like _____ baked beans but don't put _____ sausages on my plate. Oh yes, and I'd like _____ bacon and _____ toast, too. Please bring me _____ coffee, too. But don't put _____ milk in it.

# Notting Hill Gate 2 — Test 4

## 3 Words

a) These words are all about celebrations. Put them in the right list.

> food, firework, different, buy, invitation, interesting, loud, celebrate, sing, festival, polite, guest, pay, decorate, delicious

| verbs | adjectives | nouns |
|---|---|---|
| | | |
| | | |
| | | |
| | | |
| | | |

b) Add six more words.

## 4 Karim's letter

Complete Karim's letter to his cousin Anwar.

Use the simple past forms of these verbs:
have – dance – smell – celebrate – bring – go – give – be (2x) – play – let off – like – make – like – join – put – take

Hi Anwar,
Happy New Year to you! The Diwali celebrations in London _____ great! Last Monday we _____ the Festival of Lights. A lot of people _____ fireworks and my parents _____ candles in the windows. But I _____ a real light and sound show. I _____ some lights to my stereo and computer and I _____ Indian music and rock'n'roll. My parents _____ me a new pen as a present and I _____ a pretty card for them. On Tuesday I _____ my friends to a dance. They _____ it very much. The girls really _____ beautifully for the goddess Lakshmi. On Wednesday we _____ to a family dinner at the sports centre. Everyone _____ special Indian food – it _____ so good. How _____ the Diwali celebrations in India? Write back soon.

Yours, Karim

# Notting Hill Gate 2 — Test 4

## 5 Different animals

Compare the animals. Write six sentences.

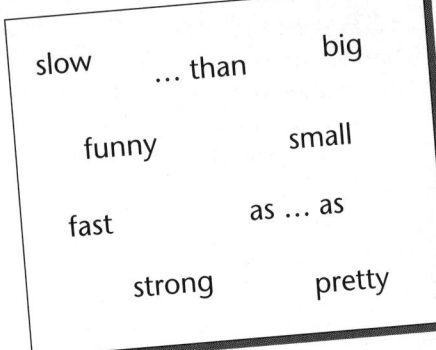

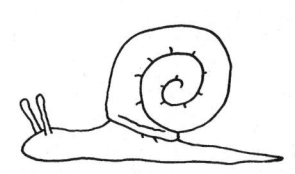

> slow   ... than   big
> funny   small
> fast   as ... as
> strong   pretty

## 6 A special birthday

Look at the pictures and write about Mrs Collins' birthday. Use the simple past.

# Notting Hill Gate 2 — Test 5

**HV-Text zum Vorlesen für Lehrer/in:**

Patrick's mother is home from work. She calls Patrick but he doesn't answer. His music is very loud. His mother goes up to his room, opens the door and is shocked.

"Patrick, I hate this terrible music! You mustn't play it so loudly. Turn it down. And look at your room. You mustn't leave all your clothes on the floor. Clean your room!"

"Yes, Mum. OK, Mum."

"And why are you watching TV? You have to do your homework. You mustn't watch TV after school!"

"Yes, Mum. OK, Mum."

"Eeeek! What is that? Is that a mouse? I hate mice! You mustn't bring animals into the house! Take it to a friend's house right now. But Patrick, you have to be back for dinner at six o'clock!"

**Lösungen:**

★ 1. siehe HV-Text
2. Individuelle Lösungen
3. 1. expensive; 2. high; 3. exciting; 4. large; 5. nice; 6. sunny; 7. interesting; 8. difficult.
4. Mögliche Lösungen: wheel; tyre; gear; brake; reflector; saddle; pump; handlebars; bell; pedal.
5. Individuelle Lösungen

☾ 1. siehe HV-Text
2. Individuelle Lösungen
3. more exciting; fastest; longest; good; best; louder; faster; slowest; most boring; slower; worst; fast; more difficult.
4. siehe oben
5. mustn't; must; mustn't; can; mustn't; have to/must.
6. Individuelle Lösungen

☀ 1. siehe HV-Text
2. Individuelle Lösungen
3. Individuelle Lösungen
4. Individuelle Lösungen
5. 1. cyclist; 2. policewoman; 3. brakes; 4. pedals; 5. motorist; 6. handlebars; 7. careful.
6. Mögliche Lösungen: Walk straight on and turn right into Albert Road. Then turn left into High Street. Cross Victoria Street and turn left into Queens Street. You'll see the Hotel Elizabeth on the left.

**Mögliche Erweiterungen:**
- Gegensätze zu Adjektiven finden lassen.
- Compare five animals.
- Choose one of the articles (Super pen, Power drink, Action shoes) and write an advert. Describe the article. What's special about it?
- Satzteile sortieren (word order).
- Wiederholungsaufgabe zu 'some' und 'any'.
- Make a mind map about 'traffic'.

# Notting Hill Gate 2 — Test 5

## 1 ⭐ Mother's rules

a) Patrick's mother has got a lot of rules. Listen to the text. Then tick (✔) what Patrick has to do and what he mustn't do.

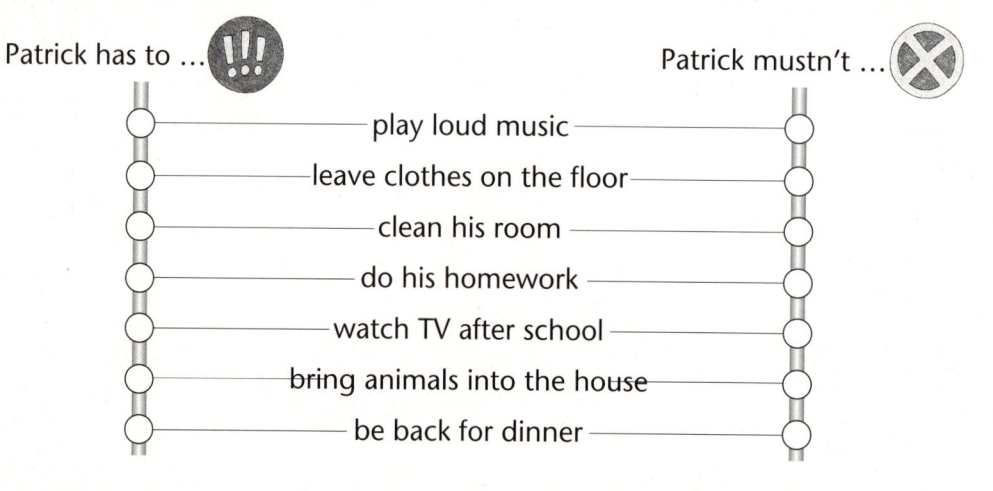

Patrick has to … !!!     Patrick mustn't … ✖

- play loud music
- leave clothes on the floor
- clean his room
- do his homework
- watch TV after school
- bring animals into the house
- be back for dinner

b) Now look in your list from a) and write down five rules in Patrick's home.

## 2 ⭐ A letter to your penfriend

Tell your penfriend abour rules in your home.
Here are some ideas:

clothes – hair – homework – friends – TV – music – computer – pocket money

Dear

# Notting Hill Gate 2 — Test 5

## 3 ★ Records

Look at the pictures. Find out the adjectives first.
Then use them in the sentences.

Example:
_____ *dangerous*
This is the *most dangerous* street in our town.
sroudaneg

1. _____
The Savoy Hotel is the _____ hotel in London.
1. sivepenex

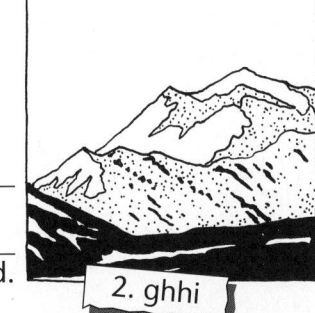

2. _____
Mount Everest is the _____ mountain in the world.
2. ghhi

3. _____
"This is the _____ video we've got in the shop."
3. tingciex

4. _____
This is the _____ sports centre in our town.
4. gelar

5. _____
Mr Dixon is the _____ teacher at our school.
5. ceni

6. _____
July was the _____ month of the year.
6. nysun

7. _____
"This is the _____ stamp in my collection."
7. interingest

8. _____
"This is the _____ question of our quiz today."
8. fidifcult

Notting Hill Gate 2 — Test 5

## 4 ⭐ A safe bike

Write down eight or more parts of a bike. Draw lines to them.

*chain*

## 5 ⭐ YOUR bike

Have you got a bike? Write about it or write about your dream bike.

My bike is _____

_____

It has got _____

_____

I can ride my bike _____

_____

_____

_____

# Notting Hill Gate 2 — Test 5

## 1  Mother's rules

a) Patrick's mother has got a lot of rules. Listen to the text. Then tick (✔) what Patrick has to do and what he mustn't do.

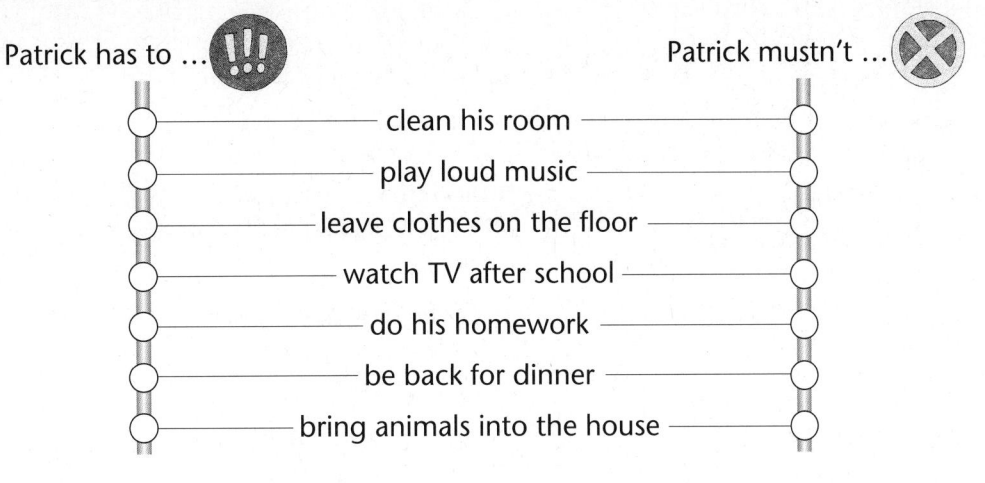

Patrick has to …   |   Patrick mustn't …

- clean his room
- play loud music
- leave clothes on the floor
- watch TV after school
- do his homework
- be back for dinner
- bring animals into the house

b) Now look in your list from a) and write down five rules in Patrick's home.

## 2  A letter to your penfriend

Tell your penfriend abour rules in your home.
Here are some ideas:

clothes – hair – homework – friends – TV – music – computer – pocket money

Dear

# Notting Hill Gate 2 — Test 5

## 3. Competitions

**a) Fill in the correct forms of the adjectives.**

Welcome to Hendon School sports day! My name is Charlie Macintosh and I'm your commentator for the competitions. This day will be (exciting) ___more exciting___ than a normal school day. And here we go. Tim, Murat and Thomas are in the first race. Murat is in front. He's the (fast) _____ of the three runners. He has got the (long) _____ legs, too. What about Tim? He isn't as (good) _____ as last year. Remember he was the (good) _____ sportsman last year? His class is cheering (loud) _____ than all the others. And look, he's running (fast) _____ than Murat now. Yes, he's the winner again! And Thomas was the (slow) _____ of the boys. Let's take a look at the table tennis competition. It goes 'ping-pong' all the time. I think, it's the (boring) _____ sport in the world. What's going on at the swimming pool? Oh, poor Emma. She is crying because she was (slow) _____ than Patsy. This must be the (bad) _____ day in her life! But Patsy was as (fast) _____ as Linda. So the next race will be even (difficult) _____ for her. It's time for a break now. I'll be back soon!

**b) Read the text again and answer these questions.**
1. Who was first, second and third in the boys' race?
2. Why did Emma cry after the swimming race?
3. Who had to swim in the next race again?

## 4. A safe bike

**Write down eight or more parts of a bike. Draw lines to them.**

chain

# Notting Hill Gate 2 — Test 5

## 5 Rules

**Look at the signs. Complete the rules.**

You _____
walk on the grass.

Dogs _____
wait outside.

You _____
smoke in this room.

You _____
have picnics in the park.

You _____
play football in the street.

You _____
quiet in a library.

## 6 School uniforms

**a) Colin thinks school uniforms are a bad idea. Read the text and underline his arguments against school uniforms.**

I go to Churchill School and we have to wear our school uniform every minute we spend at school. One day I went without my blazer and the teacher sent me home. I think that wasn't fair because my blazer got dirty during a football game at break.
And the problem is that I've got only one blazer.
Nobody at my school has got more than one blazer because they are so expensive.
Everyone looks the same in school uniforms – that's really boring. The only thing we can choose is what kind of black shoes we want to wear. So everyone tries to buy really cool shoes.
Sometimes I wish I could wear my favourite clothes.

**b) Think of arguments for school uniforms. Write a text.**

# Notting Hill Gate 2 — Test 5

## 1 Mother's rules

a) Patrick's mother has got a lot of rules. Listen to the text. Then tick (✔) what Patrick has to do and what he mustn't do.

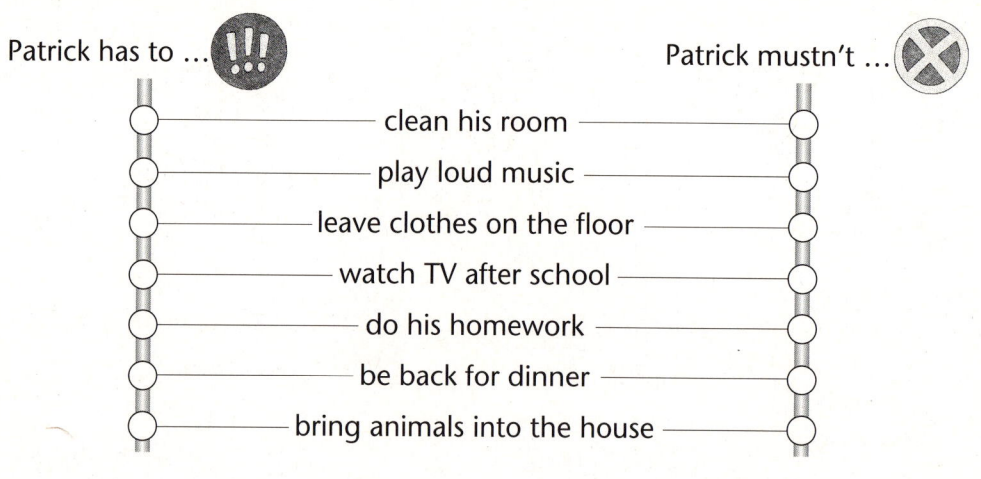

Patrick has to …    Patrick mustn't …

- clean his room
- play loud music
- leave clothes on the floor
- watch TV after school
- do his homework
- be back for dinner
- bring animals into the house

b) Now look in your list from a) and write down five rules in Patrick's home.

## 2 Rules

Choose one title. Write down six rules.

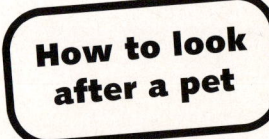

- Rules at our school
- Rules at my house
- How to look after a pet

# Notting Hill Gate 2 — Test 5

## 3 Different kinds of sports

What do you think about these sports? Compare them. Write eight sentences.

You can use these words:

| | | | | |
|---|---|---|---|---|
| difficult | boring | I like … better than … | good | |
| interesting | as … as | fast | | |
| … than | I think … because | I don't like … | exciting | … |

## 4 School uniforms

a) Colin thinks school uniforms are a bad idea. Read the text and underline his arguments against school uniforms.

I go to Churchill School and we have to wear our school uniform every minute we spend at school. One day I went without my blazer and the teacher sent me home. I think that wasn't fair because my blazer got dirty during a football game at break.
And the problem is that I've got only one blazer.
Nobody at my school has got more than one blazer because they are so expensive.
Everyone looks the same in school uniforms – that's really boring. The only thing we can choose is what kind of black shoes we want to wear. So everyone tries to buy really cool shoes.
Sometimes I wish I could wear my favourite clothes.

b) Think of arguments for school uniforms. Write a text.

**Notting Hill Gate 2** — Test 5

## 5 ☀ Competitions

**Fill in the correct forms of the adjectives.**

Welcome to Hendon School sports day! My name is Charlie Macintosh and I'm your commentator for the competitions. This day will be (exciting) ___more exciting___ than a normal school day. And here we go. Tim, Murat and Thomas are in the first race. Murat is in front. He's the (fast) _____ of the three runners. He has got the (long) _____ legs, too. What about Tim? He isn't as (good) _____ as last year. Remember he was the (good) _____ sportsman last year? His class is cheering (loud) _____ than all the others. And look, he's running (fast) _____ than Murat now. Yes, he's the winner again! And Thomas was the (slow) _____ of the boys. Let's take a look at the table tennis competition. It goes 'ping-pong' all the time. I think, it's the (boring) _____ sport in the world. What's going on at the swimming pool? Oh, poor Emma. She is crying because she was (slow) _____ than Patsy. This must be the (bad) _____ day in her life! But Patsy was as (fast) _____ as Linda. So the next race will be even (difficult) _____ for her. It's time for a break now. I'll be back soon!

## 6 ☀ How to get to the hotel

**Mrs Dillon is at the station. She has to go to her hotel. Look at the map. Answer her question.**

> Excuse me, how can I get to the Hotel Elizabeth?

_____
_____
_____
_____
_____
_____
_____
_____
_____

# Notting Hill Gate 2 — Test 6

**HV-Text zum Vorlesen für Lehrer/in:**

"… and here's Jack Williams, your reporter from Capital Radio. I'm standing at the entrance of Wembley Arena. I'm waiting for the Magic Boys, of course. They are going to arrive very soon for their concert tonight. And here they are. The tour bus is just coming around the corner. Crowds of fans are running towards it – they are mostly girls who want an autograph. They are cheering and screaming. This is so exciting! Now the door is opening slowly. But what's that? It's not the Magic Boys who I can see coming out of the bus. The fans are shocked! There's a group of girls in school uniforms getting out. One of them is just coming towards me.
'Excuse me. Who are you and what were you doing in the bus?' – 'We are from Queen's School in Bayswater. We all play instruments and we won the music contest at our school. The first prize was a trip with the Magic Boys in their tour bus. We all love the Magic Boys. It was great! We are so happy!'
Wow, what a prize. Congratulations to the girls. Now where's the band?"

## Lösungen:

⭐
1. siehe HV-Text
2. He has put his books on the shelves. He has put the chest of drawers next to the window/bed. He has hung up a calendar. But he hasn't hung up the picture. He has bought a cassette-recorder. He hasn't cleaned the window.
3. 1. Eddy and Karim are interested in music./2. Charlie is interested in goldfish./3. Vera and Gillian are interested in clothes./4. Mr Graham is interested in balloons./5. David is interested in comics./6. Susan is interested in computers.
4. Individuelle Lösungen
5. b) body parts; c) months, calendar; d) concert; e) fruit, market; f) jobs, people; g) sports; h) restaurant.
6. Individuelle Lösungen

🌙
1. siehe HV-Text
2. Individuelle Lösungen
3. He has put his books on the shelves. He has put the chest of drawers next to the window/bed. He has hung up a calendar. But he hasn't hung up the picture. He has bought a cassette-recorder. He hasn't cleaned the window.
4. star; singer; CD; concert; fans; cheer; stage; number one hit; band; clap; guitar solo; dance; sing; musical; autographs.
5. Mögliche Lösungen: 1b; 2c; 3a; 4f; 5c; 6d.
6. Individuelle Lösungen
7. Individuelle Lösungen

☀
1. siehe HV-Text
2. Individuelle Lösungen
3. Have you ever been …; No, I haven't; didn't listen; have you ever heard …; Yes, I have; read; was; had; Did you meet …; Yes, I did; Have you ever met …; No, I haven't.
4. b) star; singer; CD; concert; fans; cheer; stage; number one hit; band; clap; guitar solo; dance; sing; musical; autographs.
   c) Individuelle Lösungen
5. Two girls were talking./Charlie was reading the Goldfish magazine./One boy was writing a letter. Another boy was cleaning the blackboard./One girl was drawing a picture./Another girl was listening to music on her walkman.
6. Individuelle Lösungen
7. Individuelle Lösungen

## Mögliche Erweiterungen:

– S beantworten Fragen über sich, z.B.: When did you get up this morning? What did you have for breakfast? What was your first lesson? Who was the first person you saw last Sunday? etc.
– Folie 15 kopieren und Vergleichssätze bilden lassen.
– Write about your favourite pop star.
– Wortschatzaufgabe: Write about free time activities.
– Einen 'music request' schreiben lassen.
– Eine kurze Geschichte zum Thema 'A fantastic dream' schreiben lassen.

# Notting Hill Gate 2 — Test 6

## 1 ⭐ The Magic Boys on tour

Listen to Jack Williams from Capital Radio and tick (✔) the correct answers.

Who is Jack Williams?
☐ a radio DJ
☐ a radio reporter
☐ the band manager

Why are the fans shocked?
☐ Because the bus is empty.
☐ Because there are girls on the bus.
☐ Because it starts to rain.

Where is Jack?
☐ He is waiting at Regent's Park.
☐ He is waiting at Wembley Arena.
☐ He is backstage.

Where are the girls from?
☐ They are from Oxford.
☐ They are from Queen's School.
☐ They are from Germany.

What are the fans doing?
☐ They are running towards the bus.
☐ They are going inside.
☐ They are going home.

What did the girls win?
☐ They won a radio.
☐ They won the first prize in a music contest.
☐ They won some instruments.

## 2 ⭐ At Buckingham Palace

A new butler moved into Buckingham Palace last week. He didn't like his room. So he changed it. Compare the pictures. What has he changed – what hasn't he changed?

Use the words: put – clean – buy – hang up – buy
Write sentences like this:

*The butler has put the bed under the window.*

**Notting Hill Gate 2** | **Test 6**

## 3 ⭐ What are these people interested in?

Look at the pictures and write about the people.

1. Karim and Eddy are interested in _____

2. Charlie is _____

3. Vera and Gillian _____

4. Mr Graham _____

5. David _____

6. Susan _____


## 4 ⭐ What about YOU?

What are you interested in? What aren't you interested in? Write down five or more sentences.

_____
_____
_____
_____
_____
_____

# Notting Hill Gate 2 — Test 6

## 5 ★ Words

Find the titles for these words.
Be careful, sometimes two words fit.

RESTAURANT   VEGETABLES   PEOPLE
SPORTS
MONTHS   CALENDAR   MARKET
JOBS
CONCERT   BODY PARTS   FRUIT

a) tomatoes – broccoli – cauliflower – potatoes: _vegetables, market_

b) toe – foot – arm – head: _____

c) August – January – July – May: _____

d) cheer – sing – listen to – dance: _____

e) apples – oranges – bananas – kiwis: _____

f) policewoman – teacher – bus driver – manager: _____

g) basketball – swimming – table tennis – riding: _____

h) waitress – menu – table – delicious: _____

## 6 ★ YOUR plans for the summer holidays

What are you or your friends going to do in the summer holidays?
Write eight sentences. Here are some ideas:

go to – visit – stay at – swim – sleep – ride – read – buy – write – draw

*I'm going to* _____

# Notting Hill Gate 2 — Test 6

## 1  The Magic Boys on tour

Listen to Jack Williams from Capital Radio and correct the sentences.

Example: The ~~Gorilla Girls~~ *Magic Boys* concert is today.
The Magic Boys concert is today.

1. Jack Williams is a DJ from Capital Radio.

   _____

2. Nobody is waiting for the Magic Boys.

   _____

3. The band travels in a taxi.

   _____

4. First the band gets off the bus.

   _____

5. The boys in school uniforms are from Queen's School.

   _____

6. The girls won the first prize in the talent contest.

   _____

## 2  This week

a) What have you done this week? What haven't you done?
   Write + or – next to the words in the lists.

| do | | be | | play | |
|---|---|---|---|---|---|
| the cooking | ☐ | late for school | ☐ | on the computer | ☐ |
| the shopping | ☐ | to the cinema | ☐ | football | ☐ |
| my homework | ☐ | to the sports centre | ☐ | the piano | ☐ |

| visit | | make | |
|---|---|---|---|
| my friend | ☐ | breakfast | ☐ |
| our neighbour | ☐ | a (birthday) present | ☐ |
| my grandmother | ☐ | a cake | ☐ |

b) Write sentences about your week like this:
   This week I haven't done the cooking and I haven't done the shopping.
   But I have done my homework.

   _____

   _____

   _____

   _____

   _____

# Notting Hill Gate 2 — Test 6

## 3 At Buckingham Palace

A new butler moved into Buckingham Palace last week. He didn't like his room.
So he changed it. Compare the pictures. What has he changed – what hasn't he changed?

**Use the words:** put – clean – buy – hang up – buy
**Write sentences like this:**

*The butler has put the bed under the window.*

## 4 Sabrina's new CD

a) Read the newspaper article about Sabrina's new CD.
   Underline all the music words.

### A NEW STAR IS BORN

Sabrina, the young singer from Notting Hill, is only fifteen years old – but her first CD is fantastic! Last night she gave her first concert at Notting Hill Music Club. All her fans were cheering when she came on stage. She started with her number one hit 'Summer Love'. When she introduced the band, the fans were clapping and cheering for everyone. They liked Paul's guitar solo the most. And Sabrina knows how to dance, too. She has already sung in a musical. It was a great show and at the end Sabrina signed autographs for her fans. Sabrina is a name to remember.

b) Make a mind map with music words.

# Notting Hill Gate 2 — Test 6

## 5  Talents

Look at the entry forms for the talent contest and choose one.
What can you find out about the person? Write his/her portrait.

**Notting Hill Youth Centre
Talent Contest
Entry form**

**Name(s):** Lucy Miller
**Age(s):** 12
**Home town:** London
**Talent:** singing my own songs
**Hobbies:** dance, books
**Favourite music:** pop music, rock'n'roll

**Notting Hill Youth Centre
Talent Contest
Entry form**

**Name(s):** John Thompson
**Age(s):** 13
**Home town:** Hendon
**Talent:** telling jokes
**Hobbies:** TV, magic tricks
**Favourite music:** piano music, blues

## 6  YOUR plans for the summer holidays

What are you or your friends going to do in the summer holidays?
Write eight sentences. Here are some ideas:

go to – visit – stay at – swim – sleep – ride – read – buy – write – draw

*I'm going to ...*

# Notting Hill Gate 2 — Test 6

## 1 ☀ The Magic Boys on tour

**Listen to Jack Williams from Capital Radio and answer the questions.**

1. What is Jack Williams' job?
   _____

2. Who is waiting for the Magic Boys?
   _____

3. What is at Wembley Arena?
   _____

4. How do the Magic Boys travel?
   _____

5. Who gets off the bus first?
   _____

6. What was the prize of the music contest?
   _____

## 2 ☀ This week

**a) What have you done this week? What haven't you done? Write + or – next to the words in the lists.**

| do | | be | | play | |
|---|---|---|---|---|---|
| the cooking | ☐ | late for school | ☐ | on the computer | ☐ |
| the shopping | ☐ | to the cinema | ☐ | football | ☐ |
| my homework | ☐ | to the sports centre | ☐ | the piano | ☐ |

| visit | | make | |
|---|---|---|---|
| my friend | ☐ | breakfast | ☐ |
| our neighbour | ☐ | a (birthday) present | ☐ |
| my grandmother | ☐ | a cake | ☐ |

**b) Write sentences about your week like this:**
This week I haven't done the cooking and I haven't done the shopping.
But I have done my homework.

_____
_____
_____
_____
_____

# Notting Hill Gate 2 — Test 6

## 3 Present perfect or simple past?

Read the dialogue between Gillian and her grandmother. Fill in the correct verb forms.
You can use these verbs: listen – meet – be – have – hear – read

**Gillian:** _____ you ever _____ to a pop concert, Grandma?

**Grandma:** No, I _____. I _____ to pop music when I was your age.

**Gillian:** Oh, but _____ you ever _____ of the Magic Boys?

**Grandma:** Yes, I _____. I _____ an article about their concert in the newspaper yesterday.

**Gillian:** The concert _____ great! I _____ a backstage pass.

**Grandma:** _____ you _____ the band at the concert?

**Gillian:** Yes, I _____. _____ you ever _____ a famous person, Grandma?

**Grandma:** No, I _____. But I see their photos in magazines all the time.

## 4 Sabrina's new CD

a) Read the newspaper article about Sabrina's new CD.
   Underline all the music words.

### A NEW STAR IS BORN

Sabrina, the young singer from Notting Hill, is only fifteen years old – but her first CD is fantastic! Last night she gave her first concert at Notting Hill Music Club. All her fans were cheering when she came on stage. She started with her number one hit 'Summer Love'. When she introduced the band, the fans were clapping and cheering for everyone. They liked Paul's guitar solo the most. And Sabrina knows how to dance, too. She has already sung in a musical. It was a great show and at the end Sabrina signed autographs for her fans. Sabrina is a name to remember.

b) Write about your favourite pop star.

_____
_____
_____
_____

**Notting Hill Gate 2**  Test 6

## 5 Talents

Look at the entry forms for the talent contest and choose one.
What can you find out about the person? Write his/her portrait.

**Notting Hill Youth Centre
Talent Contest
Entry form**

**Name(s):** Lucy Miller
**Age(s):** 12
**Home town:** London
**Talent:** singing my own songs
**Hobbies:** dance, books
**Favourite music:** pop music, rock'n'roll

**Notting Hill Youth Centre
Talent Contest
Entry form**

**Name(s):** John Thompson
**Age(s):** 13
**Home town:** Hendon
**Talent:** telling jokes
**Hobbies:** TV, magic tricks
**Favourite music:** piano music, blues

## 6 Words

a) Think about good and bad days – how do you feel? Find adjectives for feelings and fill in the grid.

| feelings | |
|---|---|
| good (+) | bad (−) |
|  |  |
|  |  |
|  |  |
|  |  |
|  |  |

b) Choose four words and write sentences.
   Example:
   I feel happy when it is sunny and I can play outside.

## 7 YOUR plans for the summer holidays

What are you or your friends going to do in the summer holidays?
Write eight sentences. Here are some ideas:

go to – visit – stay at – swim – sleep – ride – read – buy – write – draw

*I'm going to ...*